高等学校人力资源管理实践教学系列教材

人力资源管理综合实训教程

——大学生人力资源管理知识技能竞赛指定教材

赵欢君　蒋定福　主　编

郝　丽　张永生　副主编

清华大学出版社

北　京

内容简介

本书作为人力资源管理知识技能竞赛指定用书，构建了基于人力资源管理知识技能竞赛(智能仿真与竞赛对抗)的人力资源管理综合实训课程教学体系。以该教学体系为指导，以人力资源管理智能仿真与竞赛对抗平台为依托，通过模拟企业的运营过程，让学生通过团队合作的形式，对公司进行人力资源规划、工作分析、招聘与甄选、培训与开发、绩效管理、薪酬管理和劳动关系管理等一系列人力资源管理活动，使学生在模拟的运营竞争过程中对制定人力资源规划以满足公司的整体战略、进行工作分析、实施招聘策略、选择培训方案、制定适当的薪酬标准和绩效考核、规范劳动关系管理等问题展开探讨和实践，从而体会人力资源管理工作与企业整体经营战略之间的关系，探究企业人力资源管理各项具体实务的规律。

基于人力资源管理知识技能竞赛(智能仿真与竞赛对抗)的人力资源管理综合实训将人力资源管理专业的核心课程内容与仿真模拟、竞赛对抗形式有机结合，集情景模拟、案例分析、角色扮演和专家诊断于一体，通过新颖的参与式教学、强烈的竞争场景设计，克服了以往枯燥、繁杂的人力资源灌输式教学的弱点，能够最大限度地激发学生的学习兴趣，并且能够改变目前各门实践课程与教学内容脱节的情况，达到人力资源管理专业实践教学的有效整合。

本书可作为应用型高等院校及高职高专等院校人力资源管理专业学生的教材和教学参考书，也可作为自学参考书及相关培训教材。

图书在版编目(CIP)数据

人力资源管理综合实训教程 / 赵欢君，蒋定福主编. 一北京：清华大学出版社，2020.10（2025.7重印）
高等学校人力资源管理实践教学系列教材　大学生人力资源管理知识技能竞赛指定教材
ISBN 978-7-302-55738-8

Ⅰ.①人…　Ⅱ.①赵…　②蒋…　Ⅲ.①人力资源管理—高等学校—教材　Ⅳ.①F243

中国版本图书馆 CIP 数据核字(2020)第 103209 号

责任编辑： 刘金喜
封面设计： 周晓亮
版式设计： 孔祥峰
责任校对： 马遥遥
责任印制： 宋　林

出版发行： 清华大学出版社
网　　址：https://www.tup.com.cn，https://www.wqxuetang.com
地　　址：北京清华大学学研大厦 A 座　　邮　　编：100084
社 总 机：010-83470000　　邮　　购：010-62786544
投稿与读者服务：010-62776969，c-service@tup.tsinghua.edu.cn
质 量 反 馈：010-62772015，zhiliang@tup.tsinghua.edu.cn

印 装 者： 天津鑫丰华印务有限公司
经　　销： 全国新华书店
开　　本： 185mm×260mm　　印　　张：16.75　　字　　数：354 千字
版　　次： 2020 年 10 月第 1 版　　印　　次：2025 年 7 月第 5 次印刷
定　　价： 68.00 元

产品编号：084679-02

编　委　会

丛书序

人力资源管理课程作为我国高校经济管理类本科教学中普遍开设的核心专业课之一，在教学中占有重要地位，具有很强的实践性和应用性。但是我国高校开设人力资源管理专业较晚，而且在教学等方面存在一些问题。因此，如何建设人力资源管理专业、提高人力资源管理专业实践教学质量、促进人才培养是各高校需要关注的焦点。

随着中国经济调整结构、转型发展，如何深化产教融合，促进教育链、人才链与产业链、创新链有机衔接成为当前的重要课题。《国务院办公厅关于深化产教融合的若干意见》(国办发〔2017〕95 号)等文件指出要进一步深化产教融合、产学合作，汇聚企业资源支持高校创新创业教育，促进高校人才培养与企业发展的合作共赢。2019 年 4 月，教育部发布《实施一流本科专业建设“双万计划”的通知》，决定全面实施“六卓越一拔尖”计划 2.0，启动一流本科专业建设“双万计划”，计划在 2019—2021 年建设 1 万个左右国家级一流本科专业点和 1 万个左右省级一流本科专业点。

在此背景下，由国内领先的商科实践教学提供商浙江精创教育科技有限公司组织全国各高校人力资源教师，编写了全国首套人力资源实践教学系列教材。该系列教材围绕人力资源管理实践、实训教学这一条主线，采用“理论+实务/技术/工具+实训系统+实训案例”的展现形式，构建了一套全新、实用、符合新时代特征的高等学校人力资源管理实践教学体系。希望该系列教材能提升高校人力资源管理专业实践教学质量，促进高校人才培养。

该系列教材以实训内容为主，涵盖人力资源管理六大模块内容，包括工作分析、人力资源规划、招聘与甄选、培训与开发、绩效管理、薪酬管理。无论是在知识的广度还是深度上，力求实现专业知识理论和实务设计相结合，体现人力资源管理专业的应用性及实用性，可以满足各类本科院校、职业院校经管类专业相关课程设置的需要。该系列教材图书书目及相对应的教学平台如下表所示。

序号	人力资源管理实践教学系列教材	对应教学平台
1	人力资源规划实训教程	人力资源规划专业技能实训系统
2	工作分析实训教程	工作分析专业技能实训系统
3	招聘与甄选实训教程	招聘与甄选专业技能实训系统
4	绩效管理实训教程	绩效管理专业技能实训系统
5	薪酬管理实训教程	薪酬管理专业技能实训系统
6	培训与开发实训教程	培训与开发专业技能实训系统
7	人力资源管理综合实训教程	人力资源管理智能仿真与竞赛对抗平台
8	人力资源管理沙盘模拟实训教程	人力资源管理沙盘模拟系统

该系列教材具有以下4点特色。

(1) 内容全面，为人力资源课程教学提供全面服务。

该系列实训教材涉及人力资源管理专业课程各方面的内容，有人力资源规划、工作分析、薪酬管理、培训与开发、招聘与甄选等内容，有助于学生夯实基础，进行更深层次的学习，无论是本专业学习者还是从事本行业的人员，都能从书中获得启发。

(2) 框架简明易懂，在内容编排上，以实战训练内容为主线。

该系列教材紧密结合学科的教学特点，由浅入深地安排章节内容，每一章分基础知识和实战训练两部分内容。基础知识有助于学生掌握本章知识点；实战训练的目的是提高学生的学习兴趣，并帮助学生及时巩固所学知识。

(3) 教材内容与教学软件相结合，便于授课与理解。

该系列教材实战训练内容有专业的教学软件，教师授课可使用相关软件，实时指导学生，不仅便于教师授课，同时也便于学生理解，减轻教师的授课压力。学生也可以根据教师的教学目标进行自我训练，快速掌握相关知识。

(4) 设计以学生发展为目标的教学过程。

该系列实训教材在编排过程中减少了理论知识的灌输，把学生的发展作为最终目标。每本教材都设立一个贴近现实的案例，让学生在较为真实的情景下学习、思考，以便更快掌握人力资源管理在实际中的操作方法。

为了方便教学，该系列教材提供专业软件学习，包括PPT课件、案例、解析、学习资料等内容，若读者在使用该系列教材的过程中遇到疑惑或困难，可发邮件至476371891@qq.com。

从书编委会

前　言

企业竞争的核心是人才的竞争，人力资本的地位已经逐渐超越实物资本成为企业最主要的核心竞争力。然而，在过去几年的人力资源管理实践教学中，我们深切地感到，单纯地讲解人力资源管理知识，学生难以理解；传统的人力资源实践教学难以提高学生的学习兴趣。在现今多元化的社会中，如何让学生真正体会人力资源管理的真谛、提高操作技能，已成为当前高校人力资源管理实践教学的难题。

“人力资源管理实训”作为高等院校管理类课程的重要组成部分，在相关专业的教学中占有重要的地位。本实训教程依托人力资源管理智能仿真与竞赛对抗平台，让学生在模拟运营过程中体验企业一系列的人力资源管理活动，从而不断优化人力资源管理专业的教学模式，大力推进以技能培养为核心的实训课程建设，最终促进大学生充分就业。

本书共分为 7 章，各章内容介绍如下。

第 1 章主要对人力资源管理综合实训教程进行概述，提出构建基于人力资源管理知识技能竞赛的人力资源管理综合实训教学体系。

第 2 章主要对人力资源管理综合实训运营规则进行详细阐述。

第 3 章主要从管理员、教师、学生三方面对人力资源管理综合实训操作进行详细介绍。

第 4 章主要从运营对抗的角度来阐述对抗平台的授课过程。

第 5 章主要对人力资源管理综合实训进行实战演练，根据提供的数据可复盘 8 组 6 年的运营过程。

第 6 章从盈利能力指标、运作能力指标、计划制订能力指标对人力资源管理综合实训成果进行分析与点评。

第 7 章是人力资源管理综合实训技巧总结、经验分享和心得体会。

本书由蒋定福负责全书框架设计、编著、审核及统稿工作，赵欢君负责文稿的编著、修改和排版工作。第 1 章、第 2 章、第 6 章、第 7 章由嘉兴学院赵欢君编写，第 3 章由河南科技学院张永生编写，第 4 章由山西大学商务学院郝丽编写，第 5 章由嘉兴学院蒋定福编写。

在本书的编写过程中，杨燕、金雯婷等人帮助查询资料、校对稿件，分担了大量的基础工作。同时，也得到了清华大学出版社编校人员的大力支持，在此深表感谢！在编写过程中，本书编者参考和借鉴了国内外专家、学者、企业家和研究机构的著作、期刊及相关网站资料，在此对他们表示诚挚的谢意！

为便于教学，本书提供学习软件、PPT 课件、案例、解析等教学资源，读者可通过扫描下方二维码获取。

教学资源下载

基于人力资源管理知识技能竞赛(智能仿真与竞赛对抗)的人力资源管理综合实训教学是一种创新性的实训教学，其实际教学效果还需要不断探索。由于时间仓促，加之编者水平有限，书中不足之处在所难免，敬请各位专家、同行、读者提出宝贵意见，以便不断修正和完善。

服务邮箱：476371891@qq.com。

编　者

2020 年 8 月

目　录

第1章

人力资源管理综合实训教学概述

1.1 人力资源管理实践教学面临的困惑

高等院校经管类专业近几年对学生实践技能培养的重视程度不断提高，通过增加实践课程的课时，加强“双师型”师资队伍的建设，使经管类专业实践实训教学水平整体上有了显著提高。但人力资源管理专业学生的实践技能与社会需求相比仍然存在着差距，同时也面临着不少发展中的困惑，主要体现在以下三个方面。

1. 深入企业实践普遍面临“难组织、组织难”的困惑

人力资源管理专业人才培养目标中对实践性和创新性的要求较高，而组织学生深入企业开展实践活动，能够切实提高学生利用理论解决实际问题的能力及充分培养学生的实践能力和创新性，但在实际运作过程中存在着诸多问题，使得实践实训教学无法达到预期的人才培养目标。首先，难以寻找到适合的企业提供匹配的岗位，人力资源管理专业学生到企业开展实践活动对岗位要求较高，一般希望能得到具有一定管理技能的岗位，而现实中企业一般提供的多为操作型岗位；其次，难以寻求到大批量的实践岗位，满足高校校外实践的需求，即使向企业交纳一定的费用，企业也无法提供批量的岗位供学生实习；最后，校外实践监管难度大，对学校的监管要求高，监管成本高，人力资源管理专业学生实践即使安排在一个城市往往也是比较分散的，校内指导教师对参与校外实践实训教学学生的安全无法有效地监控，这给学校组织实践实训教学带来了大量的实习管理难题。因此，一方面人力资源管理专业学生迫切需要企业提供相匹配的实习机会，另一方面学校因难以解决实习管理中的问题往往陷入两难境地。

2. 校内实训教学无法充分发挥学生的主观能动性

由于校外实践组织难、成本高，所以院校将实践环节的场所重点放在校内的实训室里，人力资源管理专业通常通过构建校内情景模拟实训中心的模式开展实践实训教学。但目前在情景模拟实训的教学设计与组织过程中，多采取的是教师主讲、学生倾听的“填鸭式”教学方式，这种方式只能实现管理常识的普及，无法使学生进行自主性、互动性和研究性地学习，学生的学习积极性无法得到有效发挥，显然已不能适应现代实训教学的需要。

3. 缺乏对应变能力和合作能力的训练

目前人力资源管理专业实训的设计多为演示、验证型，此类实训的内容多为事先给定，步骤往往为固定程序，实训的全过程多为机械式操作，学生在实训过程中只需按部就班就可以得到最终结果，往往是知其然而不一定知其所以然。这样的实训不利于学生的创新思维和灵活运用知识能力的培养，以致学生在日后工作中接触到千差万别的企业时往往显得无能为力。而且目前的经管类实训，更多的是强调合理分工，而对让学生学会如何与人沟通协调、如何进行团队合作能力的培养则涉及甚少。

1.2 基于知识技能竞赛的综合实训教学体系

1.2.1 基于知识技能竞赛的实训教学体系的目标

1. 培养学生的战略思维能力

在人力资源管理知识技能竞赛模拟经营过程中，要求各个模拟企业至少连续经营6年，体现人力资源管理战略规划、决策对企业的长远影响；体现企业经营环境的复杂多变；体现学生对复杂多变环境的应变能力；体现战略决策与短期管理行为之间的对立统一关系，培养和锻炼学生的决策能力、应变能力及协调能力。

2. 培养学生的团队协作精神

人力资源管理知识技能竞赛对抗的最大特点就是构建模拟企业人力资源管理团队，团队内部实行民主集中制。团队成员各司其职、各负其责，同时又相互沟通、团结合作，体现团队协作精神。每一个角色都有特殊的使命，都肩负重任、责无旁贷，角色之间要彼此沟通、目标一致，必须同心协力。

3. 培养学生树立双赢、共赢的理念

面对无情的市场、激烈的竞争，一个企业单打独斗是难以与市场抗衡的，因此，企业之间需要沟通、协作。面对相同的经营环境和经营起点，不同的战略、经营方针和决策产生的结果可能是完全不同的。因此，只有做好市场分析、竞争对手分析和自我分析，及时沟通协作，才能获得共赢。

4. 培养学生的综合知识应用能力

通过人力资源管理知识技能竞赛模拟企业经营，参加学习的学生普遍认为所学的人力资源管理专业知识得到了巩固、提高，同时学到了更多的新知识，对与专业相关的知识有了更加深入的了解，个人的职业素质和综合能力也有了不同程度的提高。

1.2.2　基于知识技能竞赛的综合实训教学体系的优势

1. 侧重实践和现场参与，激发学生主动思考和创新精神

人力资源管理知识技能竞赛能提供现场实践的氛围，使同学们在对抗中有身临其境的感受，在成功和失败、权力和责任、决策和风险中领悟管理的知识和技巧，学会团队协作，全面提高管理的素质与能力。在人力资源管理知识技能竞赛综合实训课程中，学生基本上处于“发现问题—解决问题—发现新问题”的过程之中，每个团队必须共同分析问题，制定解决方案，具体实施并评价效果。从怎样才能避免破产到如何掌控人力资源市场趋势，从怎样精确控制人力资源管理成本到如何提高资金周转速度，从一人领导到群策群力，从盲目操作到精细分工，在对抗的过程中促使学生主动地进行目的性极强的思考，激发学生的积极性，提高课程的学习效果，激发学生的潜能和创造力。相对于理论知识，人力资源管理知识技能竞赛综合实训课程更多地侧重于对学生实际操作能力的培养，最大限度地模拟一个真实企业招聘、培训、绩效、薪酬等人力资源管理过程，以及多个企业间的战略对抗与合作，使学生能够直观地了解各种人力资源管理专业知识在日常工作及战略决策中的实际应用，“在参与中学习知识，在实训中提升能力”，这与目前倡导的“行动导向”“任务驱动”及“工学结合”的教育教学改革理念和

人才培养模式是一致的。

2. 激发学生兴趣，明确专业价值

在经管类课程的授课过程中，经常会有学生问这样的问题：“我们学习这门课程有什么用？”总体来说，一方面，高校经管类课程相对于技术类、专业类课程，概念性的内容偏多，并且传统的授课方式以讲授为主，学生的课堂体验相对较少，授课效果很不明显；另一方面，高校本科学生的学生层次和知识积累决定了他们很难对经管类课程有一个整体的掌握和深刻的理解。另外，经管类课程的授课效果也很难有一个行之有效的检验和考核方式，主观性较强。人力资源管理知识技能竞赛综合实训课程与传统课程相比，其最大的特点是摒弃了教材的约束，课堂的主体由授课教师变成了学生团队，教师的角色由知识的传授者、演讲者甚至是表演者转变为市场的组织者、经营的指导者和能力的促进者。在组建模拟企业、进行对抗的过程中，学生会遇到成本控制、战略规划、招聘培训员工、企业文化建设、团队协作、应对突发情况、沟通和决策等多方面的问题，在解决问题的过程中学生自然而然地认识和了解人力资源规划、工作分析、招聘与甄选、培训与开发、绩效考评与管理、薪酬福利管理、劳动关系管理等人力资源管理学科的相关知识点，对自身专业的价值也会有非常直观的体验。

3. 培养学生的专业素养，提升学生的竞争力

人力资源管理专业学生能力和素质的提升，主要靠的是实践而不是读死书、记定义、“闭门造车”或“纸上谈兵”。人力资源管理知识技能竞赛综合实训课程是以实践作为绝对的主体，教师讲授和总结只是提纲挈领、画龙点睛。在课程中，学生能够自发地领悟有关合作沟通、竞争、应变等方面的能力，提升自己的“3Q”，即智商 IQ、情商 EQ 和逆商 AQ。竞赛对抗中经历了破产的刻骨铭心和成功盈利的欢呼雀跃，学生不仅能认识到战略决策的重要，更能明白“细节决定成败”的道理。通过对企业人力资源管理过程的模拟，学生对专业的方向和前景也会有更加直观的了解。从某种意义上说，人力资源管理知识技能竞赛综合实训课程对学生最大的培养和教育不是能力上的而是心理上的。通过课程学习，学生会变得更加自信，能够更好地应对竞争和挑战。

4. 拓展知识体系，提升综合素质

在普通高校的专业设置中，专业划分较细，这种专业壁垒禁锢了学生的发展空间和思维方式。人力资源管理知识技能竞赛综合实训课程是对企业人力资源管理的全方位展现，通过学习，可以使学生在人力资源管理和战略管理等方面获益，养成基于信息管理的思维方式，全面提高学生的综合素质，使学生树立共赢理念、全局观念与团队合作精神，领悟保持诚信的重要性，了解自身个性与职业定位，甚至感悟人生，实现从感性到理性的认识飞跃。在人力资源管理知

识技能竞赛综合实训课程中，同学们经历了一个从理论到实践再到理论的螺旋式上升过程，这符合哲学上肯定—否定—否定之否定的客观规律，将自己亲身经历的宝贵实践经验转化为全面的理论模型。学生借助沙盘(或软件)推演自己的企业经营管理理念，从宏观到微观，从战略到战术，从感性到理性，每一次基于现场的实战背景分析及基于数据分析的企业人力资源诊断，都会使学生恍然大悟，达到磨炼其决策敏感度、提升决策能力及长期规划能力的目的。

人力资源管理知识技能竞赛综合实训教学是集知识性、趣味性和对抗性于一体的企业管理技能训练课程。在高校中，人力资源管理知识技能竞赛实训课程往往通过游戏教学的方式让学生在模拟企业经营决策的过程中体验得失、总结成败。通过人力资源管理知识技能竞赛综合实训课程的学习，学生的学习积极性和主动性得到显著提高，综合运用所学知识的能力得到了很大的提升，独立思考能力和团队精神得到了很好的锻炼，这些都有助于解决人力资源管理专业实践实训教学中培养学生能力不足的问题。

1.2.3　基于知识技能竞赛的综合实训教学体系的实施

1. 课程体系设置

将人力资源管理知识技能竞赛模拟教学纳入专业人才培养方案，可以采取开设人力资源管理知识技能竞赛模拟类课程或专项实训周的方式完成教学任务。因为人力资源管理知识技能竞赛经营的规则比较复杂，所以在模拟过程前，授课教师要对经营规则和注意事项进行详细讲解，但是大多数学生往往不能理解其含义，必须自己动手做过几遍以后才能对规则有深刻领悟。同时，模拟企业的生产经营又具有连续性，若采用开设课程的方式，学时分散时间跨度大，常常不能取得良好的实践实训教学效果，若采取专项实训周的方式则可以弥补这些缺陷，相对而言能取得较好的教学效果。

2. 师资队伍建设

人力资源管理知识技能竞赛教学具有跨学科、跨专业的特点，不仅要求教师有较为渊博的知识，还要求教师具备丰富的企业管理实践经验，了解企业在实际运营中可能出现的诸多问题，这样才能将实践实训教学与现实企业的实际运营相结合，深入分析经营的各个层面。因此，人力资源管理知识技能竞赛模拟实训课程的教师应当具备综合知识素养。但是，目前高校中的教师大多都是从高校到高校，缺少企业实践经验，既熟悉经济管理知识又具有实践经验的复合型教师非常少。因此，高校应充分利用现有师资队伍，打破教师的专业界限，抽调知识结构互补的专任教师组成人力资源管理知识技能竞赛教学项目团队。此外，应不断对教师进行再教育与培养，在一定的时期内，应派教师到校外实训基地学习与锻炼，提高教师的素质与能力。

3. 加强校企合作

高校在开展人力资源管理知识技能竞赛模拟教学时，可以考虑与企业加强校企合作，共建人力资源管理知识技能竞赛培训基地，合理利用校外资源，积极引进企业中成熟的管理实践的教学内容和教学方法，以缩短学校与社会的距离。在实际操作中，可以采用“请进来、走出去”的方法，即：请企业中相关方面的专家到学校为学生讲解人力资源管理知识技能竞赛的操作方法、用途及重要性；同时，指导教师带领学生到企业工作现场观摩企业具体人力资源管理业务操作流程等，提高学生的学习兴趣，使学生对人力资源管理技能竞赛知识的学习产生强烈的愿望。

4. 建立科学的评价机制

现行的实训教学评定标准主要是看最后的实训结果，许多教师在为各模拟公司打分时只分析企业的经营结果，只看企业经营排名，导致学生在实训过程中急功近利。有的学生为了取得好的经营结果，不惜违反操作规则；有的同学害怕犯错，影响公司成绩，干脆什么都不做。人力资源管理知识技能竞赛模拟实训的考核应实行阶段性全方位、多层次的考核方法，对学生成绩的评定不仅要看最后的实训结果，还要强调过程控制。教师应当考察实训全过程中的团队合作情况、遵守活动规则情况和经营活动记录情况等，通过综合考评，全面评价学生的专业实践能力。

5. 组建专业实践社团

由于开设实践教学的课时很少，而真正掌握人力资源管理知识技能竞赛内容需要大量的时间，因此需要利用大量的课外时间进行练习。目前，授课教师平时工作量大，缺乏更多的时间组织额外的课外人力资源管理知识技能竞赛教学，因此有必要组建人力资源管理知识技能竞赛类专业实践社团。专业实践社团以学生为主体，由学生对实训室进行日常管理；教师指导学生开展课外人力资源管理知识技能竞赛学习，对社团中的骨干学生进行重点培训，由骨干学生再向其他学生传授，充分发挥“传帮带”的作用。

1.3 人力资源管理知识技能竞赛概述

1.3.1 竞赛理事会建立

为全面落实《国家中长期教育改革和发展规划纲要(2010—2020年)》，进一步推进实践育人工作开展，加强就业创业教育，促进创新人才成长，推动经管类特别是人力资源管理专业的实践教学改革，提高人才培养质量，搭建全国各高校专业交流平台，贯彻“以赛促教，以赛促学”的理念方针，中国人力资源开发研究会成立了大学生知识技能竞赛理事会(简称“竞赛理事会”)。

竞赛理事会于 2016 年 5 月 28 日在中南财经政法大学工商管理学院建立。竞赛理事会成立大会由中国人力资源开发研究会秘书长李震研究员主持，杨河清教授报告了理事会的成立背景、章程起草过程和理事产生的规则。竞赛理事会在中国人力资源开发研究会的领导下，由中南财经政法大学、湖北省人力资源研究会、首都经贸大学、东北师范大学、福建农林大学共同发起。理事会举手表决选举了中国人力资源开发研究会副会长、国家级名师杨河清教授担任理事会会长，选举产生 5 位副会长和 33 位理事，同时聘请了关培兰、董克用、彭剑锋和常凯 4 位教授为理事会高级顾问。

竞赛理事会的宗旨是：贯彻“人才强国”的战略方针，遵循理论联系实际的原则，积极研究并推广人力资源管理专业知识、开展人力资源管理理论研究、学术交流和业务合作；加强人力资源管理专业人员的影响力；构建人力资源从业者相互沟通、交流、合作的平台；促进人力资源领域的交流与合作。

1.3.2　人力资源管理知识技能竞赛

全国大学生人力资源管理知识技能竞赛是面向全国各省、市、自治区高校的人力资源管理及相关专业在校大学生的专业竞赛项目，分为本科组和高职组两大类，通过大区赛选拔进入全国总决赛。竞赛同期举办人力资源管理实践教学高峰论坛，旨在响应国家推进产教融合、协同育人的精神要求，论坛邀请国内知名学者进行学术讲座及参会老师们进行现场人力资源管理的实践教学交流。通过竞赛及高峰论坛搭建一个研究会、院校、企业共同参与的协同育人平台，共同探讨产学研结合，探索人力资源管理实践教学新思路。

第一届全国大学生人力资源管理知识技能竞赛于 2016 年 11 月在浙江嘉兴举行，由中国人力资源开发研究会主办，嘉兴学院承办，嘉兴学院国家级经济管理实验教学示范中心和浙江精创教育科技有限公司提供全面的技术支持。本届竞赛经过全国 30 个省、自治区、直辖市的 312 所高校队伍的层层选拔，最终 92 支队伍进入全国总决赛。参与第一届全国大学生人力资源管理知识技能竞赛(精创教育杯)暨高峰论坛(见图 1-1)的老师、学生、专家学者与企业人士合计 800 余人，这是国内第一次举办的人力资源管理专业技能竞赛，也是开创先河的一次尝试和引领未来的一次努力，为人力资源管理专业人才培养、人力资源管理实践教学创新提供强大的支持和动力，大赛至今已历时四届。

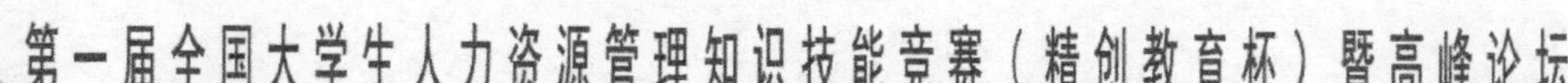

图1-1　第一届全国大学生人力资源管理知识技能竞赛(精创教育杯)

第二届全国总决赛由首都经贸大学承办，参加全国总决赛的队伍由全国 29 个省、自治区、直辖市的 239 所高校参赛队中选拔，最终选拔出 73 支队伍；第三届全国总决赛由山东青年政治学院承办，参与总决赛的队伍是经过全国 31 个省、自治区、直辖市的 348 所高校队伍层层选拔，最终选拔出的 81 支参赛队伍；第四届全国总决赛由江西财经大学承办，参加总决赛的队伍从全国 31 个省、自治区的376 支队伍中选拔，最终有 80 支队伍参赛。全国大学生人力资源管理知识技能竞赛具体参赛数据如表 1-1 所示。

表1-1　全国大学生人力资源管理知识技能竞赛具体参赛数据

<table>
<tr><th>理事会指导专家</th><th colspan="5">总决赛</th><th>选拔赛</th></tr>
<tr><td rowspan="3">第一届竞赛
理事会指导专家：杨河清、童玉芬</td><td>承办单位</td><td colspan="4">嘉兴学院(浙江·嘉兴)</td><td rowspan="3">312 支队伍(本科及高职)</td></tr>
<tr><td>参赛队伍</td><td>92 队</td><td>参赛院校</td><td colspan="2">92 所</td></tr>
<tr><td>时间</td><td colspan="4">2016.11.5—11.6</td></tr>
<tr><td rowspan="3">第二届竞赛
理事会指导专家：杨河清、童玉芬</td><td>承办单位</td><td colspan="4">首都经济贸易大学(中国·北京)</td><td rowspan="3">239 支队伍(本科)</td></tr>
<tr><td>参赛队伍</td><td>73 队</td><td>参赛院校</td><td colspan="2">73 所</td></tr>
<tr><td>时间</td><td colspan="4">2017.11.4—11.5</td></tr>
<tr><td rowspan="3">第三届竞赛
理事会指导专家：杨河清、李震、童玉芬</td><td>承办单位</td><td colspan="4">山东青年政治学院(山东·济南)</td><td rowspan="3">348 支队伍(本科及高职)</td></tr>
<tr><td>参赛队伍</td><td>81 队</td><td>参赛院校</td><td colspan="2">81 所</td></tr>
<tr><td>时间</td><td colspan="4">2018.11.3—11.4</td></tr>
</table>

(续表)

<table>
<tr><th>理事会指导专家</th><th colspan="4">总决赛</th><th>选拔赛</th></tr>
<tr><td rowspan="3">第四届竞赛
理事会指导专家：杨河清、童玉芬</td><td>承办单位</td><td colspan="3">江西财经大学(江西 • 南昌)</td><td rowspan="3">376 支队伍(本科及高职)</td></tr>
<tr><td>参赛队伍</td><td>80 队</td><td>参赛院校</td><td>79 所</td></tr>
<tr><td>时间</td><td colspan="3">2019.11.9—11.10</td></tr>
</table>

1.3.3　人力资源管理智能仿真与竞赛对抗平台

人力资源管理智能仿真与竞赛对抗平台是人力资源管理知识技能竞赛软件平台，采用分组对抗与模拟实战的方式，模拟真实的经营环境，让学习者运用所学的人力资源管理专业知识，依据市场环境与竞争对手的变化制定人力资源管理战略和方案，实施人才的选、育、用、留等一系列活动，实现人力资源的合理配置。人力资源管理智能仿真与竞赛对抗平台通过竞争对抗的模式，将复杂、抽象、枯燥的人力资源管理知识变得趣味化、生动化、形象化，将人力资源规划、工作分析中心、招聘与甄选中心、培训与开发中心、绩效管理中心、薪酬管理中心、员工关系管理中心等人力资源模块融合在对抗演练过程中，可以全方位考察和培养学生对人力资源管理知识的理解与运用。

系统采用 ASP.NET (C#)技术开发，分层结构开发模式，系统后台数据设置灵活，教师可以根据需要设置各种模拟实验参数，以改变不同环境下的模拟要求。系统内置当前典型的行业环境类型，进行人才招聘、培训、产品的选择，以及销售产品的模拟和演练，数据量丰富。

第 2 章

人力资源管理综合实训运营规则

2.1 公司初始状态

1. 财务状态

公司初始总经费 2500K。

2. 人力资源状态

公司最初管理人员包括总经理、人力资源经理、招聘甄选主管、培训开发主管、绩效考评主管、薪酬福利主管各一名，各管理人员均有初始价值，管理人员的个人价值通过公司的绩效考核会有增减变动。管理人员的初始价值具体如表 2-1 所示。

表2-1　管理人员的初始价值

管理人员	总经理	人力资源经理	招聘甄选主管	培训开发主管	绩效考评主管	薪酬福利主管
初始价值	10	7	4	4	4	4

本平台中除管理人员以外，还包括研发人员、生产人员和销售人员三类员工，每类员工设定了 A、B、C、D 四个等级，其具备的初始价值如表 2-2 所示。

表2-2 员工等级和初始价值

员工等级	A级	B级	C级	D级
初始价值	10	6	3	1

说明：

员工的个人价值可通过能力提升而增加，不同部门的员工通过技能提升培训增加的能力是不同的，研发人员每增加能力 3(生产人员每增加能力 1/销售人员每增加能力 6)，员工价值增加 1。

举例：B 级研发人员的初始价值为 6，对应的 P1 的初始能力为 18，当其通过技能提升培训，P1 的能力提升为 21 时，该员工价值+1。以此类推，当该员工 P1 的能力提升到 30 时，员工升级。

3. 产品属性(见表2-3)

表2-3 产品属性

产品属性	低端产品	中端产品	高端产品
产品	P1	P2、P3	P4

4. 概念解析

公司初始状况概念解析如下。

(1) 本平台可运营六个经营年度，每年分为四个周期进行。

(2) K 为唯一货币单位。

(3) 价值指员工本身拥有的技能、知识、文化程度等内在素养的总和。其中初始价值指公司招聘获得某员工时，其本身具备的价值和素养。

(4) 本规则中提及的员工能力包括：①研发人员的能力，指研发人员研发产品和技术保障的能力；②生产人员的能力，指生产人员可生产产品的数量；③销售人员的能力，指销售人员可销售产品的数量。

2.2 运营规则

2.2.1 人力资源规划中心

每年年初需进行人力资源规划。各公司在申请人力资源经费前，需从企业战略出发详尽分析企业所处行业、外部市场环境等，准确预测企业未来发展所需的各类人力资源数量、质量、结构等方面的要求，结合市场供需确定企业人力资源工作策略。规划内容包括人力资源战略规划、人力资源供需预测、费用预算、培训晋升计划和调岗计划等。

2.2.2　工作分析中心

公司根据人力资源规划，明确各类员工和管理人员的岗位职责，形成工作说明书，并设置研发人员、生产人员、销售人员的基本工资区间，此区间将影响基本工资的设定。各类人员基本工资区间设置规则具体如下。

(1) 各类员工基本工资下限不低于最低基本工资 3K。

(2) 各等级员工基本工资区间的上限和下限差额不得超过 6K。

(3) 高一级员工基本工资区间的上限不得高于低一级员工的基本工资区间的上限的 2 倍。

(4) 低一级员工的基本工资区间的上限不得高于高一级员工的基本工资区间的下限。

(5) 下一年工作分析制定的基本工资区间设置的数值不得低于上一年设置的数值。

各类人员基本工资区间设置举例如表 2-4 所示。

表2-4　各类人员基本工资区间设置举例

单位：K

员工等级 员工类型	A级	B级	C级	D级
研发人员	22～28	18～22	11～17	5～11
生产人员	18～20	11～16	6～10	3～6
销售人员	15～21	11～15	6～10	3～5

2.2.3　招聘与甄选中心

1. 招聘渠道

公司可在每年的第一、三周期进行招聘。各公司根据人力资源规划中的人力资源供需预测制订招聘计划，确认员工岗位(即产品类型)，并在员工入职后执行。

各公司招聘员工可选择不同的招聘渠道，不同的招聘渠道费用不同，所获取的员工数量、种类、等级也不尽相同。招聘渠道种类及费用如表 2-5 所示。

表2-5　招聘渠道种类及费用

招聘渠道种类	每一人员等级招聘费用
校园招聘	3K/次
人才交流中心招聘	4K/次
Internet 平台招聘	4K/次
传统媒体招聘	5K/次
猎头招聘	3K/人，招聘成功后支付该等级员工二周期的基本工资
再就业	6K/次

说明：

(1) 再就业招聘渠道：从第二年开始出现，是流失人员未被市场淘汰而回流入的招聘渠道，只在流失后下一年度的第一周期招聘时出现。

(2) 以上同一招聘渠道各等级员工的招聘费用按实际招聘情况缴纳，同一招聘渠道、类型、等级的员工招聘不限人数(猎头渠道除外)。

举例：在校园招聘渠道招聘 1 个 B 级研发人员及 1 个 C 级研发人员需缴纳 6K，在校园招聘渠道招聘 2 个 B 级研发人员只需缴纳 3K。

2. 人员招聘

各公司在招聘过程中，如无其他公司竞聘同一员工，则该公司对该员工可直接招聘成功，也可放弃招聘。若多个公司竞聘同一员工，则各公司按以下排序要求轮流招聘。

(1) 根据总工资进行排名，排名第一的公司优先招聘，如该公司选择放弃，则排名第二的公司进行招聘，以此类推。其中，总工资＝期基本工资＋25%人才引进津贴＋满额绩效工资(期)＋岗位津贴＋交通/通讯/住房/高温补贴＋工龄工资(以工龄 1 年的期工龄工资计算)。

(2) 若参与竞聘公司设定总工资相同，则比较基本工资，排名靠前的优先招聘。

(3) 若参与竞聘公司设定的基本工资相同，则比较参与竞聘公司上年度经营排名，排名靠前的优先招聘(第一年度比较招聘申请表提交时间，先提交的公司优先招聘)。

注意：

- 人才引进津贴的最高上限为员工年基本工资(四期)的100%。
- 同一年，招聘新员工时，其基本工资必须与同等级老员工基本工资相同，人才引进津贴可以不同。

3. 挖人

从第二年开始，每年第一周期，公司之间可以互相挖人(挖人属于猎头招聘方式，不论挖人是否成功，凡提出挖人申请均需要支付猎头招聘费用 3K/人)，欲挖人公司需填写挖人申请表，被挖公司每类每等级员工最多被挖走一人，处于脱产培训中的员工不能被挖，每家公司每年可向同行公司每类人员各挖一人，至多可挖三人，挖人目标公司不限。

挖人前提：公司提出挖人申请后，需先比较挖人公司给出的期基本工资，挖人公司给出的期基本工资必须高于被挖人员在原公司本年度的期基本工资的 120%，否则挖人直接失败。

挖人竞争：如有公司符合挖人资格，则按以下排序要求，由系统自动判定挖人成功与否(排序时包括被挖公司)。

(1) 根据总工资进行排名，排名第一的公司挖人成功，若排名第一的是被挖公司，则其他公司挖人失败。

(2) 若参与挖人竞争公司设定的总工资相同，则比较基本工资。

(3) 若参与挖人竞争公司设定的基本工资相同，则比较参与挖人竞争的公司上年度经营排名。

挖人费用：挖人成功后，挖人公司应支付本公司该等级员工两周期的基本工资给猎头公司作为猎头费用，挖人失败不支付猎头费用。如果挖人成功，则被挖员工应保持原公司的定岗、能力和价值。

4. 员工入职

公司每年在招聘工作完成后，如有新员工，需对新入职员工办理入职手续，签订劳动合同(具体详见员工关系管理中心规则)。

2.2.4　培训与开发中心

1. 培训需求分析

各公司每年需进行一次培训需求分析，以确定员工是否需要培训及培训的内容与方法，主要从公司战略、组织任务和组织资源三个角度分析，其中，组织任务又可以从人员招聘计划、研发计划、生产计划、销售计划具体分析；组织资源又需要考虑企业资金和人员情况。从不同角度分析可能会得出不同甚至相互矛盾的培训需求，结合公司的实际情况和公司未来发展的规划综合分析，得出最终的培训需求分析结论。

2. 人员培训

各公司结合年初人力资源规划中的培训计划和每年的培训需求分析，制定培训实施方案，对不同的员工进行相应的培训，并支付培训费用。具体培训种类、费用、培训要求及培训效果如表 2-6 所示。

表2-6　培训种类、费用、培训要求及培训效果

培训种类	费用	培训要求及培训效果
新员工培训	1K/人	上岗的先决条件，当期新招员工必须进行新员工培训
技能提升培训	在岗培训(2K/期)	员工每经过连续四周期在岗培训后，其所有岗位的能力都增加。 在岗培训期间保持原有能力，不同员工通过在岗培训增加的能力如下。 在岗培训(每四期)：研发人员＋3、生产人员＋1、销售人员＋6
	脱产培训(3K/期)	员工每经过连续二周期脱产培训后，其所有岗位的能力都增加。 处于脱产培训期间员工不能从事研发、生产和销售；D 级员工不能进行脱产培训；脱产培训中的员工不能被挖走。不同员工通过脱产培训增加的能力如下。 脱产培训(每二期)：研发人员＋3、生产人员＋1、销售人员＋6
岗位轮换培训	转岗到 P1 费用为 1K/次 转岗到 P2 费用为 3K/次 转岗到 P3 费用为 5K/次 转岗到 P4 费用为 7K/次	经过岗位轮换培训可以研发(生产/销售)其他产品 转回定岗过的岗位，无须支付转岗费用，但是仍经一周期才可以研发(生产/销售)原岗位产品 经过岗位轮换培训不会影响该员工的能力
企业文化培训	每增加 1K 的人均企业文化培训费用，降低 3%的员工流失率。最高降低 10%	公司每年第四周期可以进行企业文化培训，以增加员工忠诚度，降低流失率

说明：

(1) 新入职员工当期不能进行岗位轮换培训和技能提升培训。

(2) 员工经过技能提升培训后，若所定岗能力达到上一级员工的初始能力，员工升级，升级后至少经过一周期，方可再进行该员工的技能提升培训。员工升级后按照新等级员工的工资标准执行。

(3) 员工脱产培训过程中的薪酬按基本工资＋企业承担法定福利＋工龄工资支付。

(4) 脱产培训限额：公司员工脱产培训的人数最高为公司同类同等级员工人数的 50%。

(5) 脱产培训的服务期为两年，通过技能提升培训实现员工等级提升后，未满两年员工自动流失，需支付给公司培训违约金。

$$培训违约金=(脱产培训期间的基本工资总和+脱产培训的投入)\times\frac{8-培训后工作时间(期)}{8}$$

(6) 在岗培训中不能同时进行岗位轮换培训；脱产培训中可以同时进行岗位轮换培训。

(7) 技能提升培训时需要经过连续培训才能达到能力提升的效果，一旦中断，将不能累计其培训效果。例如，在第二年第一周期至第三周期连续对一名D级生产人员进行在岗培训，如果在第四周期继续对其在岗培训，则该名人员的能力在下一周期将会提升；但是如果在第四周期没有对其在岗培训，而是在下一年度第一周期对其在岗培训，那么该人员前三周期的在岗培训将不能累计。

2.2.5 绩效管理中心

每年年初，各公司需在绩效考核指标库中选择相应指标形成绩效考核表，其中每一考核大类中至少选一项，并设定各项指标的权重，每位管理人员指标权重之和需等于100%。每年年末进行考核，考核评分由系统自动计算。每项绩效考核指标评分最高为100分，最低为50分(第一年不能选择增长类指标)。

1. 绩效考核指标库

1) 总经理考核

总经理的绩效考核分为企业净利润、销售情况、产品获利、生产情况四大类。总经理的绩效考核指标如表2-7所示。

表2-7 总经理的绩效考核指标

绩效考核大类	绩效考核指标	指标含义	考核标准
企业净利润	净利润	$\frac{当年净利润}{市场本年平均净利润}$ (本年所有企业的净利润总和 /企业数)	公司当年净利润高于市场本年平均净利润100%，得80分。在此基础上，每高10%，加5分；每低10%，减5分。当市场本年平均净利润为负，公司当年净利润为正时，得100分

(续表)

绩效考核大类	绩效考核指标	指标含义	考核标准
企业净利润	净利润增长率	$\frac{(本年净利润-上年净利润)}{上年净利润}\times 100\%$	当净利润增长率≥50%时，得80分。在此基础上，每高10%，加5分；每低10%，扣5分。当上年净利润为0时，本年净利润为0，得50分；本年净利润大于等于0，得100分
销售情况	产品销量	$\frac{当年产品销量}{市场本年平均销量(本年所有企业的销量总和/企业数)}\times 100\%$	公司当年销量高于市场本年平均销量的120%，得80分。在此基础上，每高10%，加5分；每低10%，扣5分
	销售额	$\frac{当年产品销售额}{市场本年平均销售额(本年所有企业的销售总和/企业数)}\times 100\%$	公司当年销售额高于市场本年平均销售额的120%，得80分。在此基础上，每高10%，加5分；每低10%，扣5分
	销售计划准确率	$\sum_{i=1}^{n}\left(\frac{各产品实际销量}{各产品计划销量}\right)\div n$	当销售计划准确率为100%时，得100分。在此基础上，每高或每低10%，扣5分。当所有产品实际销量和计划销量都为0时，得100分；只有所有产品计划销量为0时，得50分
产品获利	产品利润	$\frac{当年产品利润(产品利润=销售收入-产品成本-研发费用-员工工资)}{市场产品平均利润(本年所有企业的产品利润总和/企业数)}$	公司当年产品利润高于市场平均产品利润的120%，得80分。在此基础上，每高10%，加5分；每低10%，扣5分
	产品利润增长率	$产品利润增长率=\frac{本年产品利润-上年产品利润}{上年产品利润}\times 100\%$	当产品利润增长率≥30%时，得80分。在此基础上，每高10%，加5分；每低10%，扣5分。当上年产品利润为0时，本年产品利润为0，得50分；本年产品利润大于等于0，得100分

(续表)

绩效考核大类	绩效考核指标	指标含义	考核标准
生产情况	生产计划准确率	$\sum_{i=1}^{n}\left(\frac{各产品实际产量}{各产品计划产量}\right)\div n$	当生产计划准确率为100%时，得100分。在此基础上，每低或每高10%，扣5分。当所有产品实际产量和计划产量都为0时，得100分；只有所有产品计划产量为0时，得50分

2) 人力资源经理考核

人力资源经理的绩效考核分为人力资源规划、人力资源成本、人均人力资源成本、员工流失、劳动关系、经费申请损失六大类。人力资源经理的绩效考核指标如表2-8所示。

表2-8 人力资源经理的绩效考核指标

绩效考核大类	绩效考核指标	指标含义	考核标准
人力资源规划	人力资源规划方案提交及时率	本年度人力资源规划方案提交的时间	各公司提交时间排名，最早的20%，得100分，最迟的20%，得60分，其余为80分(排名四舍五入)
人力资源成本	人力资源成本均值	人力资源成本(薪酬调查费用＋招聘费用＋培训费用＋经济补偿金＋劳动争议处理费用＋薪酬总额＋经费损失)/市场平均人力资源成本(本年所有企业的人力资源成本总和/企业数)×100%	人力资源成本低于市场平均人力资源成本的90%，得80分。在此基础上，每低10%，加5分；每高10%，扣5分
	人力资源成本增长率	(当年人力资源成本－上年人力资源成本)/上年人力资源成本×100%	当人力资源成本增长率≤30%，得100分。在此基础上，每高10%，扣5分
	人力资源成本预算准确率	实际人力资源成本/计划人力资源成本×100%	人力资源成本预算准确率为100%，得100分。在此基础上，每低或每高10%，扣5分

(续表)

绩效考核大类	绩效考核指标	指标含义	考核标准
人均人力资源成本	人均人力资源成本均值	人均人力资源成本(企业人力资源成本总和/企业内员工总人数)/市场人均人力资源成本(本年所有企业的人均人力资源成本总和/企业数)	人均人力资源成本低于市场平均人均人力资源成本的 90%，得 80 分。在此基础上，每低 10%，加 5 分；每高 10%，扣 5 分
	人均人力资源成本增长率	(当年人均人力资源成本－上年人均人力资源成本)/上年人均人力资源成本×100%	当人均人力资源成本增长率≤10%，得 100 分。在此基础上，每高 10%，扣 5 分
员工流失	员工流失率	(人员流失数量/总人数)/(市场人员流失总量/市场总人数)	企业人员流失率低于市场平均人员流失率的 90%，得 80 分。在此基础上，每低 10%，加 5 分；每高 10%，扣 5 分
	员工流失增长率	(本年员工流失率－上年员工流失率)/上年员工流失率×100%	当员工流失增长率≤-10%，得100分。在此基础上，每高10%，扣5分；当本年员工流失率和上年员工流失率都为0时，得100分；只有上年员工流失率为0时，得50分
劳动关系	劳动争议发生次数	本年劳动争议发生的次数	劳动争议发生次数＝0，得 100 分；在此基础上，每增加 1 次，扣 5 分
经费申请损失	经费申请不当产生的损失	(超额损失＋紧急经费申请损失＋经费回账损失)/市场平均损失额(本年所有企业的经费损失总和/企业数)	损失额低于市场平均损失额的 90%，得 80 分。在此基础上，每低 10%，加 5 分；每高 10%，扣 5 分；当市场上所有企业三项损失都是 0 时，都得 100 分

3) 招聘甄选主管考核

招聘甄选主管的绩效考核分为招聘费用、招聘计划和招聘评估三大类。招聘甄选主管的绩效考核指标如表 2-9 所示。

表2-9　招聘甄选主管的绩效考核指标

绩效考核大类	绩效考核指标	指标含义	考核标准
招聘费用	人均招聘成本	人均招聘费用(所有招聘渠道费用/招聘到人数)/市场人均招聘费用(本年所有企业的招聘费用总和/所有企业招聘到的人数)	人均招聘费用低于市场人均平均招聘费用的80%，得 80 分。在此基础上，每低 10%，加 5 分；每高 10%，扣 5 分
	招聘费用增长率	本年招聘费用/上年招聘费用×100%	招聘费用低于上年企业招聘费用的 80%，得 80 分。在此基础上，每低 10%，加 5 分；每高 10%，扣 5 分。当本年招聘费用和上年招聘费用都为 0 时，得 50 分；只有上年招聘费用为 0 时，得 100 分
	招聘费用准确率	实际招聘费用/计划招聘费用×100%	招聘费用控制在 100%，得 100 分。在此基础上，每高 10%或每低 10%，扣 5 分。当实际招聘费用和计划招聘费用都为 0 时，得 100 分；只有计划招聘费用为 0 时，得 50 分
招聘计划	招聘计划准确率	实际招聘总人数/计划招聘总人数×100%	招聘计划准确率为 100%，得 100 分。在此基础上，每高或每低 10%，扣 5 分。当实际招聘总人数和计划招聘总人数都为 0 时，得 100 分；当只有计划招聘总人数为 0 时，得 50 分
招聘评估	招聘人员流失率	当年入职人员流失数量/当年新入职人员总数	招聘人员流失率=0，得 100 分。每高 10%，扣 5 分

4) 培训开发主管考核

培训开发主管的绩效考核分为培训费用、培训计划、能力提升、培训数量四大类。培训开发主管的绩效考核指标如表 2-10 所示。

表2-10　培训开发主管的绩效考核指标

绩效考核大类	绩效考核指标	指标含义	考核标准
培训费用	人均培训费用	实际发生人均培训费用(总培训费用/参与培训总人数)/市场本年度人均培训费用	当年实际发生人均培训费用高于市场本年度人均培训费用 120%，得 80 分。在此基础上，每高 10%，加 5 分；每低 10%，减 5 分

(续表)

绩效考核大类	绩效考核指标	指标含义	考核标准
培训费用	培训费用准确率	实际培训费用/计划培训费用	当培训费用准确率为 100%时，得 100 分。在此基础上每高 10%或每低 10%，扣 5 分。当实际培训费用和计划培训费用都为 0 时，得 100 分；当只有计划培训费用为 0 时，得 50 分
培训计划	技能提升培训计划准确率	$\frac{\text{实际技能提升培训总人数}}{\text{计划技能提升培训总人数}}$	培训计划准确率为 100%，得 100 分。在此基础上，每高或每低 10%，扣 5 分。当实际技能培训总人数和计划技能培训总人数都为 0 时，得 100 分；只有计划培训总人数为 0 时，得 50 分
能力提升	培训能力提升	能力提升次数/市场平均能力提升次数	当能力的提升次数高于市场平均值 120%时，得 80 分。在此基础上，每高 5%，加 5 分；每低 5%，扣 5 分。当市场平均能力提升 0 次，得 70 分
	人员晋升数量	实际人员晋升数量(公司内所有员工一年内等级晋升总人数)/市场平均人员晋升数量	当年实际人员晋升价值高于市场本年平均晋升价值的 120%，得 80 分。在此基础上，每高 5%，加 5 分；每低 5%，扣 5 分。当市场平均人员晋升 0 次，得 70 分
培训数量	培训人次	本年实际培训人次/市场本年平均培训人次	本年实际培训人次高于市场本年平均培训人次的 120%，得 80 分。在此基础上，每高 5%，加 5 分；每低 5%，扣 5 分
	培训人次增长率	(本年培训人次－上年培训人次)/上年培训人次×100%	当培训人次增长率≥20%时，得 80 分。在此基础上，每高 10%，加 5 分；每低 10%，扣 5 分。当本年培训人次和上年培训人次都为 0 时，得 50 分；只有上年培训人次为 0 时，得 100 分

5) 绩效考评主管考核

绩效考评主管的考核分为价值增量和考核指标数量两大类。绩效考评主管的绩效考核指标如表 2-11 所示。

表2-11　绩效考评主管的绩效考核指标

绩效考核大类	绩效考核指标	指标含义	考核标准
价值增量	管理人员价值增量	管理人员价值增量(公司所有管理人员一年内价值提高的总量)/市场平均管理人员价值增量(市场所有管理人员价值提升总量/企业数)	管理人员价值增量是市场平均的 100%，得 80 分。在此基础上，每高 10%；加 5 分，每低 10%，扣 5 分。当市场平均管理人员价值增量为 0 时，得 80 分
	员工价值增量	员工价值增量(公司所有员工一年内价值提高的总量)/市场平均员工价值增量(市场所有员工价值提升总量/企业数)	员工价值增量是市场平均的 100%，得 80 分。在此基础上，每高 10%，加 5 分；每低 10%，扣 5 分。当市场平均员工价值增量为 0 时，得 80 分
考核指标数量	当年所选考核指标数	考核指标数量/市场平均考核指标数量	考核指标数量是市场考核指标数量的 100%，得 80 分。在此基础上，每高 10%，加 5 分；每低 10%，扣 5 分

6) 薪酬福利主管考核

薪酬福利主管的考核分为人均薪酬、薪酬总额、薪酬结构三大类。薪酬福利主管的绩效考核指标如表 2-12 所示。

表2-12　薪酬福利主管的绩效考核指标

绩效考核大类	绩效考核指标	指标含义	考核标准
人均薪酬	人均薪酬均值	人均薪酬[公司本年薪酬总额÷(年初员工数和第一期招聘员工数×4＋第三期招聘员工数×2＋24)]/市场人均薪酬[所有公司本年薪酬总额÷(年初员工数和第一期招聘员工数×4＋第三期招聘员工数×2＋24×公司数)]×100%	人均薪酬是市场人均薪酬的 100%，得 100 分；在此基础上，每低或每高 10%，扣 5 分

（续表）

绩效考核大类	绩效考核指标	指标含义	考核标准
薪酬总额	薪酬总额占人力资源成本比	薪酬总额/人力资源成本×100%	薪酬总额占人力资源成本比为80%，得80分。在此基础上，每低5%，加5分；每高5%，扣5分
	薪资总额预算准确率	实际总薪资/计划薪资×100%	薪资预算准确率为100%，得100分。在此基础上，每高或每低10%，扣5分。当计划薪资为0时，得50分
薪酬结构	当年绩效奖金占薪资比	绩效奖金(本年度发放的所有员工的绩效奖金总和)/薪酬总额×100%	绩效奖金占薪资比高于市场平均的100%，得80分。在此基础上，每高10%，加5分；每低10%，扣5分
	当年人才引进津贴占薪资比	人才引进津贴/薪酬总额×100%	人才引进津贴占薪资比低于市场平均的90%，得80分。在此基础上，每低10%，加5分；每高10%，扣5分
	薪酬结构丰富化	薪酬结构选择项目的数量/市场平均薪酬结构选择项目的数量	薪酬结构选择数量占市场平均选择数的100%，得80分。在此基础上，每比市场平均多选一项，加5分；每少选一项，扣5分

2. 管理人员价值及薪酬等级

对管理人员的绩效考核结果将会影响管理人员的薪酬等级、绩效工资和价值。管理人员的价值增减最低不得低于初始价值。管理人员的薪酬等级不得低于本岗位的最低薪酬等级，不得高于本岗位的最高薪酬等级。管理人员绩效考核结果对其薪酬等级、绩效工资和价值的影响如表2-13所示。

表2-13　管理人员的绩效考核结果、薪酬等级和价值

考核结果M	M≥85	65≤M＜85	M＜65
管理人员价值	+2	0	−1
薪酬等级	+1	0	−1

注：M为年末绩效考核加权总分。

2.2.6　薪酬管理中心

1. 市场调查

1) 发布社会平均工资

从第二年开始，每年年初，政府发布上一年度社会平均工资。

社会平均工资＝上一年度市场上所有企业实际支付的全部职工工资总额÷[(第一期招聘的人数＋上年末人数)×4＋第三期招聘的人数×2＋管理人员人数×4×组数]

2) 薪酬调查

从第二年开始，每年年初每家企业可以购买市场基本工资报表，内含上年度各类各级员工和管理人员的市场平均基本工资，费用为 10K，为各公司制定今年的基本工资提供参考。市场基本工资报表样表如表 2-14 所示。

表2-14　市场基本工资报表样表

年份		第x年		
		研发人员	生产人员	销售人员
各级员工平均基本工资(K/期)	A 级			
	B 级			
	C 级			
	D 级			
管理人员平均基本工资(K/期)	总经理			
	人力资源经理			
	招聘甄选主管			
	培训开发主管			
	绩效考评主管			
	薪酬福利主管			

第二年开始，各公司还可以购买其他公司上一年的薪酬报告，支付费用为 20K/次，该薪酬报告会显示所购买公司上一年度各类各级员工的基本工资区间和管理人员的基本工资。公司上一年的薪酬报告样表如表 2-15 所示。

表2-15 公司薪酬报告样表

公司名称		公司编号	
	研发人员	生产人员	销售人员
上年度A级员工基本工资区间	[?, ?]	[?, ?]	[?, ?]
上年度B级员工基本工资区间	[?, ?]	[?, ?]	[?, ?]
上年度C级员工基本工资区间	[?, ?]	[?, ?]	[?, ?]
上年度D级员工基本工资区间	[?, ?]	[?, ?]	[?, ?]
总经理		人力资源经理	
招聘甄选主管		培训开发主管	
绩效考评主管		薪酬福利主管	

2. 薪酬设计

1) 薪酬结构设计

本平台采用的薪酬结构如下。

管理人员薪酬＝基本工资＋绩效奖金＋年终奖金＋福利＋各类津贴和补贴

研发人员薪酬＝基本工资＋福利＋各类津贴和补贴

生产人员薪酬＝基本工资＋绩效奖金＋福利＋各类津贴和补贴

销售人员薪酬＝基本工资＋绩效奖金＋福利＋各类津贴和补贴

其中：福利包括法定福利和企业福利。法定福利包括养老保险、医疗保险、失业保险、工伤保险、生育保险、住房公积金；各类津贴和补贴包括岗位津贴、人才引进津贴、工龄工资、交通/通讯/住房/高温补贴。

2) 基本工资设定

各公司每年年初制定员工的基本工资，基本工资需在工作说明书的基本工资区间要求内，每年第一周期可调整一次。基本工资可以下调，每次下调最低限额为上年基本工资的80%。员工和管理人员基本工资按等级递减，低一级的员工基本工资不得高于高一级员工的基本工资。

最低基本工资标准：公司员工最低基本工资标准为3K/期。

管理人员基本工资：每个管理人员都有三个薪酬等级，初始薪酬等级分别是总经理为10等、人力资源经理为7等、各类主管为4等。通过绩效考核，管理人员的薪酬等级会有增减(薪酬等级降到最低等级后不再下降，升到最高等级后不再上升)。各级别管理人员的工资如表2-16所示。

表2-16　各级别管理人员的工资

	总经理			人力资源经理			各类主管		
管理人员薪酬等级	12	11	10	9	8	7	6	5	4
基本工资(K/年)	56	52	48	44	40	36	32	28	24

3) 绩效奖金

生产人员的绩效奖金采用计件工资形式，每生产一批产品支付相应的绩效奖金。生产人员的绩效奖金如表 2-17 所示。

表2-17　生产人员的绩效奖金

产品种类	P1	P2	P3	P4
绩效奖金(K/批)	0.2	0.4	0.6	0.8

销售人员的绩效奖金采用提成的形式，每销售一批产品支付相应的绩效奖金。销售人员的绩效奖金如表 2-18 所示。

表2-18　销售人员的绩效奖金

产品种类	P1	P2	P3	P4
绩效奖金(K/批)	0.4	0.8	1.2	1.6

研发人员无绩效奖金。

管理人员绩效奖金受每一年绩效考核的影响。当管理人员的价值增加时，给一期基本工资作为管理人员的绩效奖金。无价值增加或价值减少，则无绩效奖金。

4) 管理人员年终奖

管理人员年终奖金受公司净利润与管理人员价值的影响。具体计算方法如下所示。

$$\text{各管理人员奖金}=\text{净利润}\times 10\%\times\frac{\text{管理人员个人价值}}{\sum_{i=1}^{n}\text{管理人员总价值}}\qquad(n\text{ 是管理人员人数})$$

5) 法定福利

法定福利是指根据国家法律法规，公司依法替员工缴纳各项社会统筹及保险等。个人社保用于核算薪资表。法定福利公司和个人缴费比例如表 2-19 所示。

表2-19 法定福利公司和个人缴费比例

	养老保险	医疗保险	失业保险	工伤保险	生育保险	住房公积金
单位缴费比例	20%	8%	1.5%	0.8%	0.8%	10%
个人缴费比例	8%	2%	1%	无须缴纳	无须缴纳	10%
缴费基数	员工应付工资＜上年社会平均工资×60%，缴费基数＝上年社会平均工资×60%； 上年社会平均工资×60%≤员工应付工资≤上年社会平均工资×300%，缴费基数＝员工应付工资； 上年社会平均工资×300%＜员工应付工资，缴费基数＝上年社会平均工资×300% (第一年仅按员工应付工资计算)					

6) 企业福利

公司每年从净利润中计提10%作为企业福利，次年年初计发，净利润为零或负数，不予计提。

7) 人才引进津贴

人才引进津贴的最高上限为员工年基本工资(四期)的100%。如果在薪酬结构设计中未选择人才引进津贴，则在人员招聘时不能填写人才引进津贴。

8) 工龄工资

为鼓励员工和管理人员安心于本公司的工作，对本公司工龄一年以上的人员按工作年限长短给予相应的补贴，实行每满一年加1K/期的工龄工资，上不封顶。

9) 岗位津贴

岗位津贴是指对于公司研发/生产/销售人员在工作时间内补偿该员工在其岗位上所从事工作的特殊性和技术性的津贴。岗位津贴如表2-20所示。

表2-20 岗位津贴

产品种类	P1	P2	P3	P4
岗位津贴(K/期)	1	2	3	4

10) 各类补贴

补贴是指为保障职工的身体健康、提高幸福感、降低人员流失率而提供的一些工资补充形式。具体补贴费用如表2-21所示。

表2-21　补贴费用

名称	发放时间	员工	管理人员
交通补贴	每一期期末	0.5K/期·人	1K/期·人
通讯补贴	每一期期末	0.5K/期·人	0.5K/期·人
住房补贴	每一期期末	1K/期·人	2K/期·人
高温补贴	每年的第二期	1K/人	0.5K/人

3. 薪酬发放

1) 个人所得税

工资个税(每期)的计算公式如下。

应纳税额＝(应发工资－五险一金－免征额)×适用税率－速算扣除数

个税免征额为11K。个人所得税适用税率如表2-22所示。

表2-22　个人所得税适用税率

级数	含税级距(K)	税率(%)	速算扣除数
1	0～5	3	0
2	5～15	10	0.35
3	15～27	20	1.85
4	27～105	25	3.2
5	105～165	30	8.45
6	165～240	35	16.7
7	240以上	45	28.7

2) 支付规则

各项薪酬福利皆在产生当期的期末支付。其中，管理人员绩效奖金和年终奖及企业福利于次年年初进行计算并支付；人才引进津贴招聘当期一次性支付。

2.2.7　员工关系管理中心

1. 劳动合同

对于当期新入职的员工，公司必须要与其签订劳动合同，确定劳动合同期限。

2. 劳动合同续签

劳动合同是否到期需要公司时刻关注，劳动合同到期后，公司人力资源部门需要与员工续签合同。如果劳动合同在到期后的一个周期内，则只需要补签劳动合同；如果一个周期后仍没有补签劳动合同，则会进入劳动争议处理，此时公司需要支付未续签合同期间的二倍期基本工资，并补签劳动合同。如果不想与员工续签合同，则同样需要支付未续签期间的二倍期基本工资，同时可以选择辞退员工，支付相应的经济补偿金。

3. 员工辞退

公司每年每周期可对富余人员进行辞退。公司主动辞退行为需要支付经济补偿金，自动流失人员不支付经济补偿金。补偿金额需要由公司自己计算，如经济补偿金支付不足，则会进入劳动争议处理。经济补偿金标准如表 2-23 所示。

表2-23　经济补偿金标准

员工在公司工作年限	经济补偿金(K)
不满 2 期	1/2 的一期基本工资
2 期以上不满 1 年	一期基本工资
注：每满一年累计增加一期基本工资	

4. 劳动争议处理

因未续签劳动合同或辞退员工导致劳动争议时，系统会直接判定劳动争议处理结果，其经济补偿金在人力资源经费中扣除，并支付 3K 的劳动争议处理费用。劳动争议原因和赔偿结果如表 2-24 所示。

表2-24　劳动争议原因和赔偿结果

劳动争议原因	赔偿结果
合同到期一周期后没有续签合同	未续签合同期限内 2 倍基本工资＋续签合同
经济补偿金有误	支付经济补偿金

5. 员工流失

每年年末，公司可能会有员工自动流失，具体比例如表 2-25 所示。

表2-25　员工自动流失率

员工平均期工资 / 市场同类型同等级员工平均期工资	自动流失率
$X \geq 100\%$	0
$50\% < X < 100\%$	30%
$X \leq 50\%$	40%

注：X 为员工平均期工资与市场同类型同等级员工平均期工资的比值。

处于脱产培训或当年支付人才引进津贴者不会流失(计入流失人员统计基数)。如果有两个以上同类型同等级员工符合标准，则按照员工价值排序，价值高者优先流失；若员工价值相同则由系统随机选择。经过企业文化培训，会降低员工流失率。

流失人员中按照员工价值排序，价值低于 50%将被市场淘汰，若员工价值相同则由系统随机选择淘汰人员，未被淘汰的流失人员将会进入再就业招聘渠道。

2.2.8　产品中心

1. 生产与研发

公司各级生产人员针对不同类型产品，拥有不同的初始能力，具体各级生产人员初始产能和产品成本如表 2-26 所示。

表2-26　各级生产人员初始产能和产品成本

员工＼产品	P1	P2	P3	P4
A 级	10	9	6	4
B 级	6	5	2	0
C 级	3	2	0	0
D 级	1	0	0	0
单批产品成本	6K	12K	20K	35K

企业内产品的研发和研发成功之后的技术保障都需要研发人员的能力支持，具体各级研发人员的能力值和其他研发相关数据如表 2-27 所示。

表2-27　各级研发人员的能力值和研发相关数据

	A	B	C	D	每期研发所需费用(K)	每期研发所需能力	单位产品所需技术保障的能力	研发周期(期)
P1	30	18	9	3	10	5	1	1
P2	27	15	6	0	10	8	2	3
P3	18	6	0	0	30	10	3	5
P4	12	0	0	0	30	12	4	7

说明：

(1) 生产的产品必须为已研发成功的产品。

(2) 在产品研发期间，能力达到产品研发要求之后，支付研发费用，产品即可进行研发。研发期间可中断但不可加速。

(3) 研发需要一定的周期，在达到研发周期之后，该产品研发成功。例如，第一周期有 1 名D级研发人员定岗P1产品，但因为没有达到研发所需的能力，所以该周期不能研发P1产品；当第三周期1名D级研发人员加入P1产品研发时，公司P1产品达到其研发所需能力要求并可以进行产品研发，P1产品花费一周期即可研发成功，在第四期可以开始生产。

(4) 在产品研发成功后，企业还需要研发人员维持研发成果，以保障生产。

$$当期某产品的最大产量=\frac{当期定岗在该产品的研发人员的总能力}{该产品的单位技术保障能力}$$

当期产品的最大产量不超过当前定岗于该产品的生产人员的最大生产能力。

2. 产品销售

销售人员的初始能力如表2-28所示。

表2-28　销售人员的初始能力

产品/员工	P1	P2	P3	P4
A级	60	54	36	24
B级	36	30	12	0
C级	18	12	0	0
D级	6	0	0	0

说明：

(1) 没有销售人员不可进行产品销售。销售量不得超过销售人员的最大能力。

(2) 每位销售人员只能销售其定岗的产品类型，对于其他产品，只具有销售该产品的能力，但不可销售。

(3) 每年第四期出售产品，产品可以囤积到下一年度(囤货产品会产生 1K/年·批的管理费用)。

(4) 各公司按以下顺序进行产品销售。

① 提交各类产品销售量。

② 根据各公司出售的数量和市场需求量，市场提供市场指导价。

③ 根据市场指导价，各公司填写产品销售单价进行销售。销售单价不得高于市场指导价的 150%。市场按以下排序要求收购产品。

a. 根据公司报价从低到高的顺序收购。

b. 如果两家公司的报价相同，则优先选择上一年度总排名高的公司(第一年度比较报价提交时间，先提交的公司优先收购)。

c. 收购金额上限为市场需求量×产品参考价。

(5) 年末根据各公司各类产品实际交货量与产品市场需求之间的关系公布市场指导价。市场指导价最低不得低于生产成本。

$$\text{年末产品市场指导价}=\left[1+\frac{\text{全年市场需求量}-\text{全年市场交货量}}{\text{全年市场需求量}}\right]\times\text{各类产品市场参考价}$$

举例：某年，全年 P1 市场需求量为 533，产品市场参考价格为 60。经营至第四周期，6 家公司交货的 P1 产品数量为 429，则年末产品市场指导价格＝[1＋(533－429)÷533]×60≈72。

(6) 在每年年末没有成功出售产品的公司可以选择产品清仓，每类产品清仓价格计算如下所示。

① 当期有销售时：

市场参考价＞最低销售价，最低销售价×80%。

市场参考价＜最低销售价，市场参考价×80%。

② 有市场需求但是没有销售产品：市场参考价×80%。

③ 没有市场需求：不能清仓。

2.2.9 其他规则

1. 各类费用

1) 人力资源经费

人力资源经费申请：每年年初人力资源经理根据人力资源规划向总经理申请人力资源经

费，总经理从总经费中划拨人力资源经费。

紧急人力资源经费申请：运营期间人力资源经理可随时向总经理进行紧急人力资源经费申请，但会产生一定紧急经费损失额(紧急经费损失额＝紧急人力资源经费申请额×10%)。

超额损失：年度结束，公司剩余人力资源经费若超过四周期累计支付人力资源经费的20%，则超过部分(公司当年剩余人力资源经费－20%×累计额)按照15%比例产生超额经费损失。

人力资源经费回账：如果公司在运营过程中出现总经费资金短缺，但人力资源经费较为充裕的情况，则公司可对人力资源经费做回账处理，但需缴纳回账额的10%作为回账经费损失。

2) 综合运营费用

公司每年年末支付综合运营费用，综合运营费用＝5K＋0.5K/人。

3) 企业所得税

企业应交所得税额＝应纳税所得额×25%

应纳税所得额＝利润总额－以前年度亏损

利润总额＝销售收入(包括清仓收入)－薪酬调查费用－研发费用－招聘费用－培训费用－薪酬总额－生产成本－囤货管理费用－综合运营费用－经费损失－劳动争议处理费用－经济补偿金＋政府补助＋服务期间流失人员违约金

薪酬总额＝企业应发工资＋企业承担的法定福利＋企业福利＋管理人员绩效奖金＋管理人员年终奖

净利润＝利润总额－企业应交所得税额

4) 经费损失

经费损失包括紧急经费损失、回账经费损失、超额经费损失。其中，紧急经费损失和回账经费损失从申请的额度中扣除；超额经费损失在人力资源经费中扣除。

2. 取整规则

本平台中个人所得税计算采用四舍五入并保留2位小数；年终奖、应付工资、企业福利、社会平均工资、流失人数、产品指导价、产品清仓价格采用四舍五入取整，产量最大值计算按向下取整，其他未做详细规定的数据均向上取整。

法定福利取整：每项缴费基数×相应比例，四舍五入保留2位小数后，再将5项相加。

3. 政府行为

政府在企业经营过程中可能选择适当的年份对部分企业给予一定金额的补助，政府行为主要有以下几项，各项目最高补助50K/公司，每年年末结算，次年年初发放，具体政策根据具体市场背景确定。

(1) 支持企业做大做强。对各公司A级员工占人数比大于20%且总人数不低于10人的给予 10K/年的奖励，对各公司 B 级员工占人数比大于 50%且总人数不低于 10 人的，给予 5K/年的奖励。

(2) 鼓励支持应届毕业生就业。对各公司 D 级员工占人数比 50%以上的，给予该公司新招 D 级员工 0.5K/人的奖励。

(3) 鼓励培养高级技术人才。对各公司自己培育的 A 级人才每年提供每人次 15K 的奖励。

(4) 税费减免。对每年缴纳企业所得税最多的公司返还其所交企业所得税 50%的奖励。

(5) 社保返还。每年返还企业社保金额的 50%作为奖励。

4. 评价标准

本平台根据以下评价标准排名，如总评价相等，则以时间先后顺序排名(比赛期间其他扣分情况根据具体比赛规则确定)。

总评价计算公式：

$$M=\sum_{i=1}^{m}\text{价值}\times(1+\sum_{j=1}^{n}\text{人力资本投资回报率})$$

其中：n 为经营年数，M 为公司该年度总人数；人力资本投资回报率＝企业净利润÷薪酬总额×100%；价值为年末企业内每个人员的自身价值；企业净利润算法、薪酬总额算法详见本节前面介绍。

第3章

人力资源管理综合实训平台操作

3.1 管理员端操作

3.1.1 管理员登录与退出

在浏览器中输入学校服务器名称或 IP 地址，按 Enter 键进入“人力资源管理智能仿真与竞赛对抗平台”的登录界面，如图 3-1 所示。

图3-1　登录界面

1. 管理员登录

在登录界面选择管理员角色，依次输入用户名和密码，单击“登录”按钮进入管理端，如图 3-2 所示。

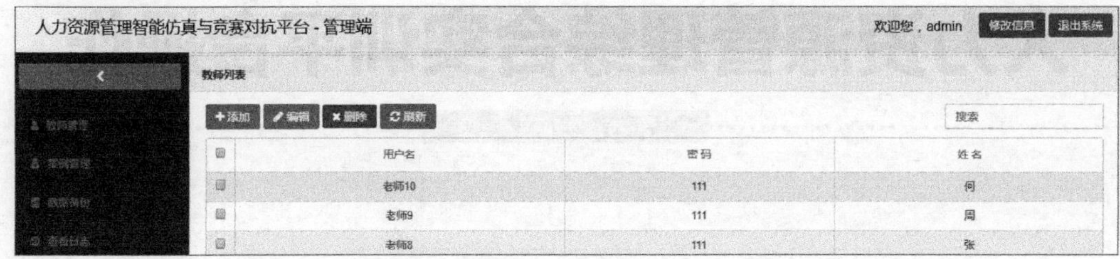

图3-2　管理端

2. 信息修改

单击管理端右上角的“修改信息”按钮，修改管理员姓名、密码，如图 3-3 所示。

图3-3　信息修改

3. 管理员退出

单击管理端右上角的“退出系统”按钮，弹出“确定要退出系统吗？”信息提示框，单击“确定”按钮，退出管理端，如图 3-4 所示。

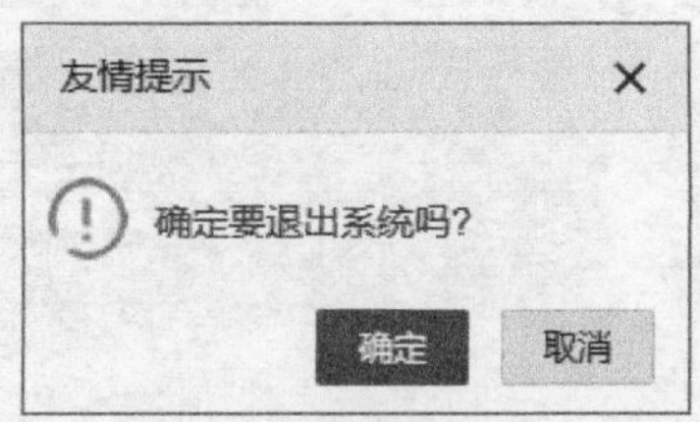

图3-4　管理员退出

3.1.2　教师管理

单击管理端左侧栏“教师管理”按钮，进入教师列表页面。教师管理主要功能为添加教师账号、编辑教师信息、删除教师账号，如图 3-5 所示。

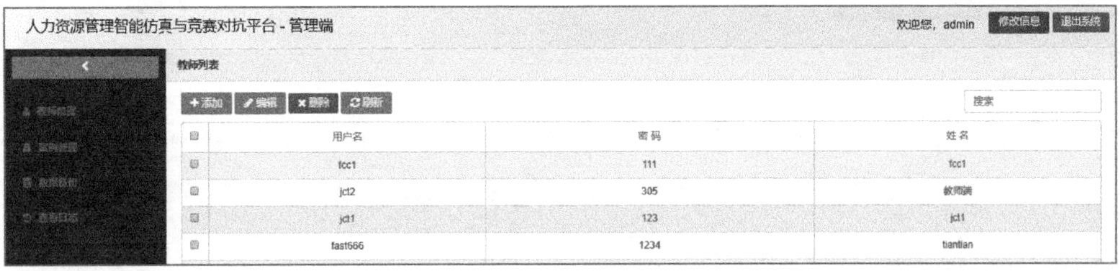

图3-5　教师管理

1. 添加教师账号

单击“添加”按钮，在对话框中填写用户名、密码和姓名。填写完成后，单击“确定添加”按钮，如图 3-6 所示。

图3-6　添加教师账号

2. 编辑教师信息

勾选需要编辑的教师账号，单击“编辑”按钮。在对话框中修改教师账号信息，如图 3-7 所示。

图3-7　编辑教师信息

3. 删除教师账号

选择需要删除的教师账号，单击“删除”按钮，删除教师账号，如图3-8所示。

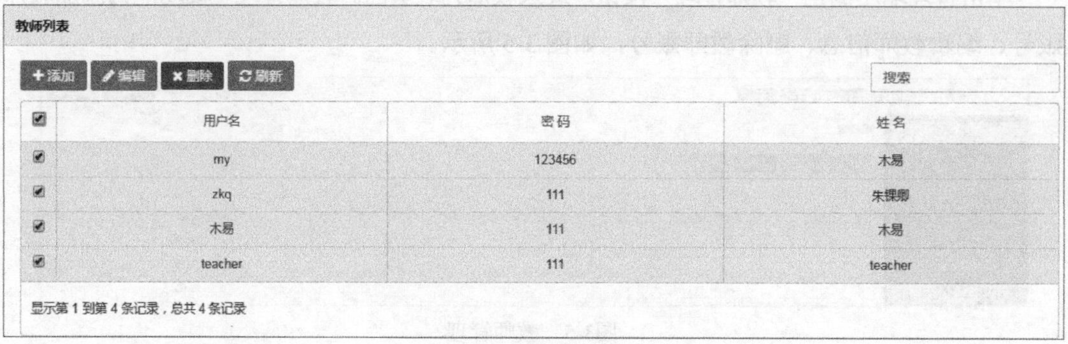

教师列表

+添加 编辑 ×删除 刷新 搜索

☑	用户名	密码	姓名
☑	my	123456	木易
☑	zkq	111	朱锞卿
☑	木易	111	木易
☑	teacher	111	teacher

显示第1到第4条记录，总共4条记录

图3-8 删除教师账号

3.1.3 案例管理

单击管理端左侧栏“案例管理”按钮，进入案例管理页面。案例管理主要功能为添加案例、编辑案例、复制案例和删除案例，如图3-9所示。

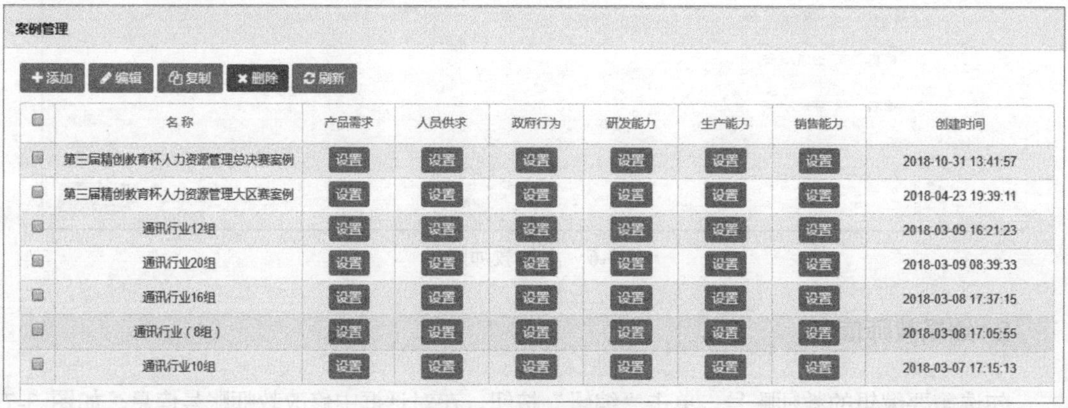

案例管理

+添加 编辑 复制 ×删除 刷新

☐	名称	产品需求	人员供求	政府行为	研发能力	生产能力	销售能力	创建时间
☐	第三届精创教育杯人力资源管理总决赛案例	设置	设置	设置	设置	设置	设置	2018-10-31 13:41:57
☐	第三届精创教育杯人力资源管理大区赛案例	设置	设置	设置	设置	设置	设置	2018-04-23 19:39:11
☐	通讯行业12组	设置	设置	设置	设置	设置	设置	2018-03-09 16:21:23
☐	通讯行业20组	设置	设置	设置	设置	设置	设置	2018-03-09 08:39:33
☐	通讯行业16组	设置	设置	设置	设置	设置	设置	2018-03-08 17:37:15
☐	通讯行业（8组）	设置	设置	设置	设置	设置	设置	2018-03-08 17:05:55
☐	通讯行业10组	设置	设置	设置	设置	设置	设置	2018-03-07 17:15:13

图3-9 案例管理

1. 添加案例

单击“添加”按钮，在对话框中填入案例名称、案例描述。填完后，单击“确定添加”按钮，如图3-10所示。

图3-10　添加案例

2. 编辑案例

案例添加成功后，需要完善案例信息，具体包括产品需求、人员供求、政府行为，以及研发、生产和销售能力。

1) 产品需求

单击“产品需求”按钮，在对话框中添加产品需求、编辑产品需求和删除产品需求，如图 3-11 所示。

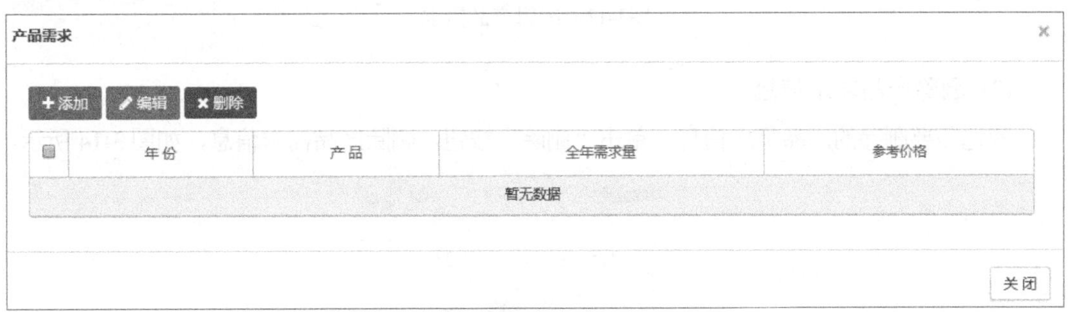

图3-11　产品需求

(1) 添加产品需求。

单击“添加”按钮，在对话框中填写产品收购的年份、收购产品的类型、全年需求量和参考价格。填写完成后，单击“确定添加”按钮，如图 3-12 所示。

图3-12　添加产品需求

(2) 编辑产品需求。

产品需求添加成功后，勾选需要编辑的产品需求，单击“编辑”按钮，修改产品需求，如图 3-13 所示。

图3-13　编辑产品需求

(3) 删除产品需求信息。

勾选需要删除的产品需求信息，单击“删除”按钮，删除产品需求信息，如图 3-14 所示。

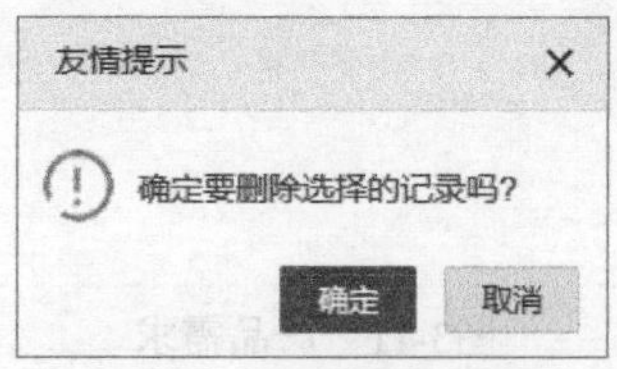

图3-14　删除产品需求

2) 人员供求

单击“人员供求”按钮，在对话框中添加、批量导入、编辑或删除人员供求信息，如图 3-15 所示。

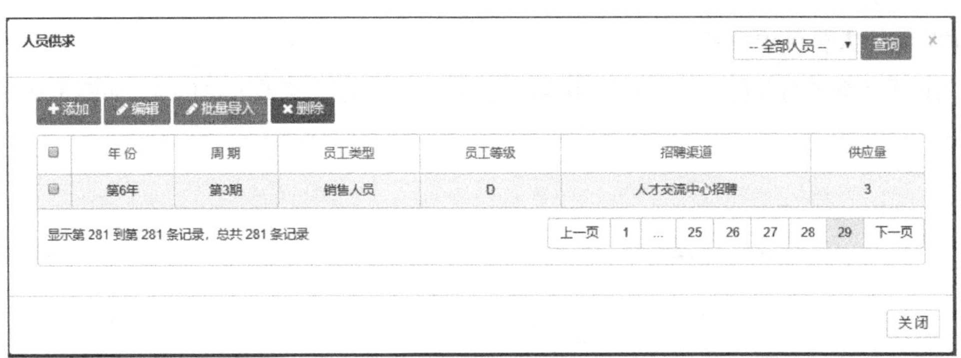

图3-15　人员供求

(1) 添加人员。

单击“添加”按钮，在对话框中输入年份、周期、员工类型、员工等级、招聘渠道、供应量，如图 3-16 所示。

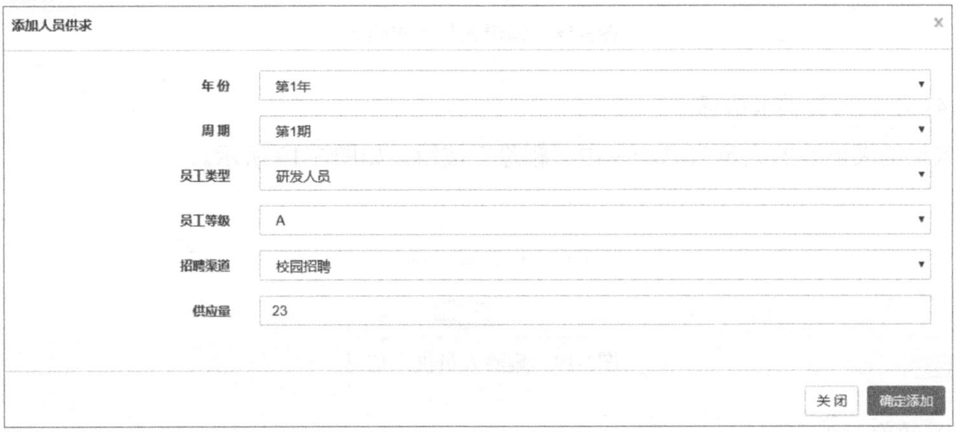

添加人员供求

年份	第1年
周期	第1期
员工类型	研发人员
员工等级	A
招聘渠道	校园招聘
供应量	23

关闭　确定添加

图3-16　添加人员

(2) 批量导入。

单击“批量导入”按钮，从“模板下载”中下载 Excel 模板文件，按模板要求添加人员，然后单击“选择文件”，批量上传人员信息，如图 3-17 所示。

上传人员供求

选择文件	选择文件
成功数量	720条
失败数量	1条
模板下载	模板下载

关闭

图3-17　批量导入

(3) 编辑人员供求信息。

勾选需要编辑的人员信息，单击“编辑”按钮，在对话框中修改人员信息，如图 3-18 所示。

编辑人员供求
年份
第1年
周期
第1期
员工类型
研发人员
员工等级
A
招聘渠道
人才交流中心招聘
供应量
2
关闭
确定编辑

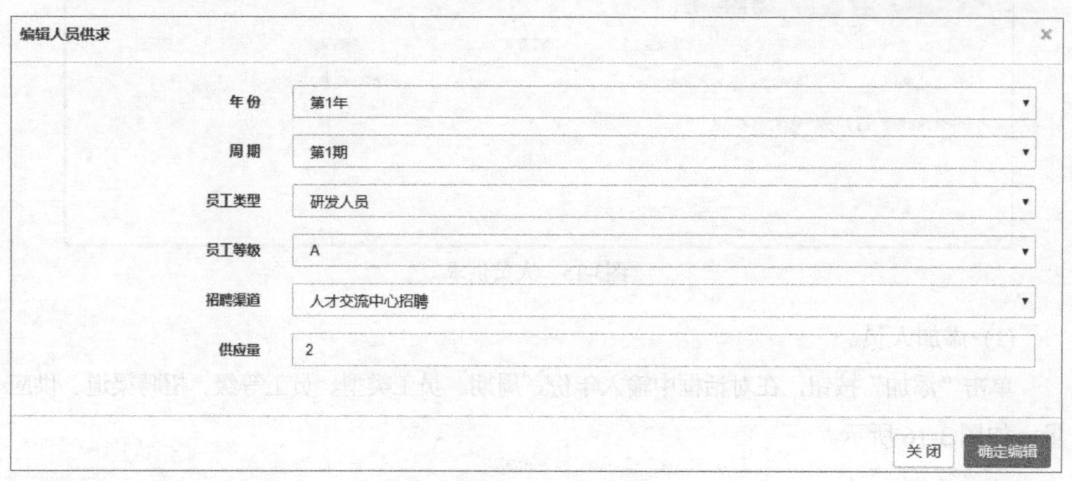

图3-18　编辑人员供求信息

(4) 删除人员供求信息。

勾选需要删除的人员信息，单击“删除”按钮，如图 3-19 所示。

友情提示
确定要删除选择的记录吗?
确定
取消

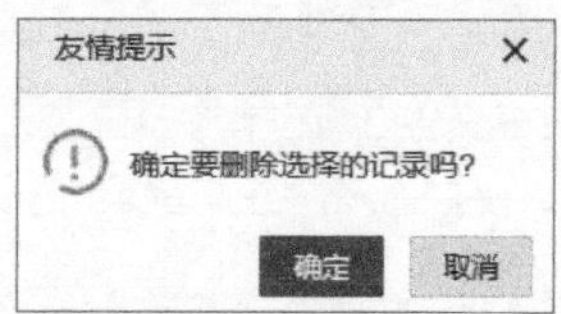

图3-19　删除人员供求信息

3) 政府行为

单击“政府行为”按钮，选择开始年份、结束年份及政策类型，如图 3-20 所示。

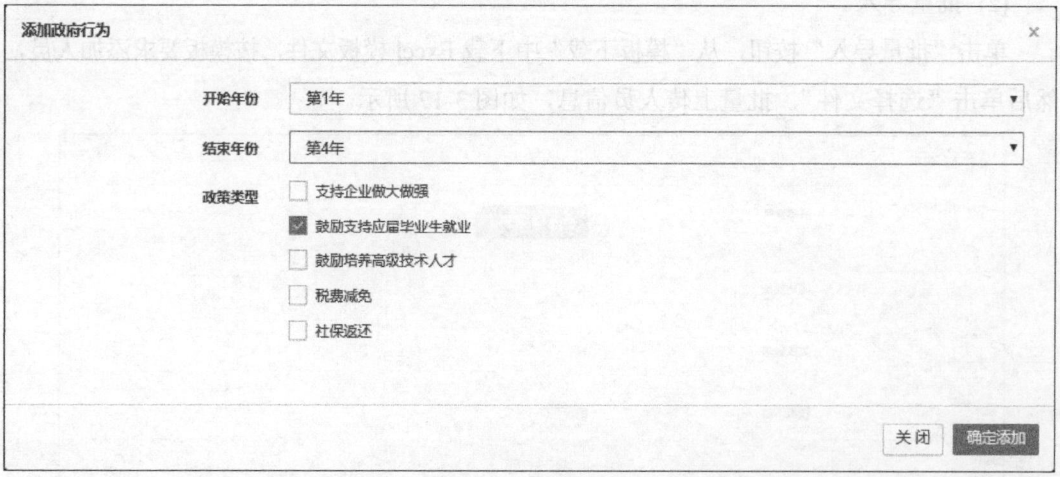

添加政府行为
开始年份
第1年
结束年份
第4年
政策类型
支持企业做大做强
鼓励支持应届毕业生就业
鼓励培养高级技术人才
税费减免
社保返还
关闭
确定添加

图3-20　政府行为

选择需要删除的政府行为，单击“删除”按钮，删除政府行为，如图 3-21 所示。

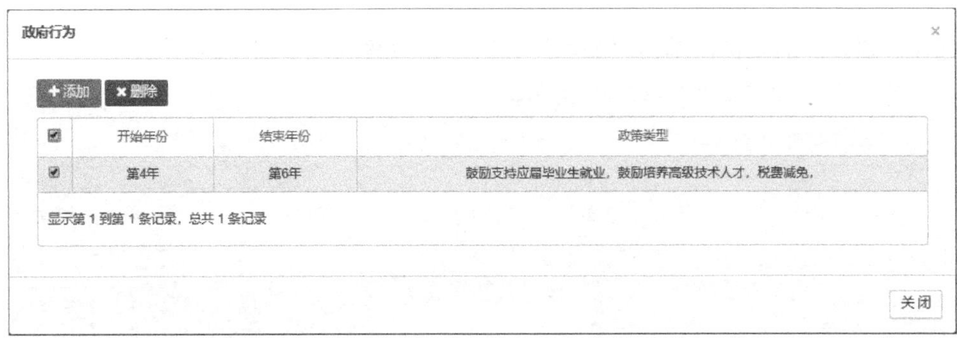

图3-21　删除政府行为

4) 研发、生产、销售能力设置

单击“研发能力”“生产能力”和“销售能力”按钮查看相应能力值。该三项能力值与规则相对应，无须调整。“研发能力”页面如图 3-22 所示。

研发能力

产品类型	A	B	C	D	每期研发费用	所需研发能力	单个技术保障能力	研发周期
P1	30	18	9	3	10	5	1	1
P2	27	15	6	0	10	8	2	3
P3	18	6	0	0	30	10	3	5
P4	12	0	0	0	30	12	4	7

关闭　确定设置

图3-22　研发能力

3. 复制案例

选择需要复制的案例，单击“复制”按钮，简要调整或编辑案例信息，在保留原案例的情况下形成新案例，如图 3-23 所示。

案例管理

+添加　编辑　复制　×删除　刷新

☐	名称	产品需求	人员供求	政府行为	研发能力	生产能力	销售能力	创建时间
☑	第三届精创教育杯人力资源管理总决赛案例	设置	设置	设置	设置	设置	设置	2018-10-31 13:41:57
☐	第三届精创教育杯人力资源管理大区赛案例	设置	设置	设置	设置	设置	设置	2018-04-23 19:39:11
☐	通讯行业12组	设置	设置	设置	设置	设置	设置	2018-03-09 16:21:23
☐	通讯行业20组	设置	设置	设置	设置	设置	设置	2018-03-09 08:39:33

图3-23　复制案例

4. 删除案例

选择需要删除的案例，单击“删除”按钮，删除案例，如图 3-24 所示。

图3-24　删除案例

3.1.4　数据备份

单击管理端左侧栏的“数据备份”按钮，进入备份列表页面，如图 3-25 所示。

图3-25　数据备份

1. 添加备份

单击“备份”按钮，在对话框中输入备份文件名称，单击“确定备份”按钮，如图 3-26 所示。

图3-26　添加备份

2. 恢复备份

因网络中断或其他原因造成的操作失误，选择要恢复的数据信息，单击“恢复”按钮，即可回到备份时的操作状态，如图3-27所示。

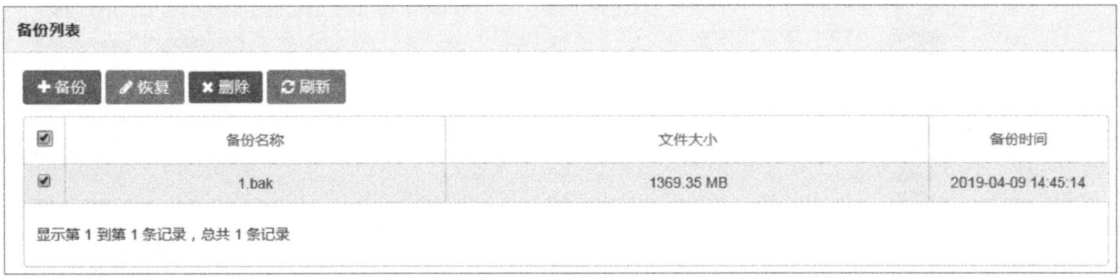

备份列表

+备份　✎恢复　✖删除　↻刷新

☑	备份名称	文件大小	备份时间
☑	1.bak	1369.35 MB	2019-04-09 14:45:14

显示第 1 到第 1 条记录，总共 1 条记录

图3-27　恢复备份

3. 删除备份

选择要删除的备份文件，单击“删除”按钮，删除备份文件，如图3-28所示。

图3-28　删除备份

3.1.5　日志管理

单击管理端左侧栏“查看日志”按钮，输入查询条件，查看各端口登录详情，如图3-29所示。

图3-29　查看日志

3.2　教师端操作

3.2.1　教师端登录

在登录界面选择教师角色，输入用户名和密码，登录教师端。教师端主要功能是案例管理、设定市场方案、创建教学任务，如图 3-30 所示。

图3-30　教师端

单击教师端右上角“修改信息”按钮，查看教师端信息或重置密码，如图 3-31 所示。

图3-31　修改信息

3.2.2　案例管理

单击教师端左侧栏“案例管理”按钮，进入案例管理页面。教师端案例管理操作与管理员端相同，但由于权限不同，本教师账号上传的案例不能与其他教师账号共享，如图 3-32 所示。

案例管理

+添加　编辑　复制　删除　刷新

	名 称	产品需求	人员供求	政府行为	研发能力	生产能力	销售能力	创建时间
☐	[默认] 第三届精创教育杯人力资源管理总决赛案例	设置	设置	设置	设置	设置	设置	2018-10-31 13:41:57
☐	[默认] 第三届精创教育杯人力资源管理大区赛案例	设置	设置	设置	设置	设置	设置	2018-04-23 19:39:11
☐	[默认] 通讯行业12组	设置	设置	设置	设置	设置	设置	2018-03-09 16:21:23
☐	[默认] 通讯行业20组	设置	设置	设置	设置	设置	设置	2018-03-09 08:39:33

图3-32　案例管理

3.2.3　市场方案

市场方案是指设置实训平台的各类参数，如招聘时间、挖人费用、培训费用、人才引进津贴限额、员工流失率、销售单价限额等。单击教师端左侧栏“市场方案”按钮，添加市场方案、编辑市场方案、复制市场方案或删除市场方案，如图 3-33 所示。

市场方案

+添加　编辑　复制　删除　刷新

	名 称	市场参数
☐	木易	设置
☐	市场方案	设置

显示第 1 到第 2 条记录，总共 2 条记录

图3-33　市场方案

1. 添加市场方案

单击“添加”按钮，在对话框中输入市场方案名称、描述，如图 3-34 所示。

添加方案

名称 市场方案1

描述 无

关闭 确定添加

图3-34 添加市场方案

市场参数已有默认值，若有修改需求，单击“设置”按钮，调整各项参数，如图 3-35 所示。

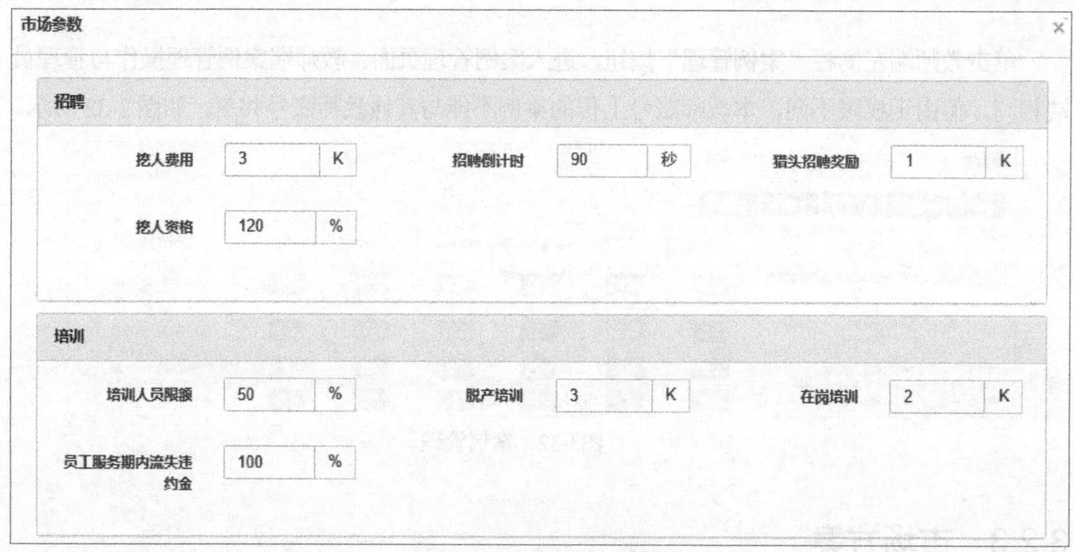

图3-35 修改市场参数

2. 编辑市场方案

选择要编辑的市场方案，单击“编辑”按钮，修改市场方案的名称和描述，如图 3-36 所示。

图3-36 编辑市场方案

3. 复制市场方案

选择要复制的市场方案，单击“复制”按钮，在保留原市场方案的情况下调整参数形成新方案，如图 3-37 所示。

	名称	市场参数
	市场方案 - 复制1	设置
	市场方案1	设置
	木易	设置
	市场方案	设置

图3-37　复制市场方案

4. 删除市场方案

勾选要删除的市场方案，单击“删除”按钮，删除市场方案，如图 3-38 所示。

图3-38　删除市场方案

3.2.4　教学任务

单击教师端左侧栏“教学任务”按钮，进入教学任务页面。教学任务页面的主要功能为添加、编辑教学任务，以及操作栏各类信息查看与处理，如图 3-39 所示。

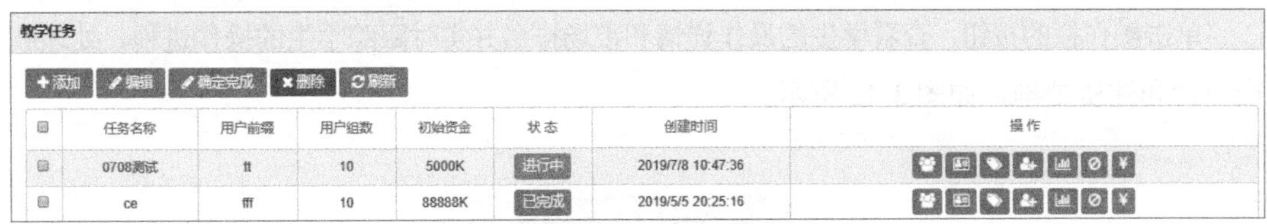
教学任务

+添加　编辑　确定完成　删除　刷新

	任务名称	用户前缀	用户组数	初始资金	状态	创建时间	操作
	0708测试	tt	10	5000K	进行中	2019/7/8 10:47:36	
	ce	fff	10	88888K	已完成	2019/5/5 20:25:16	

图3-39　教学任务

1. 添加与编辑

1) 添加教学任务

单击“添加”按钮，在对话框中输入任务名称、用户前缀、用户组数、初始资金、案例模板、市场方案并确认是否为竞赛任务(竞赛任务模式下：直接显示绩效评分和薪酬，无须计算；一旦进行注资处理，市场排名显示最后一名)，如图 3-40 所示。

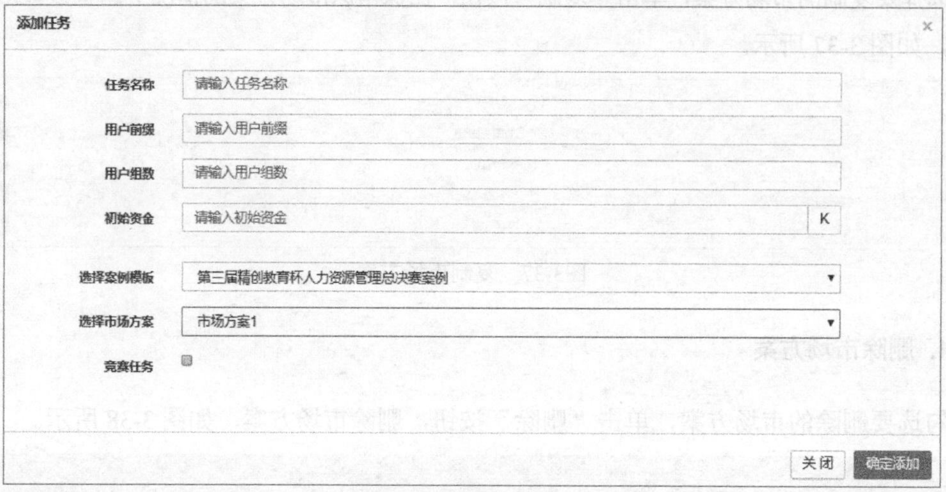

添加任务

任务名称 请输入任务名称

用户前缀 请输入用户前缀

用户组数 请输入用户组数

初始资金 请输入初始资金 K

选择案例模板 第三届精创教育杯人力资源管理总决赛案例

选择市场方案 市场方案1

竞赛任务

关闭 确定添加

图3-40　添加教学任务

2) 编辑教学任务

选择教学任务，单击“编辑”按钮，修改教学任务名称，如图 3-41 所示。

教学任务完成后，单击“确定编辑”按钮，完成教学任务。

图3-41　编辑教学任务

2. 操作栏信息查看与处理

单击操作栏的按钮，查看学生的操作详情和市场排名并实时跟踪学生的操作进程，处理破产申请和注资处理，如图 3-42 所示。

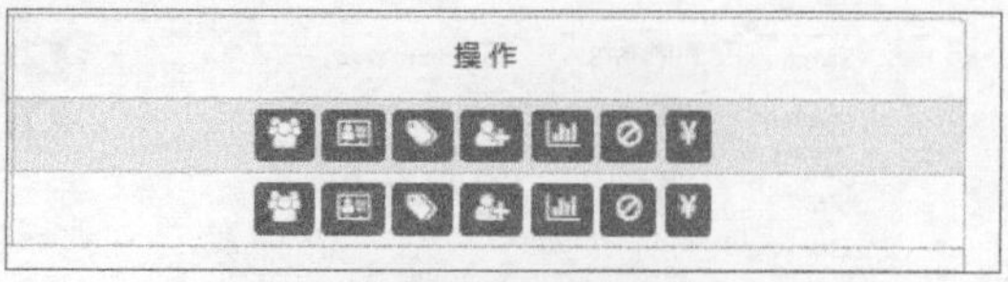

图3-42　操作栏信息查看与处理

1) 学生管理

单击操作栏“学生管理”按钮，查看各个学生账号信息，帮助学生查询和修改密码，并对不能继续操作的账号进行破产处理，如图 3-43 所示。

密码修改 破产 刷新

	账号	密码	公司名称	法人姓名	操作步骤	总经费	人力资源经费	公司状态	操作
	D001	111	D001	上路欢乐送	当年开始	2991	313	正在经营	查看详细
	D002	111	D002	w	人力资源规划	6728	65	正在经营	查看详细
	D003	111	D003	fdsfdasfadsf	工作分析	5885	12032	正在经营	查看详细
	D004	111	D004	zkq	当年开始	54793	7885	正在经营	查看详细
	D005	111	D005	木易	薪资核算	3404	4857	破产	查看详细
	D006	111	D006	1	当年开始	19193	1443	正在经营	查看详细
	D007	111	D007	w	人员培训	226	176	破产	查看详细
	D008	111	D008	杨雷	人力资源规划	15376	-1540	正在经营	查看详细

图3-43 学生管理

单击“查看详情”按钮，查看公司信息、管理人员信息、产品库存、总经费、人力资源经费、利润表、总评分、实验报告等，如图 3-44、图 3-45 所示。

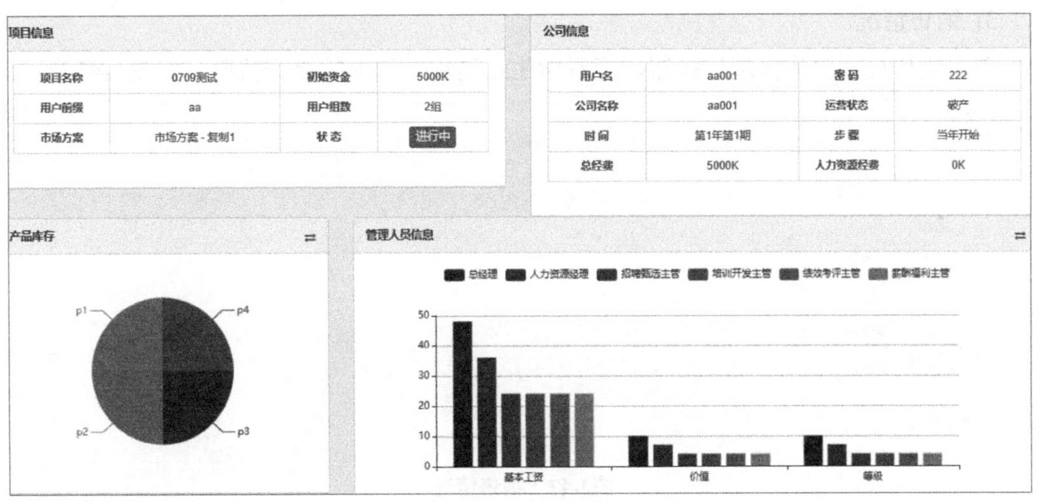

图3-44 查看详情

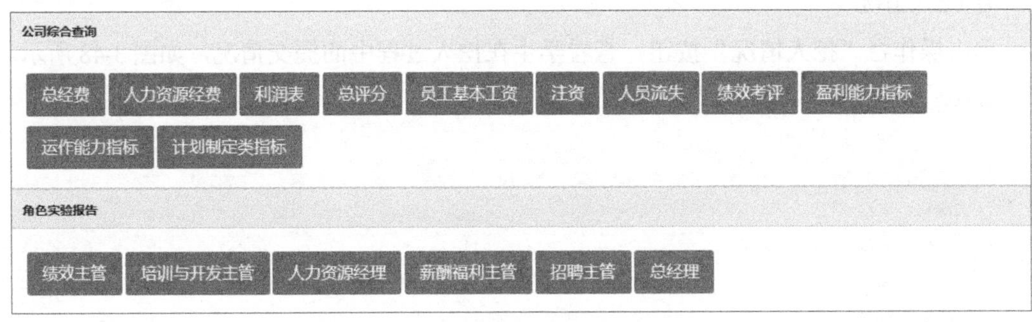

图3-45 详情

2) 招聘情况

单击操作栏“招聘情况”按钮，查看学生在招聘过程中的提交情况，如图 3-46 所示。

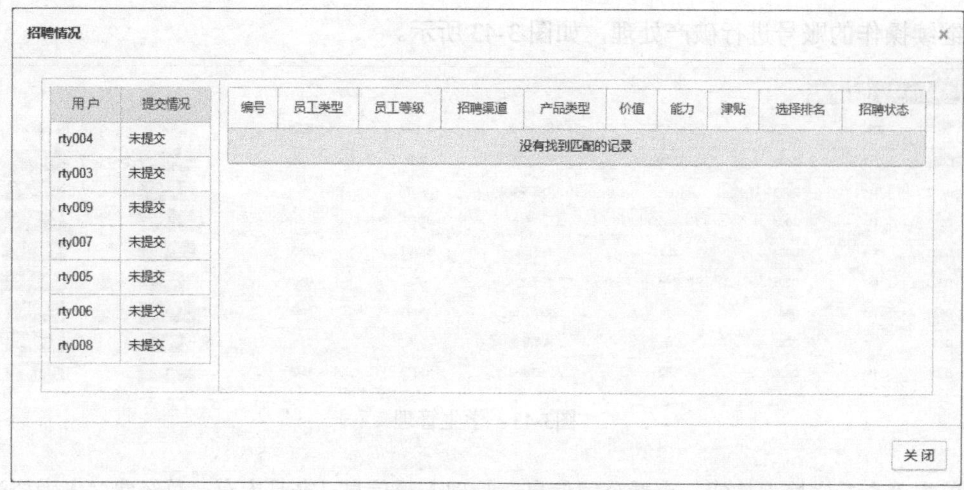

图3-46 招聘情况

3) 销售情况

单击操作栏“销售情况”按钮，查看学生在销售过程中的提交情况，如图3-47所示。

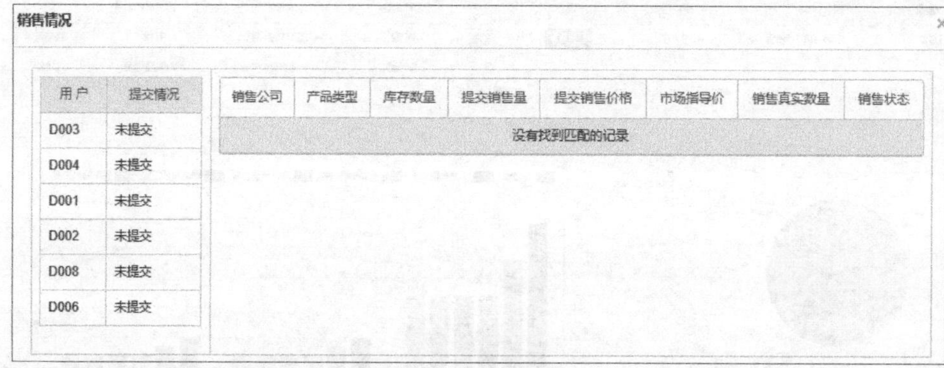

图3-47 销售情况

4) 挖人情况

单击操作栏“挖人情况”按钮，查看学生在挖人过程中的提交情况，如图3-48所示。

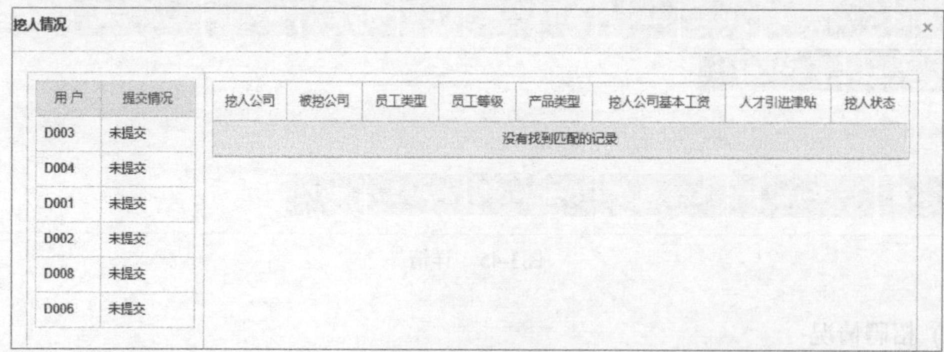

图3-48 挖人情况

5) 查看市场排名

单击操作栏“市场排名”按钮，选择年份，查看各小组在某年的排名，如图3-49所示。

市场排名　第1年 ▼　查询

公司	员工价值总和	净利润	薪酬	扣分	总评分	排名
D005	85	1290	2272	0	133.26	1
D004	82	738	1975	0	112.64	2
D003	73	109	1819	0	77.37	3
D006	57	-273	1050	0	42.18	4
D007	66	-698	1305	0	30.7	5
D008	54	-384	855	0	29.75	6
D001	40	-456	846	0	18.44	7
D002	41	-597	385	0	-22.58	8

显示第 1 到第 10 条记录，总共 42 条记录　上一页 1 2 3 4 5 下一页

图3-49　市场排名

6) 破产处理

单击操作栏“破产处理”按钮，查看学生的破产申请，单击“确定处理”按钮，进行破产处理，如图3-50所示。

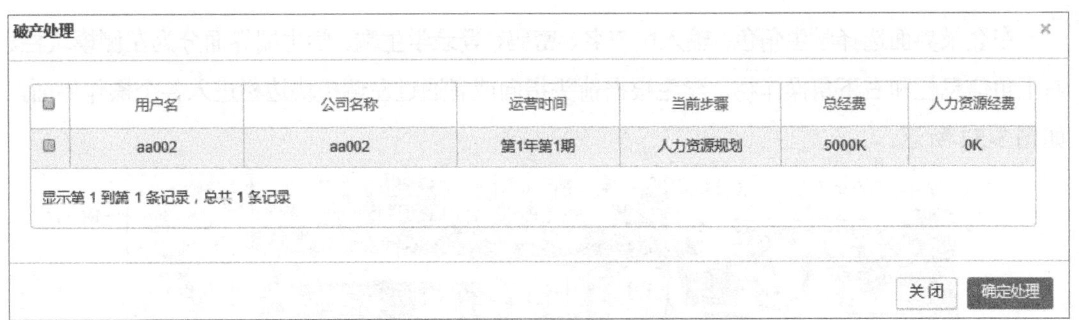

破产处理

	用户名	公司名称	运营时间	当前步骤	总经费	人力资源经费
	aa002	aa002	第1年第1期	人力资源规划	5000K	0K

显示第 1 到第 1 条记录，总共 1 条记录

关闭　确定处理

图3-50　破产处理

7) 注资处理

单击操作栏“注资处理”按钮，查看学生的注资申请，单击“确定处理”按钮，进行注资处理，如图3-51所示。

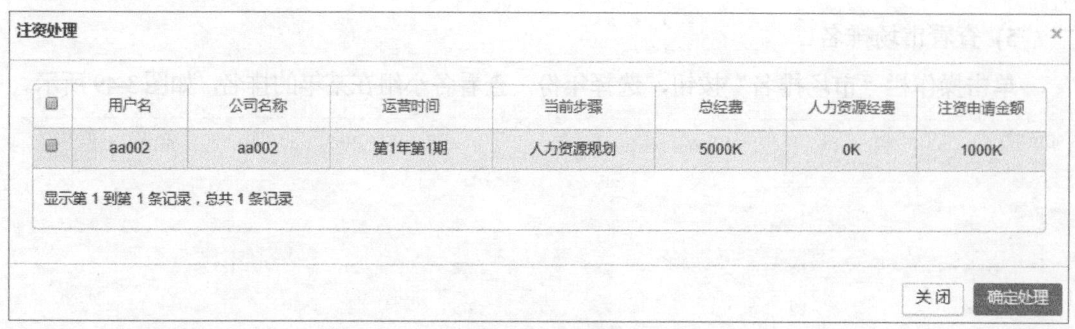

注资处理 ×

	用户名	公司名称	运营时间	当前步骤	总经费	人力资源经费	注资申请金额
□	aa002	aa002	第1年第1期	人力资源规划	5000K	0K	1000K

显示第 1 到第 1 条记录，总共 1 条记录

关闭　确定处理

图3-51　注资处理

3.3　学生端操作

人力资源管理智能仿真与竞赛对抗平台主要包括人力资源规划、工作分析、招聘与甄选、培训与开发、绩效管理、薪酬管理及员工关系管理与产品中心。根据各管理人员的职责，进入相应办公室进行操作。

3.3.1　学生登录

在登录界面选择学生角色，输入用户名、密码，登录学生端。学生端界面分为左侧模块栏、右上角信息栏和右下角操作栏。学生根据箭头指向或者通过左侧模块边栏进入各个操作界面，如图 3-52 所示。

图3-52　学生端首页

左侧模块栏包括人力资源规划中心、工作分析中心、招聘与甄选中心、培训与开发中心、绩效管理中心、薪酬福利中心、员工关系管理中心、产品中心；右上角信息栏包括用户名、公

司名称、步骤、状态、总经费和人力资源经费；右下角操作栏包括时间控制、紧急操作、案例查看、现金明细、修改密码、完善公司信息、退出系统等操作。

3.3.2　会议室

根据箭头指向单击“会议室”，进行人力资源规划操作。进入会议室后，单击桌面电子设备图标，依次填写人力资源战略规划、人力资源供需预测、费用预算、培训晋升计划和调岗计划，如图 3-53 所示。

图3-53　会议室

1. 人力资源战略规划

单击“人力资源战略规划”，填写企业整体战略目标分析、外部环境分析、各类产品的计划产量，如图 3-54 所示。

人力资源规划

人力资源战略规划 | 人力资源供需预测 | 费用预算 | 培训、晋升计划 | 调岗计划

企业整体战略目标分析 查看范例：在第一年抢占P1产品市场，占得先机

外部环境分析 查看范例：P2产品在未来几年的市场前景较好，研发能力要求略低；P1产品的需求较高，且所需研发能力低

计划产量：P1 30　P2 20　P3 0　P4 0

关闭

图3-54　人力资源规划

2. 人力资源供需预测

单击“人力资源供需预测”，确认各类型员工的内部供给人数、外部供给人数和需求人数，如图 3-55 所示。

人力资源战略规划 | 人力资源供需预测 | 费用预算 | 培训、晋升计划 | 调岗计划

员工类型	员工等级	年初人数	内部供给人数	外部供给人数	需求人数
	A	0	0	0	0
	B	0	0	0	0
生产人员	A	0	0	0	0
	C	0	0	0	0
	D	0	0	0	0
销售人员	A	0	0	0	0
	B	0	0	0	0
	C	0	0	0	0
	D	0	0	0	0

图3-55　人力资源供需预测

3. 费用预算

单击“费用预算”，确认各项预算费用，如图 3-56 所示。

人力资源规划 ×

人力资源战略规划 | 人力资源供需预测 | 费用预算 | 培训、晋升计划 | 调岗计划

项目	金额
人力资源总经费	850
计划招聘费用	20
计划培训费用	30
计划工资总支出	500
其他人力资源支出	300
非人力资源经费	20

关闭

图3-56　费用预算

4. 培训、晋升计划

单击“培训、晋升计划”，确认各类型员工的培训、晋升计划，如图 3-57 所示。

人力资源战略规划 | 人力资源供需预测 | 费用预算 | 培训、晋升计划 | 调岗计划

员工类型	员工等级	在岗培训	脱产培训	晋升计划
研发人员	A			
	B			
	C			
	D			
生产人员	A			
	B			
	C			
	D			

图3-57　培训、晋升计划

5. 调岗计划

单击“调岗计划”，确认计划调岗员工类型、员工等级、原岗位、调岗人数和调岗岗位，如图 3-58 所示。

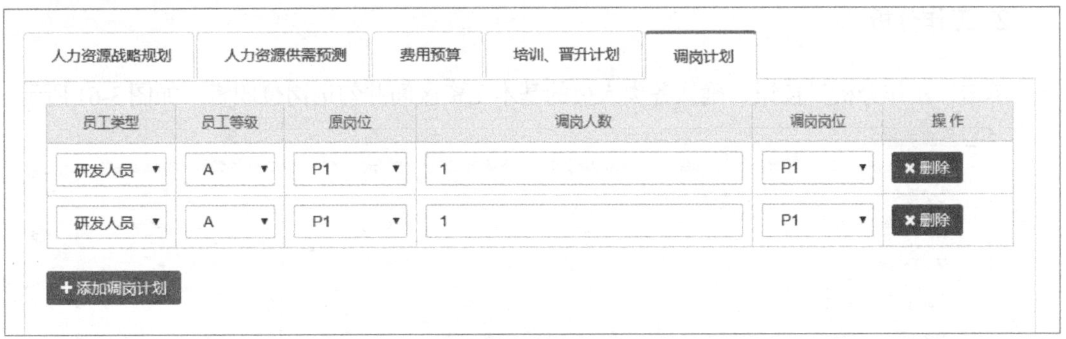

人力资源战略规划 | 人力资源供需预测 | 费用预算 | 培训、晋升计划 | 调岗计划

员工类型	员工等级	原岗位	调岗人数	调岗岗位	操作
研发人员	A	P1	1	P1	删除
研发人员	A	P1	1	P1	删除

+ 添加调岗计划

图3-58　调岗计划

3.3.3　人力资源经理办公室

根据箭头指向单击“人力资源经理办公室”，再根据步骤提示进行人力资源经费申请、工作分析、人员流失、员工辞退、劳动争议处理、劳动合同续签等操作，如图 3-59 所示。

图3-59　人力资源经理办公室

1. 人力资源管理经费申请

单击“人力资源管理经费申请”按钮，确认计划人力资源经费，如图 3-60 所示。

图3-60　人力资源管理经费申请

2. 工作分析

单击“工作分析”按钮，确认各类人员的基本工资区间并勾选岗位职责，如图 3-61 所示。

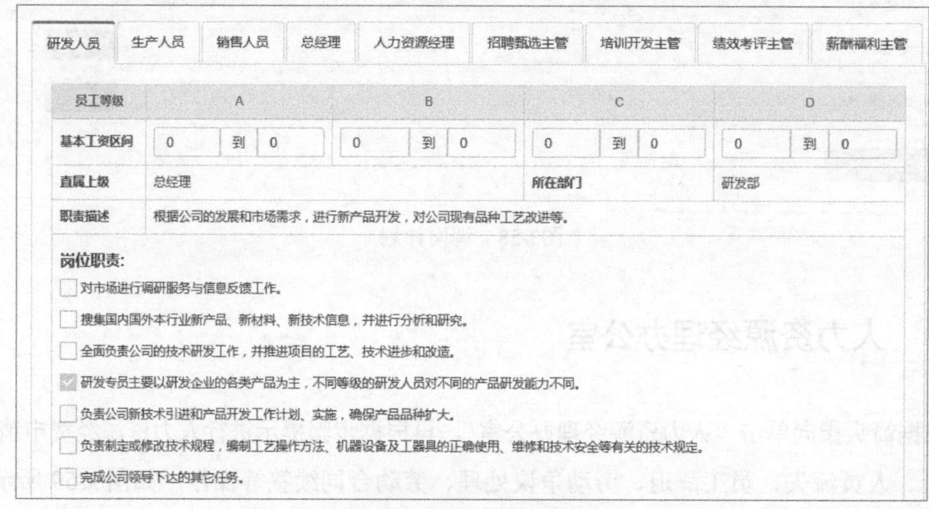

图3-61　基本工资区间

3. 人员流失

单击“人员流失”按钮，查看流失人员信息，如图 3-62 所示。

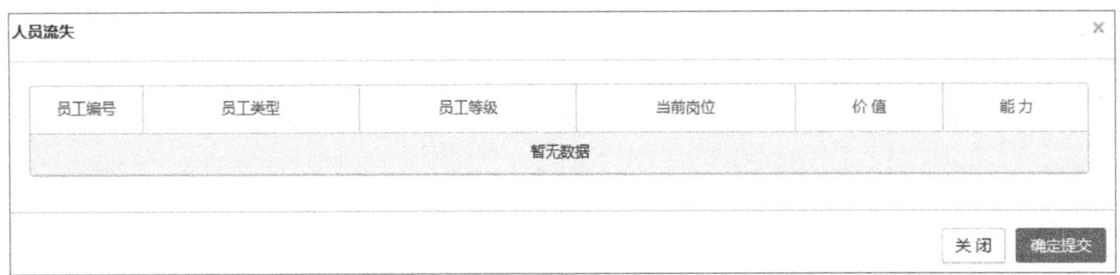

图3-62　人员流失

4. 员工辞退

单击“员工辞退”按钮，确认辞退人员和辞退补偿金，如图 3-63 所示。

员工辞退

☐	员工编号	员工类型	员工等级	当前岗位	价值	能力	合同期限	辞退补偿金
☑	Y11002	研发人员	A	P2	10	27	从第1年第1期 到 第5年第1期	30
☐	Y11001	研发人员	A	P1	10	30	从第1年第1期 到 第6年第1期	0
☐	X13004	销售人员	A	P1	10	60	从第1年第3期 到 第5年第1期	0
☐	X13003	销售人员	A	P2	10	54	从第1年第3期 到 第5年第1期	0
☐	S13038	生产人员	A	P2	10	9	从第1年第3期 到 第5年第1期	0
☐	S13036	生产人员	A	P1	10	10	从第1年第3期 到 第5年第1期	0

显示第 1 到第 6 条记录，总共 6 条记录

关闭　确定辞退

图3-63　员工辞退

5. 劳动争议处理

单击“劳动争议处理”按钮，确认劳动争议人员并支付经济补偿金，如图 3-64 所示。

劳动争议处理

员工编号	员工类型	员工等级	当前岗位	价值	能力	劳动争议原因	操作
X13004	销售人员	A	P1	10	60	经济补偿金有误	支付经济补偿金

显示第 1 到第 1 条记录，总共 1 条记录

关闭

图3-64　劳动争议处理

6. 劳动合同续签

单击“劳动合同续签”按钮，确认续签人员，如图 3-65 所示。

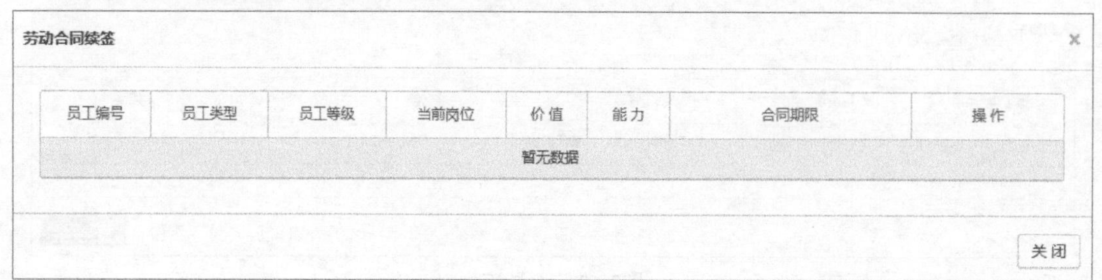

图3-65　劳动合同续签

3.3.4　招聘甄选主管办公室

根据箭头指向单击“招聘办公室”，进入招聘甄选主管办公室，再根据步骤提示进行挖人、员工招聘、员工入职等操作，如图 3-66 所示。

图3-66　招聘甄选主管办公室

1. 挖人

单击“挖人”按钮，选择被挖员工的类型、等级、岗位、所在公司，并确定人才引进津贴，或者单击“放弃挖人”按钮，如图 3-67 所示。

2. 员工招聘

单击“员工招聘”按钮，确定招聘人员的类型、岗位及人才引进津贴。选择招聘人员，单击“加入备选库”按钮，将人员加入备选库中。如无招聘需求，则单击“放弃招聘”按钮，如图 3-68 所示。

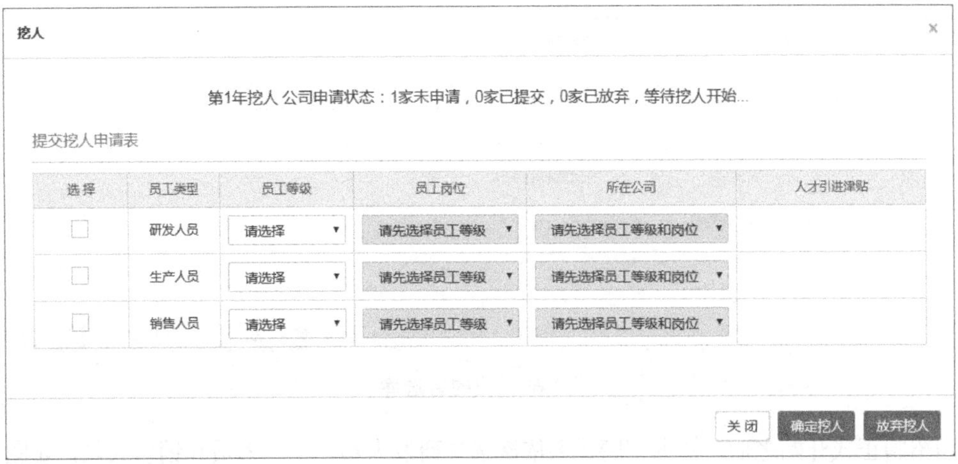

挖人

第1年挖人 公司申请状态：1家未申请，0家已提交，0家已放弃，等待挖人开始...

提交挖人申请表

选择	员工类型	员工等级	员工岗位	所在公司	人才引进津贴
□	研发人员	请选择	请先选择员工等级	请先选择员工等级和岗位	
□	生产人员	请选择	请先选择员工等级	请先选择员工等级和岗位	
□	销售人员	请选择	请先选择员工等级	请先选择员工等级和岗位	

关 闭　确定挖人　放弃挖人

图3-67　挖人

第1年第1期员工招聘 公司申请状态：1家未申请，0家已提交，0家已放弃，等待招聘会开始...

提交招聘申请表

研发人员　生产人员　销售人员　我的备选库

员工等级：全部　招聘渠道：全部　查 询

□	员工编号	员工等级	招聘渠道	员工能力	基本工资	定 岗	人才引进津贴
□	Y11001	A	人才交流中心招聘	30	12K	P1	0 K
□	Y11002	A	人才交流中心招聘	30	12K	P1	0 K
□	Y11003	A	Internet平台招聘	30	12K	P1	0 K
□	Y11004	A	猎头招聘	30	12K	P1	0 K
□	Y11005	A	猎头招聘	30	12K	P1	0 K
□	Y11006	B	人才交流中心招聘	18	9K	P1	0 K
□	Y11007	B	人才交流中心招聘	18	9K	P1	0 K
□	Y11008	B	人才交流中心招聘	18	9K	P1	0 K
□	Y11009	B	人才交流中心招聘	18	9K	P1	0 K
□	Y11010	B	Internet平台招聘	18	9K	P1	0 K

显示第 1 到第 10 条记录，总共 48 条记录　上一页 1 2 3 4 5 下一页

关 闭　加入备选库　放弃招聘

图3-68　员工招聘

确定要招聘的人员之后，单击“我的备选库”，查看人员信息，或者将多余人员移除备选库，然后单击“确定招聘申请”按钮，如图 3-69 所示。

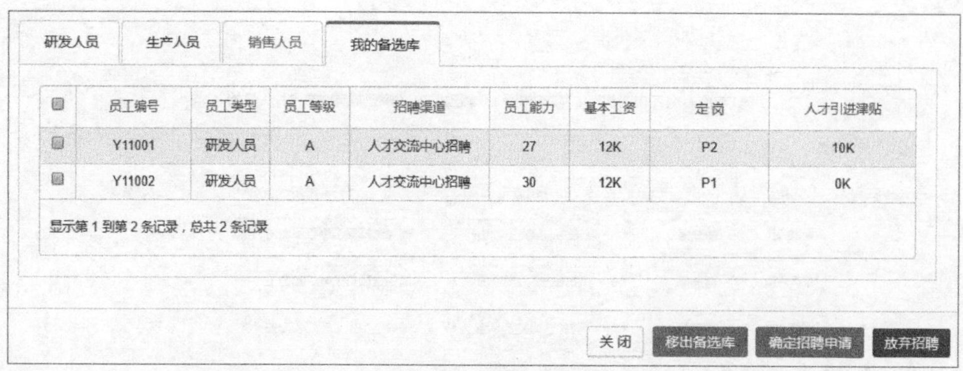

	员工编号	员工类型	员工等级	招聘渠道	员工能力	基本工资	定岗	人才引进津贴
	Y11001	研发人员	A	人才交流中心招聘	27	12K	P2	10K
	Y11002	研发人员	A	人才交流中心招聘	30	12K	P1	0K

图3-69　我的备选库

当招聘正式开始之后，根据招聘排名依次选择研发人员、生产人员和销售人员，如图 3-70 所示。

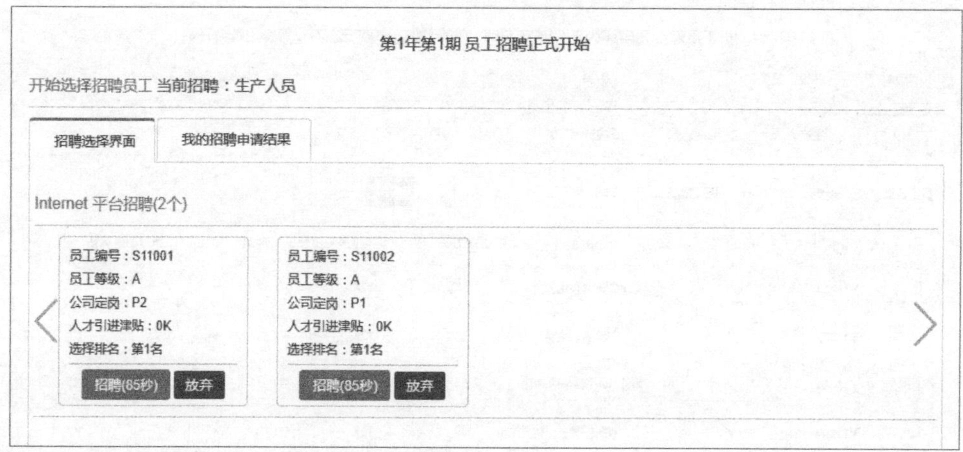

图3-70　招聘

3. 员工入职

单击“员工入职”按钮，与招聘成功的员工签署劳动合同，如图 3-71 所示。

员工编号	员工类型	员工等级	当前岗位	价值	能力	操作
Y11001	研发人员	A	P2	10	27	签署劳动合同
Y11002	研发人员	A	P1	10	30	签署劳动合同
Y11006	研发人员	B	P1	6	18	签署劳动合同
Y11007	研发人员	B	P1	6	18	签署劳动合同
S11001	生产人员	A	P2	10	9	签署劳动合同
S11002	生产人员	A	P1	10	10	签署劳动合同

显示第 1 到第 6 条记录，总共 6 条记录

关 闭　结束新员工入职

图3-71　员工入职

3.3.5　培训开发主管办公室

根据箭头指向单击“培训开发主管办公室”，进入培训开发主管办公室，再根据步骤提示进行培训需求分析、企业文化培训、技能培训、转岗培训、新员工培训等操作，如图 3-72 所示。

图3-72　培训开发主管办公室

1. 培训需求分析

单击“培训需求分析”按钮，填写培训需求分析，如图 3-73 所示。

培训需求分析

分析方向	需求分析		分析的结果
公司战略	请输入公司战略(至少15字)		请输入分析的结果(至少15字)
组织任务	人员招聘计划	请输入人员招聘计划(至少15字)	请输入分析的结果(至少15字)
	研发计划	请输入研发计划(至少15字)	请输入分析的结果(至少15字)
	生产计划	请输入生产计划(至少15字)	请输入分析的结果(至少15字)
	销售计划	请输入销售计划(至少15字)	请输入分析的结果(至少15字)
组织资源	资金	请输入资金	请输入分析的结果(至少15字)
	人员	请输入人员(至少15字)	请输入分析的结果(至少15字)
结论	请输入结论(至少15字)		

关闭　确定分析

图3-73　培训需求分析

2. 企业文化培训

单击“企业文化培训”按钮，确定人均企业文化培训费用，如图 3-74 所示。

图3-74　企业文化培训

3. 技能培训

单击“技能培训”按钮，确定技能培训人员和培训类型，如图 3-75 所示。

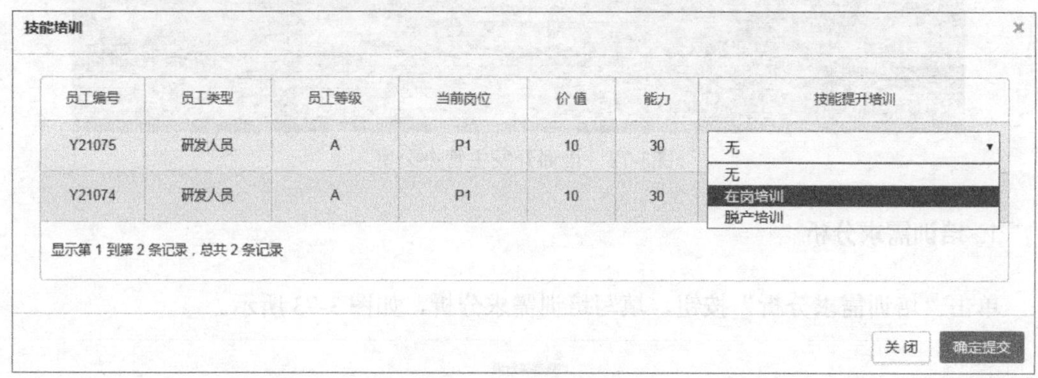

图3-75　技能培训

4. 转岗培训

单击“转岗培训”按钮，确定转岗人员和岗位，如图 3-76 所示。

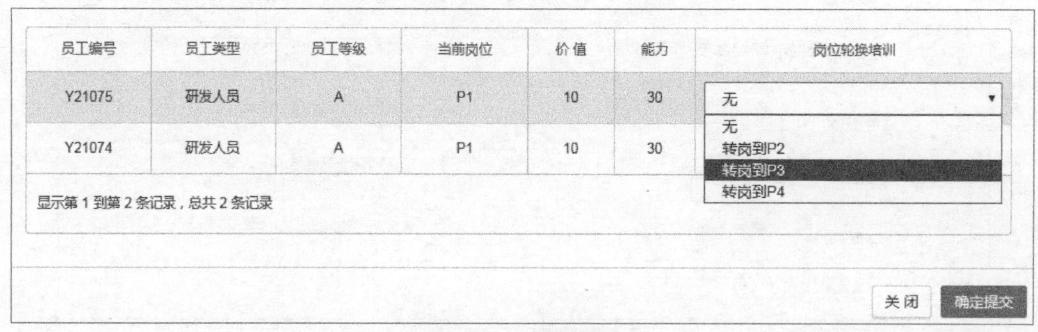

图3-76　转岗培训

5. 新员工培训

单击“新员工培训”按钮，确认当期新员工培训人数，再单击“确定提交”按钮，如图 3-77 所示。

员工编号	员工类型	员工等级	当前岗位	价值	能力
S11002	生产人员	A	P1	10	10
S11001	生产人员	A	P2	10	9
Y11007	研发人员	B	P1	6	18
Y11006	研发人员	B	P1	6	18
Y11002	研发人员	A	P1	10	30
Y11001	研发人员	A	P2	10	27

显示第 1 到第 6 条记录，总共 6 条记录

关闭 确定提交

图3-77 新员工培训

3.3.6 绩效考评主管办公室

根据箭头指向单击“绩效考评主管办公室”，进入绩效考评主管办公室，再根据步骤提示进行绩效指标确定、绩效考核等操作，如图 3-78 所示。

图3-78 绩效主管办公室

1. 绩效指标确定

单击“绩效指标确定”按钮，依次设置总经理、人力资源经理、招聘甄选主管、培训开发主管、绩效考评主管、薪酬福利主管的绩效指标，如图 3-79 所示。

总经理 | 人力资源经理 | 招聘甄选主管 | 培训开发主管 | 绩效考评主管 | 薪酬福利主管

绩效考核大类	选择	绩效考核指标
企业净利润	☐	净利润
		净利润增长率
销售情况	☐	产品销量
	☐	销售额
	☐	销售计划准确率
产品获利	☐	产品利润
		产品利润增长率
生产情况	☑	生产计划准确率

图3-79 绩效指标确定

绩效指标确定之后，为每个管理人员设定指标权重，如图 3-80 所示。

绩效指标确定

总经理 | 人力资源经理 | 招聘甄选主管 | 培训开发主管 | 绩效考评主管 | 薪酬福利主管

绩效考核大类	绩效考核指标	指标含义	权重（%）	考核标准
企业净利润	净利润	当年净利润/市场本年平均净利润（本年所有企业的净利润总和/企业数）	0	公司当年净利润高于市场本年平均净利润100%，得80分；在此基础上，每高10%，加5分；每低10%，减5分 当市场本年平均净利润为负，公司当年净利润为正时，得100分。
销售情况	销售额	当年产品销售额/市场本年平均销售额（本年所有企业的销售总和/企业数）*100%	0	公司当年销售额高于市场本年平均销售额的120%，得80分；在此基础上，每高10%，加5分；每低10%，扣5分
产品获利	产品利润	当年产品利润（产品利润=销售收入-产品成本-研发费用-员工工资）/市场产品平均利润（本年所有企业的产品利润总和/企业数）	0	公司当年产品利润高于市场平均产品利润的120%，得80分；在此基础上，每高10%，加5分；每低10%，扣5分
生产情况	生产计划准确率	∑(各产品实际产量/各产品计划产量)÷n	0	当生产计划准确率为100%时，得100分；在此基础上，每低或每高10%，扣5分 当所有产品实际产量和计划产量都为0时，得100分；只有所有产品计划产量为0时，得50分。

关闭 下一步

图3-80　指标权重

2. 绩效考核

单击“绩效考核”按钮，显示每个管理人员当年的绩效考核分数，如图 3-81 所示。

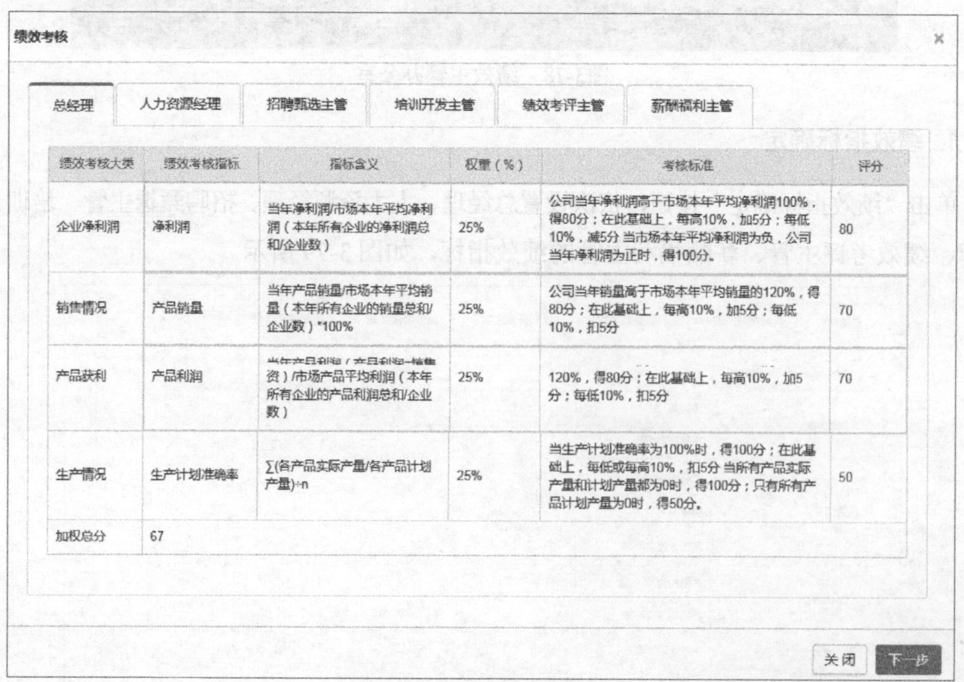

绩效考核

总经理 | 人力资源经理 | 招聘甄选主管 | 培训开发主管 | 绩效考评主管 | 薪酬福利主管

绩效考核大类	绩效考核指标	指标含义	权重（%）	考核标准	评分
企业净利润	净利润	当年净利润/市场本年平均净利润（本年所有企业的净利润总和/企业数）	25%	公司当年净利润高于市场本年平均净利润100%，得80分；在此基础上，每高10%，加5分；每低10%，减5分 当市场本年平均净利润为负，公司当年净利润为正时，得100分。	80
销售情况	产品销量	当年产品销量/市场本年平均销量（本年所有企业的销量总和/企业数）*100%	25%	公司当年销量高于市场本年平均销量的120%，得80分；在此基础上，每高10%，加5分；每低10%，扣5分	70
产品获利	产品利润	当年产品利润（产品利润=销售……资）/市场产品平均利润（本年所有企业的产品利润总和/企业数）	25%	120%，得80分；在此基础上，每高10%，加5分；每低10%，扣5分	70
生产情况	生产计划准确率	∑(各产品实际产量/各产品计划产量)÷n	25%	当生产计划准确率为100%时，得100分；在此基础上，每低或每高10%，扣5分 当所有产品实际产量和计划产量都为0时，得100分；只有所有产品计划产量为0时，得50分。	50
加权总分	67				

关闭 下一步

图3-81　绩效考核

3. 绩效考核结果应用

单击“绩效考核结果应用”按钮，查看当年绩效考核结果，如图 3-82 所示。

绩效考核结果应用 ×

职位	薪酬等级变化	价值变化	绩效奖金
总经理	0	0	0K
人力资源经理	0	0	0K
招聘甄选主管	0	0	0K
培训开发主管	-1	-1	0K
绩效考评主管	0	0	0K
薪酬福利主管	0	0	0K

关闭

图3-82　绩效考核结果应用

3.3.7　薪酬福利主管办公室

根据箭头指向单击“薪酬福利主管办公室”，进入薪酬福利主管办公室，再根据步骤提示进行薪酬设计、基本工资设定、薪资核算、薪酬调查等操作，如图 3-83 所示。

图3-83　薪酬主管办公室

1. 薪酬设计

单击“薪酬设计”按钮，选择本年度发放的薪资福利，如图 3-84 所示。

	基本工资	法定福利	个人所得税	绩效奖金	年终奖	工龄工资	岗位津贴	交通补贴	通讯补贴	住房补贴	高温补贴	人才引进津贴
管理人员	☑	☑	☑	☑	☑	☐		☐	☐	☐	☐	
研发人员	☑	☑	☑			☐	☐	☐	☐	☐	☐	☐
生产人员	☑	☑	☑	☑		☐	☐	☐	☐	☐	☐	☐
销售人员	☑	☑	☑	☑		☐	☐	☐	☐	☐	☐	☐

关闭　确定提交

图3-84　薪酬设计

2. 基本工资设定

单击“基本工资设定”按钮，制定生产人员、研发人员、销售人员的基本工资，如图3-85所示。

员工等级	研发人员			生产人员			销售人员		
A	0	K	[12~15K]	0	K	[12~15K]	0	K	[12~15K]
B	0	K	[9~12K]	0	K	[9~12K]	0	K	[9~12K]
C	0	K	[6~9K]	0	K	[6~9K]	0	K	[6~9K]
D	0	K	[3~6K]	0	K	[3~6K]	0	K	[3~6K]

图3-85　基本工资设定

3. 薪资核算

单击“薪资核算”按钮，核算管理人员和员工的工资，如图3-86所示。

管理人员工资表　员工工资表

职位	等级	基本工资	工龄工资	绩效奖金	其他补贴总额	人才引进津贴	应付工资	住房公积金
总经理	10	12K	0K	0K	0K	0K	12K	1.2K
人力资源经理	7	9K	0K	0K	0K	0K	9K	0.9K
招聘甄选主管	4	6K	0K	0K	0K	0K	6K	0.6K
培训开发主管	4	6K	0K	0K	0K	0K	6K	0.6K
绩效考评主管	4	6K	0K	0K	0K	0K	6K	0.6K
薪酬福利主管	5	7K	0K	0K	0K	0K	7K	0.7K
合计		46K	0K	0K	0K	0K	46K	4.6K

图3-86　薪资核算

4. 薪酬调查

单击“薪酬调查”按钮，购买上一年度市场基本工资报表或某公司上年度薪酬报告，如图 3-87 所示。

今年已购买的薪酬报告

购买时间	报告年份	报告类型	调查费用	查看

购买上一年度市场基本工资报表

确定购买

购买上一年度公司薪酬报告

选择公司：

确定购买

图3-87　薪酬调查

3.3.8　总经理办公室

根据箭头指向单击“总经理办公室”，进入总经理办公室，再根据步骤提示进行产品研发、产品生产、产品销售、产品清仓等操作，同时查询产品库存、产品信息、销售情况表、公司员工和管理人员等信息，如图 3-88 所示。

图3-88　总经理办公室

1. 研发管理

单击“产品研发”按钮，进入研发中心，如图 3-89 所示。

1) 确定或放弃研发

单击“产品研发”按钮，选择需要研发的产品，单击“确定研发”按钮。若无研发人员或研发人员研发能力不足时，单击“放弃研发”按钮，如图 3-90 所示。

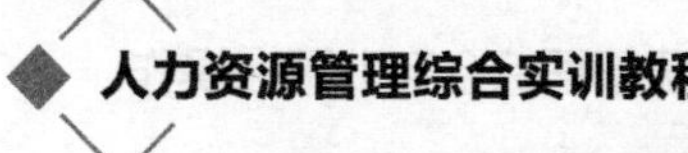

图3-89　研发中心

选择	产品类型	每期研发费用	所需研发能力	单个技术保障能力	研发周期	所具有研发能力	研发状态
☐	P1	10K	5	1	1	研发能力：66	未研发
☐	P2	10K	8	2	3	研发能力：27	未研发
☐	P3	30K	10	3	5	研发能力：0	未研发
☐	P4	30K	12	4	7	研发能力：0	未研发

关闭　确定研发　放弃研发

图3-90　确定或放弃研发

2) 产品信息

单击“产品信息”按钮，查看当前各类产品的研发状态，如图 3-91 所示。

产品类型	每期研发费用	所需研发能力	单个技术保障能力	研发周期	所具有研发能力	研发状态
P1	10K	5	1	1	研发能力：66	未研发
P2	10K	8	2	3	研发能力：27	未研发
P3	30K	10	3	5	研发能力：0	未研发
P4	30K	12	4	7	研发能力：0	未研发

关闭　切换

图3-91　产品信息

3) 公司员工

单击“公司员工”按钮，查看公司员工信息，如图 3-92 所示。

员工编号	员工类型	员工等级	当前岗位	价值	能力	新员工培训	合同期限
Y11007	研发人员	B	P1	6	18	已培训	从 第1年第1期 到 第4年第1期
Y11006	研发人员	B	P1	6	18	已培训	从 第1年第1期 到 第4年第1期
Y11002	研发人员	A	P1	10	30	已培训	从 第1年第1期 到 第4年第1期
Y11001	研发人员	A	P2	10	27	已培训	从 第1年第1期 到 第4年第1期
S11002	生产人员	A	P1	10	10	已培训	从 第1年第1期 到 第4年第1期
S11001	生产人员	A	P2	10	9	已培训	从 第1年第1期 到 第4年第1期

显示第 1 到第 6 条记录，总共 6 条记录

图3-92　公司员工

2. 生产管理

单击“产品生产”按钮，进入生产中心页面，如图 3-93 所示。

图3-93　生产中心

1) 产品生产

单击“产品生产”按钮，选择生产人员和生产数量，如图 3-94 所示。

☐	员工编号	员工类型	员工等级	当前岗位	产能	单批成本	研发状态
☐	S11002	生产人员	A	P1	10	6K	P1未研发完成 生产10批 ▾
☐	S11001	生产人员	A	P2	9	12K	P2未研发完成 生产9批 ▾

显示第 1 到第 2 条记录，总共 2 条记录

关闭　确定生产　放弃生产

图3-94　产品生产

2) 产品库存

单击“产品库存”按钮，查看当前产品的库存信息，如图3-95所示。

产品库存 ×

产品类型	产品数量
P1	20
P2	0
P3	0
P4	0

关闭 切换

图3-95 产品库存

3. 销售管理

单击“产品销售”按钮，进入销售中心，如图3-96所示。

图3-96 销售中心

1) 产品销售

单击“产品销售”按钮，根据产品库存和销售人员的能力，提交销售数量，如图3-97所示。

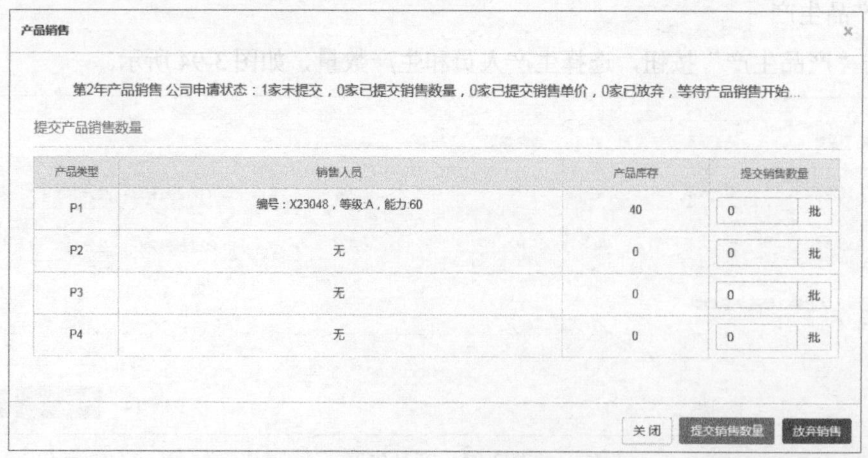

产品销售 ×

第2年产品销售 公司申请状态：1家未提交，0家已提交销售数量，0家已提交销售单价，0家已放弃，等待产品销售开始...

提交产品销售数量

产品类型	销售人员	产品库存	提交销售数量
P1	编号：X23048，等级:A，能力:60	40	0 批
P2	无	0	0 批
P3	无	0	0 批
P4	无	0	0 批

关闭 提交销售数量 放弃销售

图3-97 产品销售

确定提交销售数量后，根据市场指导价，提交销售单价，如图 3-98 所示。

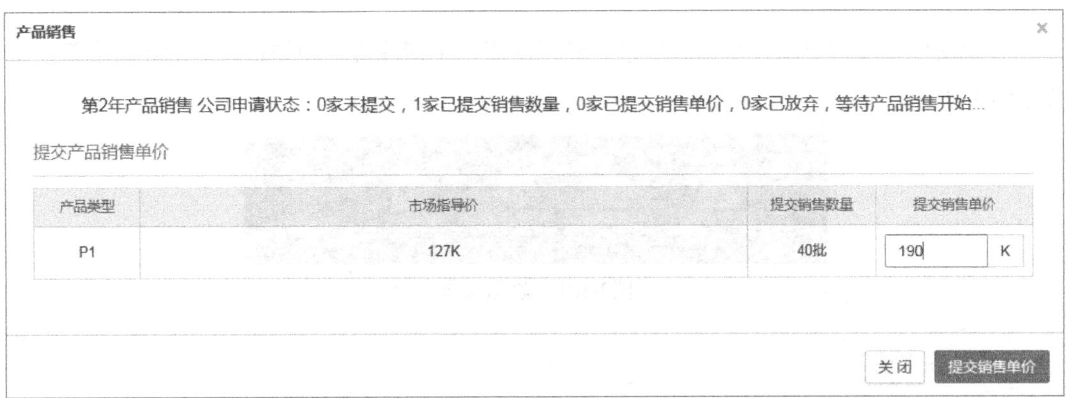

图3-98　销售单价

2) 产品清仓

单击“产品清仓”按钮，确认清仓数量或放弃清仓，如图 3-99 所示。

产品清仓

产品类型	库存数量	单个清仓价格	清仓数量
P1	0	53K	0
P2	0	60K	0
P3	0	0K	0
P4	0	0K	0

关 闭　确定清仓　放弃清仓

图3-99　产品清仓

3.3.9　右侧操作栏

1. 时间控制

当年开始或结束、当期开始或结束单击相应按钮，如图 3-100 所示。

图3-100　时间控制

2. 紧急操作

紧急操作有人力资源经费紧急申请、经费回账、申请注资、申请破产、历年排名等，如图 3-101 所示。

图3-101　紧急操作

1) 紧急申请

当出现人力资源经费不足时，单击“紧急申请”按钮，确认申请金额，从总经费中申请人力资源经费，如图 3-102 所示。

图3-102　紧急申请

2) 经费回账

当总经费不足时，单击“经费回账”按钮，确认回账金额，从人力资源经费中拨付金额，如图 3-103 所示。

图3-103　经费回账

3) 申请注资

当资金不足时，单击“申请注资”按钮，确认注资申请金额。教师在教师端处理注资申请，如图 3-104 所示。

图3-104　申请注资

4) 申请破产

当公司无法持续经营时，单击“申请破产”按钮。教师在教师端处理破产申请，如图 3-105 所示。

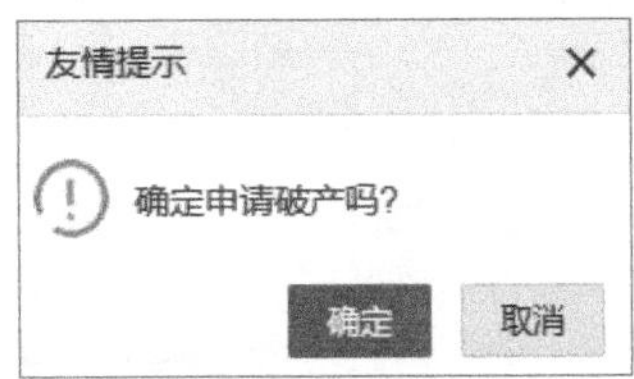

图3-105　申请破产

5) 历年排名

每年结束之后，所有小组单击“市场排名”按钮，查看当年得分和市场排名。再单击“进入下一年”按钮，开始下一年的运营，如图 3-106 所示。

市场排名

用户	员工价值总和	净利润	薪酬	扣分	总评分	排名
b003	62	1635	776	0	192.73	1
b001	24	1010	498	0	72.75	2
b004	4	-147	280	0	1.9	3

关闭　进入下一年

图3-106　市场排名

3. 其他操作

其他操作有案例查看、现金明细、修改密码、公司信息、退出系统等，如图 3-107 所示。

图3-107　其他操作

1) 案例查看

单击“案例查看”按钮，查看配套案例，如图 3-108 所示。

2) 现金明细

单击“现金明细”按钮，查看总经费和人力资源经费明细，如图 3-109 所示。

经营背景

一、公司简介

生物医药产业，是世界上公认的战略性新兴产业和高新技术产业，被称为“永不衰落的朝阳产业”。全球各国尤其是发达国家，已经将生物医药产业作为本国经济的重点。伴随着技术革新，人类对生命的认识，更加全面、精确。精准医学和个性化药物开发、基因编辑技术、肿瘤免疫疗法、再生医学与干细胞技术、转化医学模式、生物大数据利用研究、抗体偶联药物开发、肿瘤快速检测、3D打印技术、丙肝全基因型用药……这些都是当下生物医药的新热点。这其中，肿瘤药创新引领全球新药研发最新的肿瘤免疫疗法，让人类看到了肿瘤被治愈的希望。

现在，世界生物制药技术的产业化已进入投资收获期，生物技术药品已应用和渗透到医药、保健食品和日化产品等各个领域，尤其在新药研究、开发、生产和改造传统制药工业中得到日益广泛的应用，生物制药产业已成为最活跃、进展最快的产业之一。安心制药集团是一家国内大型的上市集团公司，拥有数十家子公司，以生物技术制药起家，涉足的多个行业领域。公司董事会非常看好今后的生物医药产业发展，因此，董事会提议并讨论，一致决定组建一家生物制药公司。董事会成员也非常清楚，随着经济社会的发展，人力资源管理已经成为了现代企业发展的核心推动力量，所以，新公司成立之初的人员配置包括总经理，人力资源经理，招聘主管，薪酬主管，培训主管，绩效主管。

现在，董事会聘请你们为新公司的核心人员，需要你们运用现代管理方法，对人力资源的获取（选人）、开发（育人）、保持（留人）和利用（用人）等方面进行的计划、组织、指挥、控制和协调等一系列活动，从而实现人才价值的持续增长，最终实现企业的发展目标。

图3-108　案例查看

现金明细　×

总经费明细　人力资源经费明细　-- 操作时间 --　操作详情　查询

操作时间	操作详情	流出资金(K)	流入资金(K)	剩余总经费	剩余人力资源经费
第1年-第4期	应交所得税	337K	0	2379K	158K
第1年-第4期	综合运营费用	14K	0	2716K	158K
第1年-第4期	[P1*12]销售收入	0	1980K	3030K	224K
第1年-第4期	产品生产成本[P1*3,P1*3,]	60K	0	1050K	224K
第1年-第4期	产品研发[P2,]	10K	0	1110K	224K
第1年-第3期	产品生产成本[P1*3,P1*3,]	60K	0	1120K	486K
第1年-第3期	产品研发[P2,]	10K	0	1180K	486K
第1年-第1期	产品研发[P1,]	10K	0	1190K	795K

显示第 1 到第 8 条记录，总共 8 条记录

图3-109　现金明细

3) 修改密码

单击“修改密码”按钮，修改学生账号密码，如图 3-110 所示。

修改密码　×

当前密码　111

新密码　请输入新密码

确定修改　关闭

图3-110　修改密码

4) 公司信息

单击“公司信息”按钮，完善或修改公司名称、法人姓名、公司地址、各管理人员姓名等信息，如图3-111所示。

图3-111　公司信息

第4章

人力资源管理综合实训运营对抗

4.1 运营前准备

授课前，教师提醒学生做好课前预习准备工作，然后在学生课前预习的基础上讲解规则，梳理平台，以帮助学生更快、更深层次掌握实训平台的内容，最后在运营前，组织学生组成若干为实现公司目标而努力的经营团队。由于学生初接触实训，所以教师可选择较为宽松的模板，降低实训的难度，例如，有 8 个团队，可选择 10 组模板供学生学习。

4.1.1 平台学习

1. 课前预习

作为人力资源综合实训教程中的核心部分，“人力资源管理智能仿真与竞赛对抗环节”包含较多的逻辑关系及繁多的人力资源专业概念。故为了避免上课中出现“老师讲，学生听”的“填鸭式”低效率教学现象，建议老师在教学开始前以纸质课件或电子版本的方式向学生发放运营规则。同时提醒学生至少花一小时的时间阅读并熟悉运营规则，当出现无法理解的某个点或某些方面时，应做好笔记。

2. 规则讲解

学习人力资源管理智能仿真与竞赛平台的规则是每个学生掌握实训平台的重要前提，通过解读规则，学生才能真正熟练地操作实训平台，了解其基本框架及内在逻辑。因此，在运营前教师应讲解“人力资源管理智能仿真与竞赛对抗平台”运营规则(详见第 2 章)。运营规则讲解时间控制在 1 课时左右。

当学生基本了解规则之后，教师可以用提问的方式，了解学生在学习过程中的疑惑或困难，并帮助学生梳理基本工资区间设置、人员招聘、薪酬结构设计、薪酬核算、人员培训、生产运营等重要规则。

3. 平台梳理

在课前预习的基础上，教师应帮助学生梳理实训平台的整体框架，以便让学生更全面、更快速、更深入地了解实训平台的主要框架和规则，从而提高掌握实训平台的效率。

人力资源管理智能仿真与竞赛对抗平台模拟企业人力资源管理人员的工作职能，包括人力资源规划、工作分析、招聘与甄选、培训与开发、绩效管理、薪酬管理、员工关系管理及产品中心八大内容。通过学习该实训平台，帮助学生掌握人力资源规划的内容、如何合理制定绩效指标、薪酬体系，以及处理员工关系等内容，从而加深学生对专业知识的理解和运用。本实训平台可运营六个经营年度，每年分为四个周期进行。学生根据教师发布的实战背景，以团队模拟对抗的形式，为模拟公司制定人力资源管理战略和方案，实施人才的选、育、用、留活动，最终实现公司人力资源的合理配置。

人力资源管理智能仿真与竞赛对抗平台具体操作包括人力资源规划、经费申请、工作分析、基本工资设定、薪酬设计、绩效指标选择、招聘、挖人、培训、薪酬核算、产品生产、产品研发、产品销售、产品清仓等。建议教师以 PPT 讲授的方式向学生介绍平台运营期的操作步骤，使学生对平台的整体框架有一个初步的认识。每年整体经营流程如图 4-1 所示。

4. 注意事项

教师在讲解规则和梳理平台的过程中要注意以下几项：①课前做好准备工作，教材资料准备齐全；②注意课堂的学习气氛是否浓厚，设法提高学生的学习兴趣；③把控讲课时间，分配好重点、难点讲解时间，分清主次；④与学生沟通交流，让学生及时复习与总结，吃透、消化知识点。

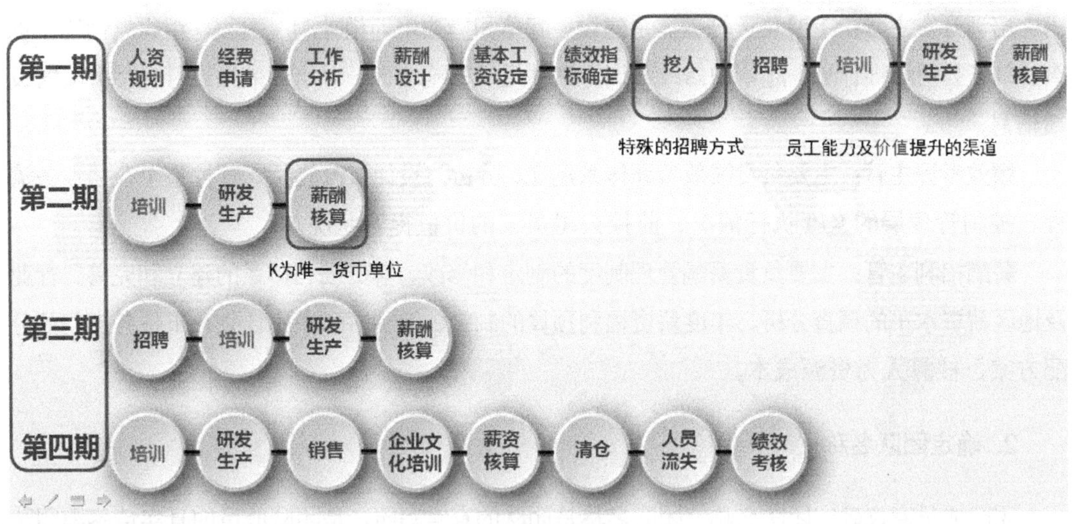

图4-1 经营流程

4.1.2 组建团队

在人力资源管理综合实训中，主要包括总经理、人力资源经理、招聘甄选主管、培训开发主管、绩效考评主管、薪酬福利主管六个角色，而且每个角色在实训中都发挥着其自身的重要作用。为了让学生体验各个角色在实训中的重要性，在运营开始前，需组建团队。教师可根据学生情况进行分组或让学生自由分组组建运营团队，团队成员控制在 4～6 人，并确定团队队长、成员角色、团队名称、团队口号。整个过程控制在 25 分钟左右。

1. 确定成员角色

科学合理地分配角色对于运营结果具有重要的影响。在团队成员集体选出团队队长后，团队队长根据团队成员的个性特点和专业所长为每位成员确定岗位角色。每个成员至少担任一个角色，每个角色都有贴近现实岗位的能力要求和工作任务。总经理、人力资源经理、招聘甄选主管、培训开发主管、绩效考评主管、薪酬福利主管的主要工作任务如下。

总经理：主要负责制定发展战略、竞争格局分析、经营指标确定、业务策略制定、全面预算管理、管理团队协同、企业绩效分析、业绩考评管理、管理授权与总结。

人力资源经理：主要负责 HRM 部门日常工作开展、起草人力资源规划方案、各项人力资源管理制度和流程的起草及修改、督导处理员工投诉和劳资纠纷、完善内部沟通渠道。

招聘甄选主管：主要负责新员工入职手续办理、招聘计划和实施方案的制定、招聘活动的组织和实施、人力资源供需状况和动态的分析、内部人力资源的需求分析。

培训开发主管： 主要负责培训体系建设、起草和修改培训相关制度流程、组织培训需求调查、制订公司培训计划、起草和修改培训方案并组织实施培训、对培训效果进行评估并及时反馈信息。

绩效考评主管： 主要负责绩效考评体系建立、分析与设计 KPI 指标、管控整个公司业务流程、控制管理层的 KPI 执行情况、监控公司员工的价值提升状况。

薪酬福利主管： 主要负责薪酬管理制度的制定和修改、薪资福利体系的建立和完善、行业及地区薪资水平的调查分析、年度薪资福利预算的制定、编制薪酬激励计划、审核各部门的分配方案、核算人力资源成本。

2. 确定团队名称

团队成员商议确定团队名称。团队名称是团队的真实写照，是团队成员的真实情感和团队的共同愿景、价值观、使命及战略目标的集中体现。好的团队名称不仅代表团队的独一无二，还能体现团队的正能量，让整个团队散发庞大的气势，带领团队所向披靡，带给成员力量和前进的动力。所以团队名称要结合自身业务特点和团队性质、团队成员的特点来确定，并且能够充分体现团队精神。

3. 团队口号及形象展示

团队成员设计富有鼓动性和激情的口号及富有创意的形象展示方式，能够提升运营团队的整体士气和团队成员的积极性，增强团队的凝聚力和战斗力，能让团队精神得到淋漓尽致的流露。

4.2 运营对抗

由于学生刚接触实训，不了解运营对抗内容和操作流程。此时，教师就要起引导作用，指导学生进行至少一年的对抗运营并讲解运营过程中的注意事项，点评学生的运营情况。

4.2.1 引导年运营

人力资源管理智能仿真与竞赛对抗平台是将人力资源管理的六大模块的专业知识融合在一起，接近企业实际的人力资源管理。该实训平台对于从未接触过人力资源管理的学生而言，具有一定的复杂性和难度。因此，为了让学生能够熟练掌握操作流程、操作内容及内在意义，教师可选择在引导年带领学生按步骤进行操作。

引导年运营分为年初运营、第一期运营、第二期运营、第三期运营、第四期运营及年末运营。学生在教师的指导下一步步按教师所填的数据进行模拟操作，以便更好地学习和理解。建议教师授课时间在 1 课时左右。

1. 年初经营

1) 当年开始

教师带领学生在右侧操作栏中找到“当年开始”按钮，并单击该按钮，正式进入引导年运营。

2) 人力资源规划

教师带领学生根据箭头指向单击会议室，再单击桌面上的“设备”，依次填写人力资源战略规划、人力资源供需预测、费用预算、培训晋升计划内容，学生根据教师所填的数据进行操作。人力资源战略规划如表 4-1 所示。

表4-1　人力资源战略规划

人力资源战略规划				
企业整体战略目标分析	中长期战略目标：在第一年抢占 P1 产品市场，占得先机；未来三年的重点主要放在中高端产品的研发生产及增加公司的研发生产人员数量上。销售目标：计划本年度销售量为 30 批 P1、5 批 P2，销售额达到 2000K			
外部环境分析	市场上对 P1 产品的需求较多，各公司都加紧对 P1 产品的研发生产，市场竞争激烈			
计划产量	P1：30	P2：5	P3：0	P4：0

引导年公司员工主要从外部招聘引进，结合实战背景分析的结果及计划产量确定预招聘人员。人力资源供需预测如表 4-2 所示。

表4-2　人力资源供需预测

员工类型	员工等级	内部供给人数	外部供给人数	需求人数
研发人员	A	0	1	1
	B	0	1	1
	C	0	0	0
	D	0	0	0

(续表)

员工类型	员工等级	内部供给人数	外部供给人数	需求人数
生产人员	A	0	2	2
	B	0	2	2
	C	0	1	1
	D	0	0	0
销售人员	A	0	0	0
	B	0	1	1
	C	0	1	1
	D	0	0	0

费用预算是指预算人力资源总经费，包括招聘经费、培训经费、工资经费、其他人力资源经费和非人力资源经费。其中，其他人力资源经费包括薪酬调查费用、经济补偿金、劳动争议费用，以及经费申请不当所造成的损失额；非人力资源经费包括囤货、综合运营费用、生产、研发等费用。在预算费用时，要对各种情况进行考虑，使经费预算在可接受范围内。费用预算如表 4-3 所示。

表4-3 费用预算

单位：K

项目	金额	项目	金额
人力资源总经费	1500	计划工资总支出	800
计划招聘费用	130	其他人力资源支出	20
计划培训费用	50	非人力资源经费	500

根据公司人员发展规划制订培训计划，培训晋升计划如表 4-4 所示。

表4-4 培训晋升计划

员工类型	员工等级	在岗培训	脱产培训	晋升计划
销售人员	D	1	0	0

3) 申请人力资源经费

年初，根据费用预算的金额向总经理申请人力资源经费。教师带领学生根据箭头指向单击人力资源经理办公室，再单击“人力资源经费申请”，申请 1500K 人力资源经费。

4) 工作分析

教师带领学生单击人力资源经理办公室的“工作分析”按钮，填写基本工资区间，如表 4-5 所示。

表4-5　基本工资区间

单位：K

员工等级	研发人员	生产人员	销售人员
A	[25]～[35]	[25]～[30]	[20]～[25]
B	[15]～[20]	[15]～[20]	[15]～[20]
C	[10]～[15]	[10]～[15]	[9]～[12]
D	[5]～[8]	[5]～[8]	[4]～[8]

5) 薪酬设计

教师带领学生根据箭头指向单击薪酬福利主管办公室，再单击“薪酬设计”按钮，选择津贴和福利，如表 4-6 所示。

表4-6　薪酬设计

	工龄工资	岗位津贴	交通补贴	通讯补贴	住房补贴	高温补贴	人才引进津贴
管理人员	√	无	√	√	√	√	无
研发人员	√	√	√	√	√	√	√
生产人员	√	√	√	√	√	√	√
销售人员	√	√	√	√	√	√	√

6) 基本工资设定

教师带领学生根据箭头指向单击薪酬福利主管办公室的“基本工资设定”按钮，根据之前设置的区间确定各类各等级人员的基本工资，如表 4-7 所示。

表4-7　基本工资设定

单位：K

员工等级	研发人员	生产人员	销售人员
A	28	26	23
B	15	15	15
C	10	13	10
D	5	5	4

7) 绩效指标确定

根据全年的人力资源战略确定总经理、人力资源经理、招聘甄选主管、培训开发主管、绩效考评主管、薪酬福利主管的绩效考核指标和各项指标比重。教师带领学生根据箭头指向单击绩效考评主管办公室，再单击“绩效指标”按钮，依次选择各个管理人员的绩效指标，如表4-8所示。

表4-8 绩效指标确定

	绩效考核大类	选择指标	权重(%)
总经理	企业净利润	净利润	25
	销售情况	产品销量	30
	产品获利	产品利润	20
	生产情况	生产计划准确率	25
人力资源经理	人力资源规划	人力资源规划方案提交及时率	20
	人力资源成本	人力资源成本	10
	人均人力资源成本	人均人力资源成本	10
	员工流失	员工流失率	20
	劳动关系	劳动争议发生次数	20
	经费申请损失	经费申请不当产生的损失	20
招聘甄选主管	招聘费用	人均招聘成本	30
	招聘计划准确率	招聘计划达成	30
	招聘评估	招聘人员流失率	40
培训开发主管	培训费用	人均培训费用	25
	培训计划	培训计划	25
	能力提升	培训能力提升	25
	培训数量	培训人次	25
绩效考评主管	价值增量	管理人员价值增量	50
	考核指标数量	当年所选考核指标数	50
薪酬福利主管	人均薪酬	人均薪酬	30
	薪酬总额	薪酬总额占人力资源成本比	30
	薪酬结构	当年人才引进津贴占薪资比	40

2. 第一期运营

1) 员工招聘

员工招聘是人力资源管理智能仿真与竞赛对抗平台的重要步骤之一，共有三个环节，分别为本公司提交招聘申请，等待市场上其他公司提交招聘申请和开始招聘。

教师带领学生根据箭头指向单击招聘甄选主管办公室，然后单击“招聘”按钮，根据招聘计划依次将人员加入备选库，最后提交招聘申请。教师在授课时要注意把控招聘时间，招聘是一个同步点，一旦有学生未提交招聘申请，所有的学生将一直处于等待状态。员工招聘如表 4-9 所示。

表4-9　员工招聘

员工类型	员工等级	招聘渠道	定岗	人才引进津贴(K)
研发人员	B	人才交流中心招聘	P1	20
研发人员	B	人才交流中心招聘	P2	20
研发人员	C	传统媒体招聘	P1	10
研发人员	D	校园招聘	P1	10
生产人员	B	人才交流中心招聘	P1	20
生产人员	C	人才交流中心招聘	P1	10
生产人员	D	Internet 平台招聘	P1	10
销售人员	D	Internet 平台招聘	P1	0

2) 新员工入职

教师带领学生单击招聘甄选主管办公室的“员工入职”按钮，依次与新员工签订劳动合同，如表 4-10 所示。

表4-10　新员工入职

员工编号	员工类型	合同期限
Y11006	研发人员	第一年第一期—第六年第四期
Y11007	研发人员	第一年第一期—第六年第四期
Y11028	研发人员	第一年第一期—第六年第四期
Y11038	研发人员	第一年第一期—第六年第四期
Y11047	生产人员	第一年第一期—第六年第四期
X11001	销售人员	第一年第一期—第六年第四期

3) 培训需求分析

教师带领学生根据箭头指向单击培训开发主管办公室，再单击“培训”按钮，从公司战略、组织任务和组织资源三个角度，以及公司的实际情况和公司未来发展的规划分析员工的培训需求，如表 4-11 所示。

表4-11　培训需求预测

分析方向	需求分析	分析的结果
公司战略	公司战略以战略中高端市场为主	脱产培训或在岗培训
组织任务	人员招聘计划：第一年计划招聘以 B 级、C 级人员为主	若招聘失败，则在岗培训 D 级人员
	研发计划：第一年以研发 P1 为主，在人员充足的条件下研发 P2	若 P1 研发能力足够，而 P2 缺少研发人员，则将 P1 研发人员转岗培训
	生产计划：第一年以生产 P1 为主，若 P2 研发成功，则准备生产 P2 产品	若招聘失败，则在岗培训 D 级人员
	销售计划：计划第一年销售量为 30 批 P1、5 批 P2，销售额达 2000K	销售人员在第一年第四期开始在岗培训
组织资源	资金：50K	第一年培训费用控制在 50K 之内
	人员：研发 B 级 2 人，C 级 1 人，D 级 1 人；生产 A、B、C、D 各 1 人；销售 B 级和 C 级各 1 人	在岗培训 D 级人员、脱产培训 A 级人员
结论	第一年培训人员以销售人员为主，提高销售人员第二年的销售能力	

4) 新员工培训

根据步骤指示，单击培训开发主管办公室的“新员工培训”按钮。

5) 产品研发

教师带领学生根据箭头指向单击产品部，再单击“产品研发”，选择第一期要研发的产品，如表 4-12 所示。

表4-12　第一期研发的产品

选择	产品类型	每期研发费用(K)	所需研发能力	单个技术保障能力	研发周期	所具有研发能力
√	P1	10	5	1	1	研发能力：33
√	P2	10	8	2	3	研发能力：15
	P3	30	10	3	5	研发能力：0
	P4	30	12	4	7	研发能力：0

6) 产品生产

教师带领学生根据箭头指向单击“生产部”，再单击“产品生产”。由于第一期产品未研发成功，所以选择放弃生产。

7) 薪资核算

教师带领学生根据箭头指向单击薪酬福利主管办公室，再单击“薪酬核算”，生成管理人员和员工的工资表后，审核并支付当期薪资。

3. 第二期运营

1) 产品研发

教师带领学生根据箭头指向单击“产品部”，再单击“产品研发”，选择第二期要研发的产品，如表 4-13 所示。

表4-13　第二期研发的产品

选择	产品类型	每期研发费用(K)	所需研发能力	单个技术保障能力	研发周期	所具有研发能力
	P1	10	5	1	1	研发能力：33
√	P2	10	8	2	3	研发能力：15
	P3	30	10	3	5	研发能力：0
	P4	30	12	4	7	研发能力：0

2) 产品生产

教师带领学生根据箭头指向单击“生产部”，再单击“产品生产”。第二期产品生产情况如表 4-14 所示。

表4-14　第二期产品生产情况

员工类型	员工等级	当前岗位	产能	单批成本(K)	研发状态
生产人员	B	P1	6	6	技术保障力 33/1，可生产(6)批
生产人员	C	P1	3	6	技术保障力 33/1，可生产(3)批
生产人员	D	P1	1	6	技术保障力 33/1，可生产(1)批

3) 薪资核算

教师带领学生根据箭头指向单击“薪酬福利主管办公室”，再单击“薪酬核算”，生成管理人员和员工的工资表后，审核并支付当期薪资。

4. 第三期运营

1) 员工招聘

教师带领学生根据箭头指向单击“招聘甄选主管办公室”，再单击“招聘”按钮，然后根据招聘计划、招聘情况及研发情况依次将人员加入备选库，最后提交招聘申请。申请招聘人员如表 4-15 所示。

表4-15　第三期员工招聘

员工类型	员工等级	招聘渠道	定岗	人才引进津贴(K)
生产人员	B	人才交流中心招聘	P2	20
销售人员	B	Internet 平台招聘	P2	10
销售人员	D	Internet 平台招聘	P1	0

2) 新员工入职

教师带领学生单击招聘甄选主管办公室的“员工入职”按钮，依次与新员工签订劳动合同，如表 4-16 所示。

表4-16　第三期新员工入职

员工编号	员工类型	合同期限
S13041	生产人员	第一年第一期—第六年第四期
X13008	销售人员	第一年第一期—第六年第四期
X13044	销售人员	第一年第一期—第六年第四期

3) 新员工培训

根据步骤指示，单击培训开发主管办公室的“新员工培训”按钮。

4) 产品研发

教师带领学生根据箭头指向单击“产品部”，再单击“产品研发”，选择第三期要研发的产品，如表 4-17 所示。

表4-17　第三期研发的产品

选择	产品类型	每期研发费用(K)	所需研发能力	单个技术保障能力	研发周期	所具有研发能力
	P1	10	5	1	1	研发能力：33
√	P2	10	8	2	3	研发能力：15
	P3	3	10	3	5	研发能力：0
	P4	30	12	4	7	研发能力：0

5) 产品生产

教师带领学生根据箭头指向单击“生产部”，再单击“产品生产”。第三期产品生产情况如表 4-18 所示。

表4-18 第三期产品生产情况

员工类型	员工等级	当前岗位	产能	单批成本(K)	研发状态
生产人员	B	P1	6	6	技术保障力 33/1，可生产(6)批
生产人员	C	P1	3	6	技术保障力 33/1，可生产(3)批
生产人员	D	P1	1	6	技术保障力 33/1，可生产(1)批

6) 薪资核算

教师带领学生根据箭头指向单击“薪酬福利主管办公室”，再单击“薪酬核算”，生成管理人员和员工的工资表后，审核并支付当期薪资。

5. 第四期运营

1) 产品研发

教师带领学生根据箭头指向单击“产品部”，再单击“产品研发”。由于 P1、P2 产品第一年研发成功，所以引导年第四期选择放弃研发 P3、P4 产品，如表 4-19 所示。

表4-19 第四期产品研发

产品类型	每期研发费用(K)	所需研发能力	单个技术保障能力	研发周期	研发状态
P1	10	5	1	1	第一年第一期研发成功
P2	10	8	2	3	第一年第三期研发成功
P3	30	10	3	5	放弃研发
P4	30	12	4	7	放弃研发

2) 产品生产

教师带领学生根据箭头指向单击“生产部”，再单击“产品生产”。第四期产品生产情况如表 4-20 所示。

表4-20　第四期产品生产情况

员工类型	员工等级	当前岗位	产能	单批成本(K)	研发状态
生产人员	B	P1	6	6	技术保障力 33/1，可生产(6)批
生产人员	C	P1	3	6	技术保障力 33/1，可生产(3)批
生产人员	D	P1	1	6	技术保障力 33/1，可生产(1)批
生产人员	B	P2	5	12	技术保障力 15/2，可生产(5)批

3) 产品销售

教师带领学生根据箭头指向单击“销售部”，再单击“产品销售”，依次提交销售数量和销售单价。教师在授课时要注意把控时间，销售是一个同步点，只有当所有的学生依次提交完销售数量和销售单价后才可知晓最终的销售结果。一旦有学生未提交销售数量或销售单价，所有学生将一直处于等待状态。提交的销售数量和销售单价如表 4-21 所示。

表4-21　提交的销售数量和销售单价

产品类型	销售人员	产品库存(批)	提交销售数量(批)	市场指导价(K)	销售单价(K)
P1	等级 D，能力 6；等级 B，能力 36	30	30	124	180
P2	等级 C，能力 12	5	5	134	190

4) 企业文化培训

企业文化培训的目的是降低员工的流失率。教师带领学生根据箭头指向单击培训开发主管办公室部，再单击“企业文化培训”。人均企业文化培训费用为 1K/人。

5) 薪资核算

教师带领学生根据箭头指向单击“薪酬福利主管办公室”，再单击“薪酬核算”，生成管理人员和员工的工资表后，审核并支付当期薪资。

6) 产品清仓

教师带领学生根据箭头指向单击“销售部”，再单击“产品清仓”。清仓情况如表 4-22 所示。

表4-22　产品清仓

产品类型	库存数量(批)	单个清仓价格(K)	清仓数量(批)
P1	14	51	14
P2	0	54	0
P3	0	0K	0
P4	0	0	0

6. 年末运营

1) 人员流失

教师带领学生根据箭头指向单击“人力资源经理办公室”，再单击“人员流失”，查看并确定流失人员。

2) 绩效考核

教师带领学生根据箭头指向单击“绩效考评主管办公室”，再单击“绩效考核”，依次查看并确定各个管理人员年末绩效考核的分数，如表 4-23 所示。

表4-23　各个管理人员年末绩效考核的分数

岗位	绩效指标	分数
总经理	净利润	80
	产品销量	70
	产品利润	70
	生产计划准确率	50
人力资源经理	人力资源规划方案提交及时率	80
	人力资源成本	75
	人均人力资源成本	75
	员工流失率	100
	劳动争议发生次数	100
	经费申请不当产生的损失	75
招聘甄选主管	人均招聘成本	70
	招聘计划达成	50
	招聘人员流失率	100
培训开发主管	人均培训费用	70
	培训计划	100
	培训能力提升	70
	培训人次	60
绩效考评主管	管理人员价值增量	80
	当年所选考核指标数	80
薪酬福利主管	人均薪酬	100
	薪酬总额占人力资源成本比	65
	当年人才引进津贴占薪资比	75

3) 当年结束

教师带领学生单击右侧操作栏“当年结束”按钮，支付年末扣费金额，如表 4-24 所示。

表4-24 年末扣费项目和金额

单位：K

扣费项目	扣费金额
应交所得税	586
囤货管理费	0
综合运营费	14
超额经费损失	10

4) 市场排名

教师带领学生单击右侧操作栏“当年排名”按钮，查看引导年的排名情况。

4.2.2 六年运营对抗

当教师指导引导年的运营之后，建议花 10～12 课时让学生在课堂上进行模拟对抗，促使学生更快地掌握实训平台，从而加快学生对专业知识的学习和吸收，提高专业技能。六年经营对抗期间，教师作为主持者应注意把控每个环节的时间，同时对学生的运营情况进行点评。时间控制点建议如表 4-25 所示。

表4-25 时间控制点

第一年		第二年	
节点	时间(分)	节点	时间(分)
当年开始—第一期招聘	15	上年结束—下年挖人	12
第一期招聘结束—第一期结束	5	挖人—招聘	5
第一期结束—第三期招聘	15	第一期招聘结束—第一期结束	5
第三期招聘结束—提交销售数量	10	第一期结束—第三期招聘	15
提交销售数量—提交销售价格	3	第三期招聘结束—提交销售数量	10
提交销售价格—绩效考核	5	提交销售数量—提交销售价格	3
绩效考核—市场排名	2	提交销售价格—绩效考核	5
		绩效考核—市场排名	2

（续表）

第三年		第四年	
节点	时间(分)	节点	时间(分)
上年结束—下年挖人	12	上年结束—下年挖人	12
挖人—招聘	5	挖人—招聘	5
第一期招聘结束—第一期结束	5	第一期招聘结束—第一期结束	5
第一期结束—第三期招聘	15	第一期结束—第三期招聘	15
第三期招聘结束—提交销售数量	10	第三期招聘结束—提交销售数量	10
提交销售数量—提交销售价格	3	提交销售数量—提交销售价格	3
提交销售价格—绩效考核	5	提交销售价格—绩效考核	5
绩效考核—市场排名	2	绩效考核—市场排名	2
第五年		第六年	
节点	时间(分)	节点	时间(分)
上年结束—下年挖人	12	上年结束—下年挖人	12
挖人—招聘	5	挖人—招聘	5
第一期招聘结束—第一期结束	5	第一期招聘结束—第一期结束	5
第一期结束—第三期招聘	15	第一期结束—第三期招聘	15
第三期招聘结束—提交销售数量	10	第三期招聘结束—提交销售数量	10
提交销售数量—提交销售价格	3	提交销售数量—提交销售价格	3
提交销售价格—绩效考核	5	提交销售价格—绩效考核	5
绩效考核—市场排名	2	绩效考核—市场排名	2

在六年运营对抗模拟期间，教师要时刻关注学生的参与程度并给予激励，针对学生在模拟过程中存在的问题，及时给予纠正和示范。同时在每年对抗运营结束后，教师就学生的对抗情况进行点评，并针对存在的各种问题提出改进建议。

第 1 年运营结束后，教师就薪酬结构、人力资源经费使用、招聘、净利润、排名等情况进行点评。例如，教师可点评典型团队的经费使用情况，分析该如何合理规划人力资源资金结构，从而为企业的良性发展添加助力。或者从排名入手，点评当年排名靠前的几个团队，分析他们排名靠前的原因，或激励当年运营不乐观的团队，并提出指导性建议。同时，教师与学生简要说明第二年挖人、薪酬调查等操作点的注意事项或其他内容。

运营 2～3 年后，各个团队的模拟公司已相对较成熟，从公司的生产规模、人员规模方面来看，相比第一年有了较大的发展，资金也有了一定程度的累积。教师在第二年或第三年结束后，就模拟公司的研发情况、生产结构进行点评。若当年有公司破产或申请注资，教师从该团队整体运营情况入手，点评破产或注资的原因，提醒其他团队提高警惕。

运营4～5年后，各个团队的竞争越发激烈。第四年P4产品问世，虽然P4产品研发周期长，成本高，但销售价格相对其他产品较高。教师在第四年可观察有无团队成功生产P4产品，生产P4产品后，是否有明显优势。或者在第五年结束后，点评各个团队的销售情况，以及个别团队是如何占据某类产品的"半壁江山"的。

第6年是运营的最后一年，也是各个团队转败为胜或远远甩开竞争对手的关键一年。当第6年评分出来后，教师首先鼓励一下各个团队，然后点评六年来各个团队的排名和评分变化，或者点评六年来各个团队的薪酬水平和人员的价值。最后，对六年的模拟对抗做一个简要的总结和说明。

4.2.3 运营总结

运营总结是教学过程中的主要环节。一方面，学生通过总结让自己有更清晰的认识，更牢固地掌握学习过的内容；另一方面，教师通过学生的总结，也能够及时了解学生在实训过程中掌握的技能和感悟。因此，建议教师留出1课时的时间让学生进行运营总结。

通常，实训课程的总结形式以课堂总结为主，先让学生进行团队讨论，再从各个团队中挑选出一名学生进行总结，然后教师点评并进行扩展延伸，最后让学生在课后总结，上交实训总结报告。这样的形式不仅能够帮助学生理清思路，同时通过倾听其他团队的总结，也能帮助学生认识到原有的不足，形成新的认知。

1. 团队讨论

在团队讨论前，教师给学生预留一定的独立思考时间，让各个学生从其自身所扮演的角色、角色参与度、成功的举措、失败的策略、遇到的问题、解决的方法、合作等角度进行思考，然后组织各个团队进行讨论和交流，思考在整个实训过程中各个角色发挥的作用及六年运营的得与失。在学生交流过程中，教师要发挥组织和引导作用，组织学生进行有序的讨论，积极主动地参与到学生的讨论之中，鼓励学生大胆地发表自己的见解，并指导学生如何讨论，及时纠正偏离讨论的主题。

2. 团队总结

待团队讨论结束后，教师组织各团队推选出一名成员进行总结，并将团队成员之间的讨论扩展到团队与团队之间的交流与分享。待团队代表发言结束后，让该团队接受其他团队的提问，充分调动学生的积极性，打开学生的思维。

3. 教师点评

待团队总结完毕后，教师对各团队的总结给予充分的肯定与表扬，并指出讨论中的得与失。同时根据运营情况或存在的普遍问题提出疑问，引起学生的反思。例如："为什么第一组在第 6 年反超获得第一""为什么第三组第 5 年薪酬成本高于第四组，但是排名却高于第四组""为什么有这么多小组破产或需要注资"。通过这样的形式，让学生在反思中消化知识，从而构建新的认知结构，有利于调动学生的积极性，强化学习的动机。

4. 总结报告

待实训总结课程结束后，教师发布课后作业，让学生从团队成员、团队分工、角色职责、遇到的问题、如何解决、实训数据、实训心得等角度出发，总结六年的运营经验，撰写总结报告。

第 5 章 人力资源管理综合实训实战演练

5.1 实战背景

本次实战以移动通讯为经营背景，模拟经济萧条、紧缩的市场环境。在本次实战演练中，初始总经费为 2500K，8 组同时进行对抗。

1. 公司简介

第一个国际移动电话网络 NMT 始于 1981 年，那时的移动电话非常巨大和沉重。20 世纪 80 年代末，具有实际意义的移动手机登上舞台，这也意味着移动电话产业时代的开始。随着第二代(2G)移动电话的问世，通信业也逐渐从其他行业脱颖而出。20 世纪 90 年代，移动电话的不断发展让手机越来越小巧轻便，技术设计越来越复杂，特征也越来越多。FOMA，第一个 3G(第三代)网络在 2001 年面世，这项新技术让语音数据和非语音数据进入移动视频电话成为可能。行业的发展速度非常快，公司对新科技也充满了期望。大趋势是通过经过测试的 4G 技术，能够以 100Mbps 的速度下载，比拨号上网快 2000 倍，也能够传输高质量视频图像。

移动通信技术的进步促进了移动通信设备的更新与变革，原有移动通信设备已不能满足新的需求，这也给通信设备制造业带来了新的市场机遇。通达公司是一家国内大型的上市公司，拥有三十几家子公司，以移动通信技术起家，涉足多个行业领域。现如今公司董事会非常看好今后的移动通信设备发展，刚好市场上出现了一项新的移动通信技术，可以改良现有通信设备，因此，董事会提议并讨论，一致决定组建一个移动通信设备公司。董事会成员也非常清楚，随着经济社会的发展，人力资源管理已经成为现代企业发展的核心推动力量，所以，新公司成立之初的人员配置包括总经理、人力资源经理、招聘主管、薪酬主管、培训主管、绩效主管。

现在，董事会聘请你们为新公司的核心人员，需要你们运用现代管理方法，对人力资源的获取、开发、保持和用人等方面进行计划、组织、指挥、控制和协调等一系列活动，从而实现人才价值的持续增长，最终实现企业的发展目标。

2. 政府宏观环境

为了保障全体公民能够老有所养、病有所医、住有所居，同时保证物质及劳动力的再生产和社会的稳定，社会保险和住房公积金已经成为政府强制性的一种保障计划，要求企业和雇员分别按工资收入的一定比例缴纳费用。社会保险在满足一定条件的情况下，可从社保基金中获得固定的收入或损失补偿，住房公积金在满足一定的条件下可以申请相应额度的贷款等。

目前，政府每年年初会公布一次社会平均工资，各单位需要按照社会保险及公积金缴费基数及缴费比例规定按时缴纳各项费用，缴费基数以个人工资为准，当个人工资高于市场社会平均工资的300%时，以社会平均工资的300%作为个人缴费基数，当个人工资低于社会平均工资的60%时，以社会平均工资的60%作为个人缴费基数。缴费比例严格按照政府发布的相关数据确定。

同时为了调节收入分配，监管经济活动并保障政府权益，对企业和个人分别需要征收所得税，根据《中华人民共和国企业所得税法》(2007年3月16日第十届全国人民代表大会第五次会议通过)的规定，企业所得税采用25%的比例税率，但当地政府有一些所得税减免政策。个人所得税以超额累进税率，按期应纳税所得额计算征税，免征额为11K，具体的征税标准如表5-1所示。

表5-1 征税标准表

级数	含税级距(k)	税率(%)	速算扣除数
1	0～5	3	0
2	5～15	10	0.35
3	15～27	20	1.85
4	27～105	25	3.2
5	105～165	30	8.45
6	165～240	35	16.7
7	240以上	45	28.7

3. 政府宏观调控

为了进一步转变人才管理服务体制机制，加大引才力度，坚持实施“人才强省”战略，省财政每年安排专项资金，由引进单位申请，省委人才领导小组研究决定，大力支持引进急需的各类人才。

(1) 大力支持引进高精尖缺的创新人才。第一年起，政府对招揽较多 A 级、B 级高精尖紧缺人才的企业发放补贴；若企业能够通过各类培训将员工培养晋升为 A 级高端技术人才，将额外获得补贴。

(2) 鼓励企业为“萌芽工程”引进培养人才。从第一年起，省财政每年安排专项资金支持全省企业实施“萌芽工程”，引导企业吸纳和培养应届毕业生(D 级)，一方面可以解决应届毕业生就业困难的问题，另一方面为应届毕业生提供更多的就业机会。

(3) 为了激励和照顾同行业的中小企业在未来的持续发展，政府拟实施一定规模的减税降费政策，减轻企业税收负担，从第一年开始对当年缴纳税额最高的企业实行税费减免的优惠政策。同时，从第一年开始实行社会保险费返还政策，计划返还企业社保金额的 50%，减轻企业负担，增强企业活力。

4. 生产经营

1) 研发

出于行业本身的动态性，研发对于 IT 行业和其他高科技行业来说是非常重要的。虽然新的移动通信技术已经被发现，但是要将新技术应用到移动通信设备中还需要一定的研发投入，并需要一批优秀的研发人员进行不断的尝试创新。当新产品研发成功，产品进行生产时，同样需要研发人员的辅助才能确保生产出合格的产品，同时随着消费者对产品的不断熟识，也会不断要求新产品的推出。由于激烈的竞争，旧产品的利润会很快下降，因此各公司都需要选用优秀的研发人员加紧研发的脚步，确保能在市场中保持自己的竞争优势。人才市场上有不同等级的研发人员，分别具有不同的研发能力，具体能力如表 5-2 所示。

表5-2　研发能力

产品	A级	B级	C级	D级	每期研发所需费用(K)	每期研发所需能力	单位技术保障能力	研发周期(周)
P1	30	18	9	3	10	5	1	1
P2	27	15	6	0	10	8	2	3
P3	18	6	0	0	30	10	3	5
P4	12	0	0	0	30	12	4	7

2) 生产

高科技公司具有新产品生产初期过程复杂、成本高昂及产品生命周期短等特征，这些特征迫使公司在低成本的基础上尽快地生产出新产品。同时需要考虑市场需求及市场的竞争，市场每年的总需求是有限的，由于市场本身具有自我调节作用，总会达到供需平衡，所以各公司必须控制好生产目标，确保生产目标与预计需求相符，生产出正确的数量和产品。过多的需求估算和生产指标将会损失销售或降低单位产品收益。但是过少的需求估算和生产指标则容易不能及时满足消费者的需求，公司也将面临销售损失。人才市场上有不同等级的生产人员，分别具有不同的生产能力，每一种产品的生产成本也有一定的差异，具体情况如表 5-3 所示。

表5-3 生产能力

产品 等级	P1	P2	P3	P4
A	10	9	6	4
B	6	5	2	0
C	3	2	0	0
D	1	0	0	0

3) 销售

公司是指一般以盈利为目的，从事商业经营活动的组织，主要目标就是将利润最大化，而利润的来源主要就是销售收入。有计划地组织产品销售，及时取得销售收入，加强销售收入管理，对企业来说有着重要的意义。及时取得销售收入，是加速资金周转、提高资金利用效果的重要环节，是补偿耗费、持续经营的基本前提。

所有移动通信设备制造业公司生产的产品都只在一个市场中流通，由于存在市场供需不平衡的情况，所以必然会导致价格的上下波动，直接影响公司的销售收入。同时，流通市场又存在一定的开放性和竞争性，对任何企业进入市场都没有限制，公司随时可以进入市场进行交易，同时不论企业大小成分如何，在市场竞争面前一律平等，限制和防止垄断的产生，保持公平竞争。但同时也必然会导致激烈的价格竞争。

因此公司不仅要对销售收入有一个明确的规划，保障公司资金链的正常运转，同时还需要考虑产品的单价，确保产品利润的最大化，要综合考虑销售收入与利润的协调，有必要的情况下可以采用囤货策略。人才市场上有不同等级的销售人员，分别具有不同的销售能力，具体销售能力如表 5-4 所示。

表5-4　销售能力

等级＼产品	P1	P2	P3	P4
A	60	54	36	24
B	36	30	12	0
C	8	12	0	0
D	6	0	0	0

5. 市场环境

1) 第一年市场环境

由于新技术的诞生，部分消费者会产生对第一代移动手机的需求，简称P1，但是同时也会有部分人员由于对产品的熟悉度不够，接受度有待激发，分析师预测本年度手机的销售将会在整个市场上有一个快速的起步增长，预估定价64K/批次，预计销量在160批次。

但由于是新技术，导致各大公司也面临着一个比较严重的挑战，市场上对于该技术熟识、能够参与研发产品、生产产品的技术人员非常紧缺。据不完全统计，研发高级人员(A)预计有1人，主要集中出现在猎头招聘渠道；研发中级人员(B)6人，主要集中出现在人才交流中心和Internet招聘平台渠道；研发初级人员(C)11人，主要集中在人才交流中心渠道；研发助理人员(D)13人，主要集中在校园招聘渠道。生产高级人员(A)预计有1人，主要出现在猎头招聘渠道；生产中级人员(B)5人，主要集中出现在人才交流中心渠道；生产初级人员(C)8人，主要集中在Internet平台和人才交流中心渠道；生产助理人员(D)21人，主要集中在校园招聘渠道。

新技术新产品，使市场上了解该产品的销售人员非常少，据收集到的信息资料显示，本年度销售人员中中高级人员(A)1人，主要出现在猎头招聘渠道；中级人员(B)2人，主要分布在传统媒体和人才交流市场渠道；销售初级人员(C)7人，主要分布在Internet平台渠道；销售助理人员(D)14人，主要分布在校园招聘渠道。

2) 第二年市场环境

据估计，本年度消费者将普遍接受新一代P1手机的使用，需求将有大幅增加，同时随着P1产品的普及，消费者就会想要追求更加优质的产品，此时P2产品的需求也会逐渐显现。分析师们也预测P1手机的销售量将会在市场上有一个强劲的增长，他们估计将会有50%～55%的增长，其售价也会有小幅度的提升。

据市场调研发现，下一代手机(P2)“正让消费者感到疯狂”，根据透露的消息，通达公司已向使用核心技术的100位亚洲消费者和100位欧洲消费者提供了手机并让其使用一周，以对新技术可行性加以评估并同时把新技术介绍到市场。试用实验2周后，在所有试用者中，只有2

位试用者觉得产品性价比不高，手机分辨率不佳，看久后眼部不适，而且存在音质不佳和电池容量小的问题。

同时市场上仍存在对移动手机质疑的声音，不少人声称自己在进行长时间的通话后出现了耳聋、耳鸣的状况，还有一些家长抱怨，自己的孩子每天花费在发短信上的时间平均有两个小时，很大程度上干扰了日常生活。分析师认为，社会上的质疑声和75K/批次的售价使刚出现的P2产品销量仅有192批次。

以消费者需求为中心，以市场为出发点，随着新一代手机的推广普及，越来越多的销售人员看到这一发展的机遇。据不完全统计，销售高级人员(A)2人，主要集中在人才交流中心渠道；销售中级人员(B)3人，主要集中在人才交流中心和Internet平台渠道；销售初级人员(C)和销售助理人员(D)分别为3人和7人，主要集中在人才交流中心和校园招聘渠道。科技的不断进步使各公司产生危机感，他们仍需要大量的研发人员来提供研发力量的保障，市场上研发高级人员(A)5人，主要集中在人才交流中心渠道；研发中级人员(B)7人，主要分布在人才交流中心和Internet平台渠道；研发初级人员(C)和研发助理人员(D)分别为8人和10人，主要分布在校园招聘和Internet平台渠道。生产高级人员(A)2人，生产中级人员(B)4人，主要集中出现在人才交流中心渠道；生产初级人员(C)6人，主要集中在Internet平台招聘和人才交流中心渠道；生产助理人员(D)15人，主要集中在校园招聘和人才交流中心渠道。

3) 第三年市场环境

由于网络技术的瞬间突破，P3手机开始面世，并且很快具有了一部分市场需求，新技术的研发费用将会大幅增加，P3产品自一出世，就受到了多方的关注。通达公司发布了一份关于P3产品行业市场调查分析报告，报告指出，P3产品的问世，发售价格提升至150K/批次以上，产品销售价格将呈现出明显的高配特点，但因研发生产能力的限制，其在手机市场的销售占比并不是很高，预计销量在64批次左右。P3产品的创新将推动手机行业价位向上延伸。从整体来看，移动通信制造产业将有望实现快速增长。通达公司声称，继续看好移动通信制造业，市场上的各公司有望迎来“春种秋收”的良机。

上年度P1的增长势头在本年度将有所放缓，然而增长却将在几年内保持强劲，分析师预测P1市场需求将增长40%，预计销量336批次，售价64K/批次。通达公司发现，P2产品比以前任何时候都更有吸引力，随着P1的大众化程度提高，消费者对产品的要求也不断地增加，他们希望能使用具有更高技术含量的产品。公司分析认为，P2产品在今年将会成为一匹“黑马”，P2的技术含量和它的中低端的产品定位使得它在本年度大放异彩。预计P2产品售价将为72K/批次，其预计销量在269批次左右。

随着移动通信制造业的迅速崛起，更多人意识到其背后的产业价值，但移动通信制造业仍面临着人才短缺的问题，产品需求的增加与生产能力短缺之间的矛盾使各公司焦头烂额，不得不使用高薪政策来吸引高端生产人员。据不完全统计，该年市场上的生产高级人员(A)有3人，主要集中在Internet平台招聘和人才交流市场渠道；生产中级人员(B)有4人，主要集中在Internet平台招聘和人才交流市场渠道；生产初级人员(C)有8人，主要集中在Internet平台招聘和人才交流市场渠道；生产助理人员有(D)16人，主要集中在校园招聘和人才交流市场渠道。市场竞争的白热化使得各公司都加紧研发生产，研发人员的研发进程不断加快，行业中研发人员呈现饱和的状态，预计会出现研发高级人员(A)4人，主要集中在Internet平台招聘和人才交流市场渠道；研发中级人员(B)7人，主要分布在人才交流中心渠道；研发初级人员(C)8人，主要集中在人才交流市场和传统媒体招聘渠道；研发助理人员(D)12人，主要集中在校园招聘渠道。

公司分析认为，该年度是产品销售“旺季”，市场需求和预计售价普遍呈增长趋势。强大的销售队伍是推动企业业绩增长至关重要的因素，本年度销售预计会出现销售高级人员(A)2人，主要集中在Internet平台招聘渠道；销售中级人员(B)3人，主要集中在Internet平台招聘渠道；销售初级人员(C)8人，主要集中在Internet平台招聘和人才交流市场渠道；销售助理人员(D)14人，主要集中在校园招聘渠道。

4) 第四年市场环境

第四年，P4产品横空出世，吸引了所有消费者的目光，新技术的研发费用将会十分惊人。其销售价格将高达205K/批次，分析师预测P4产品的需求为80批次。P4产品因其拥有的“黑科技”和新颖的外观，受到很多手机“发烧友”的追捧，不少人认为P4产品是“国产手机之光”。在国际化的MWC科技展会上，很多国际化科技媒体对P4产品也给予了高度评价。P4产品的定位和定价都是专注于高端人士，但这阻挡不了普通消费者的狂热之情。

市场竞争的白热化程度不断加剧，各大公司都期望能在市场中拔得头筹，根据收集到的资料显示，P1产品由于技术水平低，市场售价预计为62K/批次。较低的售价使得P1产品的需求仍然保持30%的增长，但随着消费者需求向高层次的转变，P1、P2的需求增长将得到抑制。P2产品本年度的需求为349批次，其市场售价预计为70K/批次。P3产品因其较高的科技含量，以及消费者对高层次产品需求的增长，预计本年度的需求为102批次，预计售价为162K/批次。

通达公司指出，由于P4产品的科技含量过高，产品供不应求，因此本年度人才需求主要集中在生产和销售中。据不完全统计，市场上生产高级人员(A)3人，主要分布在人才交流市场和Internet平台招聘渠道；生产中级人员(B)4人，主要分布在人才交流市场和Internet平台招聘渠道；生产初级人员(C)7人和生产助理人员(D)12人，主要分布在Internet平台和校园招聘渠道。研发预计会出现研发高级人员(A)3人，主要集中在Internet平台招聘渠道；研发中级人员(B)6人，主要分布在人才交流市场和Internet平台招聘渠道；研发初级人员(C)8人，主要集中在Internet平台招聘渠道；研发助理人员(D)14人，主要集中在校园招聘渠道。销售预计将会出现大量的人员，其中销售高级人员(A)5人，主要集中在人才交流市场渠道；销售中级人员(B)5人，主要分布在人才交流市场和Internet平台招聘渠道；销售初级人员(C)11人，主要集中在人才交流中心和传统媒体招聘渠道；销售助理人员(D)14人，主要集中在校园招聘渠道。

5) 第五年市场环境

手机市场在最近几年一直处于高速发展阶段，移动通信产业也在以几何级的增长速度实现跨越式发展。不过在市场日渐成熟时，强劲的市场增长率将在这几年逐步下降，预示着手机市场已经接近饱和的趋势。分析师预估本年度手机的销售量与参考价如表5-5所示。

表5-5　第五年手机的销售量与参考价

产品	P1	P2	P3	P4
单价(K/批)	60	68	170	225
产品批次(批)	524	419	154	144

随着手机的不断普及，消费者的需求开始从基础的功能性领域向高层次转变，更加强调对产品的性能、美感的追求。根据IDC(互联网数据中心)发布的数据显示，市场手机产品的售价已经从第一年的64K/批次上涨到了第四年的225K/批次。售价的提升固然有高端产品的拉动，但是也预示着用户对更高品质的追求。

通达公司发布的行业调研分析指出，本年度手机市场的换机将成为主流，二次换机的现状决定了用户体验要求会更高，拉动的将是中高端手机的市场份额，外形美观、性能强劲、用户体验极佳的中高端手机受到越来越多的关注，手机市场向高端化布局已是整体大趋势，对于各大公司而言是个契机。

分析师指出，各大公司在抢夺同一类人才。生产、销售中高端人员均是本年度移动通信制造业企业的招聘热点。通过对收集的数据进行统计分析，发现各大公司在校园招聘和社会招聘上平分秋色，薪酬水平和公司价值是吸引人员流入的一个重要因素。分析指出，本年度的生产高级人员(A)2人，主要分布在Internet平台渠道；生产中级人员(B)和生产初级人员(C)都为6人，主要集中在人才交流中心和Internet平台渠道；生产助理人员(D)13人，主要分布在校园招聘渠道。本年度研发高级人员(A)1人，出现在人才交流中心渠道；研发中级人员(B)3人，主要集中在人才交流中心渠道；研发初级人员(C)4人，主要在人才交流中心渠道；研发助理人员(D)6人，主要集中在校园招聘渠道。销售高级(A)和中级(B)人员分别为1人和2人，主要分布在Internet平台渠道；销售初级(C)和助理(D)人员分别为1人和4人，主要分布在人才交流中心渠道和校园招聘渠道。

6) 第六年市场环境

相比第五年，第六年的产品销量增长速度明显放缓，一方面是去年各公司之间的激烈竞争，生产速度和数量都属空前，另一方面是消费者回归理性。不过，面对这样不利的市场环境，手机行业也有新的增长点，那就是4G的全面建设与推广。

IDC发布了第五年中国手机销量分析报告，P1、P2、P3位居前三。同时市场上各大公司都提升了产品的生产效率，不管是中低端手机还是高端手机，同样都受到了消费者的青睐，P1、P2 预计指导价稳定，P3、P4 价格仍持续上涨。预计本年度产品的销量与参考价如表 5-6 所示。

表5-6　第六年手机的销量与参考价

产品	P1	P2	P3	P4
单价(K/批次)	58	65	162	232
产品批次	577	461	192	180

根据人力资源与社会保障部的报告指出，市场的饱和不仅使产品呈现供过于求的现象，也带来了员工过剩的问题。据统计，本年度市场上仅出现销售人员和生产人员。销售预计销售高级人员(A)2 人，主要出现在人才交流市场渠道和 Internet 平台渠道；销售中级人员(B)2 人，主要出现在人才交流市场渠道；销售初级(C)和助理(D)人员分别为 2 人和 4 人，主要集中在人才交流中心渠道。生产高级人员(A)5 人，主要出现在传统媒体招聘渠道；生产中级人员(B)5 人，主要分布在人才交流中心渠道；生产初级人员(C)7 人，主要在人才交流中心渠道；生产助理人员(D)17 人，主要集中在校园招聘渠道。历年市场人员分布情况如表 5-7 所示。

表5-7　历年市场人员分布情况

		第一年		第二年		第三年		第四年		第五年		第六年	
		第一期	第三期	第一期	第三期	第一期	第三期	第一期	第三期	第一期	第三期	第一期	第三期
生产	A	0	1	1	1	1	2	1	2	1	1	4	1
	B	2	3	2	2	2	2	2	2	4	2	4	1
	C	4	4	4	2	4	4	4	3	3	3	5	2
	D	11	10	6	9	9	7	6	6	7	6	11	6
研发	A	0	1	3	2	2	2	2	1	1	0	0	0
	B	3	3	5	2	3	4	4	2	1	2	0	0
	C	8	3	4	4	4	4	6	2	1	3	0	0
	D	10	3	5	5	5	7	10	4	5	1	0	0
销售	A	0	1	0	2	1	1	2	3	0	1	0	2
	B	0	2	0	3	1	2	2	3	0	2	0	2
	C	0	7	0	3	3	5	5	6	0	1	0	2
	D	1	13	1	6	7	7	7	7	0	4	0	4

5.2 实战演练

5.2.1 C1组

1. 第一年

1) 年初经营

(1) 人力资源规划。

C1 小组规划在短期内抢占 P1 产品市场并在未来三年内把重点放在中低端产品的研发、生产上。在第一年计划生产 P1 产品 30 批、P2 产品 20 批。

第一年预计通过外部渠道招聘：研发 B 级人员 1 人，研发 C 级人员 2 人；生产 B 级人员 1 人，生产 C 级人员 2 人，生产 D 级人员 1 人；销售 C 级人员 2 人，销售 D 级人员 2 人。

第一年无培训晋升计划。

第一年费用预算如表 5-8 所示。

表5-8 第一年费用预算

单位：K

项目	金额	项目	金额
人力资源总经费	1600	计划工资总支出	1000
计划招聘费用	200	其他人力资源支出	300
计划培训费用	100	非人力资源经费	200

(2) 人力资源经费申请。

根据费用预算，C1 小组申请了 1600K 的人力资源经费。

(3) 工作分析与薪酬设计。

工作分析中，区间的设定将影响基本工资的设置。根据公司发展规划，C1 小组在第一年设置了较高的基本工资，以保证对外竞争性。同时薪酬结构设计主要包括工龄工资、岗位津贴、交通补贴、通讯补贴、住房补贴、高温补贴、人才引进津贴。具体设定如表 5-9 所示。

表5-9　基本工资设定

单位：K

	A	B	C	D
研发	22[21～26]	17[16～21]	13[11～16]	7[6～11]
生产	23[22～27]	17[16～22]	14[11～16]	7[6～11]
销售	22[21～26]	17[16～21]	13[11～16]	7[6～11]

(4) 绩效指标确定。

绩效考核指标能够明确工作目标及考核标准，准确选择绩效指标对管理人员的绩效考核起着重要作用。第一年绩效考核分别设定如下。

总经理：净利润(25%)、产品销量(25%)、产品利润(25%)、生产计划准确率(25%)。

人力资源经理：人力资源规划方案提交及时率(10%)、人力资源成本(40%)、人均人力资源成本(20%)、员工流失率(10%)、劳动争议发生次数(10%)、经费申请不当产生的损失(10%)。

招聘主管：人均招聘成本(35%)、招聘计划达成率(35%)、招聘人员流失率(30%)。

培训主管：人均培训费用(25%)、培训计划(25%)、培训能力提升(25%)、培训人次(25%)。

绩效主管：管理人员价值增量(35%)、员工价值增量(35%)、当年所选考核指标数(30%)。

薪酬主管：人均薪酬(35%)、薪资总额占人力资源成本比(35%)、当年绩效奖金占薪资比(30%)。

2) 年中经营

C1 小组第一年运营情况良好，成功研发、生产 P1 产品。第一年四期运营情况如表 5-10 所示。

表5-10　第一年四期运营情况

<table>
<tr><th></th><th>第一期</th><th>第二期</th><th>第三期</th><th>第四期</th></tr>
<tr><td>招聘</td><td colspan="2">第一期招聘共花费 53K，其中人(研 B、C、D，生 B、C、D，销 D)；网(研 B、C、D，生产 B、C)；传(生 D)，招聘结果见表 5-11</td><td colspan="2">第三期招聘共花费 63K，其中人(研 C，生 B、C、D，销售 B、C、D)；网(生 B、C、D，销售 C、D)；传(生 B，销售 B、D)，招聘结果见表 5-11</td></tr>
<tr><td>培训</td><td>新(6 人，6K)</td><td>在岗(Y11051、S11039、X11026，6K)</td><td>新(1 人，1K)；在岗(Y11051、S11039、X11026，6K)</td><td>在岗(Y11051、S11039、X11026，6K)；企业文化(13 人，3K/人)</td></tr>
</table>

(续表)

	第一期	第二期	第三期	第四期
研发	P1(5/6，1 期)	P1 第一年第一期研发完成	无	无
生产	无	P1(3/3，18K)	P1(3/3，18K)	P1(3/3，18K)
销售	P1(9 批/9 批，78K/65K，9 批，702K)			
薪资核算	合计 247K，其中 M=66K，K=28K；J=108K，L=45K	合计 193K，其中 M=69K，K=29K；J=67K，L=28K	合计 206K，其中 M=66K，K=28K；J=79K，L=33K	合计 200K，其中 M=66K，K=28K；J=75K，L=31K
其他	无			

说明：

(1) 培训：新员工培训(人数，培训费用)；在岗培训(培训人员编号，培训费用)；脱产培训(培训人员编号，培训费用)；转岗培训(培训人员编号，转岗后的岗位，转岗费用)；企业文化培训(总人数，每人费用)。

(2) 研发产品(研发所需能力/实际能力，剩余期数)；生产产品(可生产批数/实际生产批数，生产成本)；销售产品(提交销售数量/库存，出价/指导价，实际销量，销售收入)；清仓产品(数量，价格，收入)。

(3) 薪资核算(M=管理人员应付工资总额，K=管理人员公司承担社保公积金；J=员工应付工资总额，L=员工公司承担社保公积金)。

(4) 挖人(员工类型，级别，岗位，所在公司，津贴，结果)。

C1 小组第一年第一期成功招聘 6 人，第三期成功招聘 1 人，招聘结果如表 5-11 所示。

表5-11　招聘结果

招聘渠道	(员工类型，级别，定岗，岗位津贴，合同期限)
人才交流中心	第一期：(Y11050，D，P1，8K，6 年)、(Y11051，D，P1，8K，6 年)、(S11039，D，P1，8K，6 年)、(S11040，D，P1，8K，6 年)、(S11041，D，P1，8K，6 年)、(X11026，D，P1，8K，6 年)；第三期：(X13043，D，P1，8K，6 年)

3) 年末经营

年末进行绩效考核和市场排名，详情如表 5-12 所示。

表5-12　第一年经营结果

<table>
<tr><th></th><th>总经理</th><th colspan="2">人力资源经理</th><th>招聘主管</th><th>培训主管</th><th>绩效主管</th><th>薪酬主管</th></tr>
<tr><td>考核总分</td><td>63</td><td colspan="2">84</td><td>77</td><td>80</td><td>81</td><td>77</td></tr>
<tr><td>薪酬等级变化</td><td>-1</td><td colspan="2">0</td><td>0</td><td>0</td><td>0</td><td>0</td></tr>
<tr><td>价值变化</td><td>-1</td><td colspan="2">0</td><td>0</td><td>0</td><td>0</td><td>0</td></tr>
<tr><td>绩效奖金</td><td>0</td><td colspan="2">0</td><td>0</td><td>0</td><td>0</td><td>0</td></tr>
<tr><td>综合运营费</td><td>12K</td><td>超额损失</td><td>56K</td><td>应交所得税</td><td>0</td><td>囤货</td><td>0</td></tr>
<tr><td>总分</td><td colspan="3">18.44</td><td>排名</td><td colspan="3">7</td></tr>
</table>

2. 第二年

1) 年初经营

(1) 当年开始。

第二年，政府鼓励应届生就业奖励 4K，社保返还 50K，上一年度社会平均工资 18K。

(2) 人力资源规划。

第二年年初 C1 小组计划生产 P1 产品 30 批、P2 产品 20 批。

C1 小组计划从外部招聘：研发 C 级人员 1 人，研发 D 级人员 2 人；生产 C 级人员 1 人，生产 D 级人员 4 人，销售 D 级人员 2 人。第二年无晋升培训、调岗计划。

费用规划是人力资源规划的重要内容之一，费用预算如表 5-13 所示。

表5-13　费用预算

单位：K

项目	金额	项目	金额
人力资源总经费	1200	计划工资总支出	900
计划招聘费用	100	其他人力资源支出	100
计划培训费用	100	非人力资源经费	100

(3) 人力资源经费申请。

根据费用预算，C1 小组申请了 1100K 的人力资源经费。

(4) 工作分析与薪酬设计。

第二年 C1 小组制定的基本工资区间和薪酬设计都与上年相同，只调整了个别员工的基本工资，其中，研发 B 级人员、生产 B 级人员、销售 B 级人员上调为 18K，研发 C 级人员、销售 C 级人员上调为 14K。

(5) 绩效指标确定。

绩效考核指标能够明确工作目标及考核标准，准确选择绩效指标对管理人员的绩效考核起

着重要作用。第二年绩效考核指标选择和权重设置与上年相同。

2) 年中经营

C1 小组第二年以生产 P1 产品为主，并成功研发 P2 产品。第二年四期运营情况如表 5-14 所示。

表5-14　第二年四期运营情况

	第一期	第二期	第三期	第四期
招聘	第一期放弃挖人，招聘共花费 40K，其中人(研 A、B，生 B、C)；网(研 A、B、C，生 A、B、C))，招聘结果见表 5-15		第三期招聘共花费 41K，其中人(生 B、C、D，销 B、C)；网(生 B、C，销 B、C)；传(销 C)，招聘结果见表 5-15	
培训	新(2 人，2K)；在岗(Y11051、S11039、X11026、Y11050、S11040、S11041、X13043，14K)	在岗(Y11050、S11040、S11041、X13043、Y21102、Y21103、Y11051、S11039、X11026，18K)	新(1 人，1K)；在岗(Y11050、S11040、S11041、X13043、Y21102、Y21103、Y11051、S11039、X11026，18K)	在岗(Y11050、S11040、S11041、X13043、Y21102、Y21103、Y11051、S11039、X11026，18K)；企业文化(16 人，3K/人)
研发	P2(8/12，3 期)	P2(8/21，2 期)	P2(8/21，1 期)	P2 第二年第三期研发完成
生产	P1(3/3，18K)	P1(4/4，24K)	P1(5/5，30K)	P1(5/5，30K)
销售	P1(17 批/17 批，45K/38K，17 批，765K)			
薪资核算	合计 303K，其中 M=72K，K=31K；J=141K，L=59K	合计 279K，其中 M=75K，K=31K；J=122K，L=51K	合计 293K，其中 M=72K，K=31K；J=134K，L=56K	合计 289K，其中 M=72K，K=31K；J=131K，L=55K
其他	无			

注：表内数据解释见表 5-10。

C1 小组第二年第一期成功招聘 2 人，第三期成功招聘 1 人，招聘结果如表 5-15 所示。

表5-15　招聘结果

招聘渠道	(员工类型，级别，定岗，人才引进津贴，合同到期年份)
网络招聘	第一期：(Y21102，C，P2，14K，6 年)、(Y21103，C，P2，14K，6 年)
人才交流中心	第三期：(S23112，D，P1，10K，6 年)

3) 年末经营

年末进行绩效考核和市场排名，详情如表5-16所示。

表5-16　第二年经营结果

<table>
<tr><th></th><th>总经理</th><th colspan="2">人力资源经理</th><th>招聘主管</th><th>培训主管</th><th>绩效主管</th><th>薪酬主管</th></tr>
<tr><td>考核总分</td><td>52</td><td colspan="2">95</td><td>70</td><td>87</td><td>75</td><td>71</td></tr>
<tr><td>薪酬等级变化</td><td>−1</td><td colspan="2">+1</td><td>0</td><td>+1</td><td>0</td><td>0</td></tr>
<tr><td>价值变化</td><td>−1</td><td colspan="2">+2</td><td>0</td><td>+2</td><td>0</td><td>0</td></tr>
<tr><td>绩效奖金</td><td>0</td><td colspan="2">9</td><td>0</td><td>6</td><td>0</td><td>0</td></tr>
<tr><td>综合运营费</td><td>13K</td><td>超额损失</td><td>0</td><td>应交所得税</td><td>0</td><td>囤货</td><td>0</td></tr>
<tr><td>总分</td><td colspan="3">−7.64</td><td>排名</td><td colspan="3">6</td></tr>
</table>

3. 第三年

1) 年初经营

(1) 当年开始。

第三年，政府社保返还50K，政府鼓励毕业生就业1K，支付管理人员绩效奖金15K，上一年度社会平均工资16K。

(2) 人力资源规划。

第三年年初C1小组计划生产P1产品20批、P2产品30批。

C1小组计划从外部招聘：研发C级人员2人，研发D级人员2人；生产D级人员4人，销售D级人员2人。第三年无晋升培训、调岗计划。

费用规划是人力资源规划的重要内容之一，费用预算如表5-17所示。

表5-17　费用预算

单位：K

项目	金额	项目	金额
人力资源总经费	1000	计划工资总支出	700
计划招聘费用	100	其他人力资源支出	100
计划培训费用	100	非人力资源经费	100

(3) 人力资源经费申请。

根据费用预算，C1小组申请了863K的人力资源经费。

(4) 工作分析与薪酬设计。

第三年基本工资区间和薪酬设计与上年相同，但是调整了员工的基本工资，具体设定如表 5-18 所示。

表5-18 基本工资设定

单位：K

	A	B	C	D
研发	21[21～26]	16[16～21]	12[11～16]	6[6～11]
生产	22[22～27]	16[16～22]	12[11～16]	6[6～11]
销售	21[21～26]	16[16～21]	12[11～16]	6[6～11]

(5) 绩效指标确定。

绩效考核指标能够明确工作目标及考核标准，准确选择绩效指标对管理人员的绩效考核起着重要作用。第三年绩效考核指标选择和权重设置与上年相同。

2) 年中经营

C1 小组第三年第三期放弃招聘，主要以生产 P1 产品为主。第三年四期运营情况如表 5-19 所示。

表5-19 第三年四期运营情况

	第一期	第二期	第三期	第四期
招聘	第一期放弃挖人，招聘共花费 20K，其中人(生 B、C)；网(生 A、B、C)，招聘失败		放弃招聘	
培训	在岗(Y21102、Y21103、Y11051、S11039、X11026，10K)	无	无	无
研发	无	无	无	无
生产	P1(7/7，42K)	无	无	P1(8/8，48K)
销售	P1(15 批/15 批，68K/66K，15 批，1020K)			
薪资核算	合计 284K，其中 M＝80K，K＝33K；J＝121K，L＝50K	合计 326K，其中 M＝83K，K＝35K；J＝147K，L＝61K	合计 310K，其中 M＝80K，K＝33K；J＝139K，L＝58K	合计 321K，其中 M＝80K，K＝33K；J＝147K，L＝61K
其他	第四期：紧急申请 190K			

注：表内数据解释见表 5-10。

3) 年末经营

年末进行绩效考核和市场排名，详情如表 5-20 所示。

表5-20　第三年经营结果

<table>
<tr><th></th><th>总经理</th><th colspan="2">人力资源经理</th><th>招聘主管</th><th>培训主管</th><th>绩效主管</th><th>薪酬主管</th></tr>
<tr><td>考核总分</td><td>53</td><td colspan="2">98</td><td>82</td><td>75</td><td>95</td><td>65</td></tr>
<tr><td>薪酬等级变化</td><td>−1</td><td colspan="2">+1</td><td>0</td><td>0</td><td>+1</td><td>0</td></tr>
<tr><td>价值变化</td><td>−1</td><td colspan="2">+2</td><td>0</td><td>0</td><td>+2</td><td>0</td></tr>
<tr><td>绩效奖金</td><td>0</td><td colspan="2">10</td><td>0</td><td>0</td><td>6</td><td>0</td></tr>
<tr><td>综合运营费</td><td>13K</td><td>超额损失</td><td>0</td><td>应交所得税</td><td>0</td><td>囤货</td><td>0</td></tr>
<tr><td>总分</td><td colspan="3">−26.81</td><td>排名</td><td colspan="3">7</td></tr>
</table>

4. 第四年

1) 年初经营

(1) 当年开始。

第四年，政府社保返还 50K，支付管理人员绩效奖金 16K，上一年度社会平均工资 19K。

(2) 人力资源规划。

第四年年初 C1 小组计划生产 P1 产品 15 批。

第四年 C1 小组无招聘计划、晋升培训计划、调岗计划。

费用规划是人力资源规划的重要内容之一，费用预算如表 5-21 所示。

表5-21　费用预算

单位：K

项目	金额	项目	金额
人力资源总经费	1000	计划工资总支出	700
计划招聘费用	100	其他人力资源支出	100
计划培训费用	100	非人力资源经费	100

(3) 人力资源经费申请。

根据费用预算，C1 小组申请了 940K 的人力资源经费。

(4) 工作分析与薪酬设计。

C1 小组第四年基本工资区间、基本工资设定与上年相同，薪酬设计不勾选。

(5) 绩效指标确定。

绩效考核指标能够明确工作目标及考核标准，准确选择绩效指标对管理人员的绩效考核起着重要作用。第四年绩效考核指标选择和权重设置与上年相同。

2) 年中经营

C1 小组第四年仍然放弃招聘，以生产 P1 产品为主。第四年四期运营情况如表 5-22 所示。

表5-22　第四年四期运营情况

	第一期	第二期	第三期	第四期
招聘	放弃挖人、招聘		放弃招聘	
培训	无	无	无	企业文化(16 人，1K/人)
研发	无	无	无	无
生产	无	无	P1(8/8，48K)	P1(8/8，48K)
销售	P1(16 批/16 批，89K/72K，16 批，1424K)			
薪资核算	合计 217K，其中 M=49K，K=29K；J=90K，L=49K	合计 217K，其中 M=49K，K=29K；J=90K，L=49K	合计 219K，其中 M=49K，K=29K；J=92K，L=49K	合计 226K，其中 M=49K，K=29K；J=98K，L=50K
其他	第四期：流失(Y21103、S11041)			

注：表内数据解释见表 5-10。

3) 年末经营

年末进行绩效考核和市场排名，如表 5-23 所示。

表5-23　第四年经营结果

	总经理	人力资源经理		招聘主管	培训主管	绩效主管	薪酬主管
考核总分	61	93		82	67	71	55
薪酬等级变化	−1	+1		0	0	0	−1
价值变化	−1	+2		0	0	0	−1
绩效奖金	0	11		0	0	0	0
综合运营费	13K	超额损失	0	应交所得税	0	囤货	0
总分	6.64			排名	7		

5. 第五年

1) 年初经营

(1) 当年开始。

第五年，政府社保返还 50K，支付管理人员绩效奖金 11K，支付管理人员年终奖 45K，支付企业福利 45K，上一年度社会平均工资 21K。

(2) 人力资源规划。

第五年年初 C1 小组计划生产 P1 产品 20 批。

第五年 C1 小组无招聘计划、晋升培训计划、调岗计划。

费用规划是人力资源规划的重要内容之一，费用预算如表 5-24 所示。

表5-24　费用预算

单位：K

项目	金额	项目	金额
人力资源总经费	1280	计划工资总支出	1000
计划招聘费用	80	其他人力资源支出	100
计划培训费用	100	非人力资源经费	100

(3) 人力资源经费申请。

根据费用预算，C1 小组申请了 1280K 的人力资源经费。

(4) 工作分析与薪酬设计。

第五年 C1 小组制定的基本工资区间与上年相同，薪酬设计只选择人才引进津贴。上调了 D 级员工的基本工资，其中研发 D 级人员 7K，生产 D 级人员 7K，销售 D 级人员 7K。

(5) 绩效指标确定。

绩效考核指标能够明确工作目标及考核标准，准确选择绩效指标对管理人员的绩效考核起着重要作用。第五年绩效考核指标选择和权重设置与上年相同。

2) 年中经营

C1 小组第五年以生产、销售 P1 产品为主。第五年四期运营情况如表 5-25 所示。

表5-25　第五年四期运营情况

	第一期	第二期	第三期	第四期
招聘	第一期放弃挖人，招聘花费 3K，其中校(生 D)，招聘结果见表 5-26		放弃招聘	
培训	新(1 人，1K)	无	无	企业文化(15 人，3K/人)

(续表)

	第一期	第二期	第三期	第四期
研发	无	无	无	无
生产	P1(7/7，42K)	P1(7/7，42K)	P1(7/7，42K)	P1(7/7，42K)
销售	P1(28 批/28 批，90K/77K，28 批，2520K)			
薪资核算	合计 213K，其中 M=49K，K=32K； J=85K，L=47K	合计 213K，其中 M=49K，K=32K； J=85K，L=47K	合计 213K，其中 M=49K，K=32K； J=85K，L=47K	合计 227K，其中 M=49K，K=32K； J=96K，L=50K
其他	第四期：流失(Y21102、S11040)			

注：表内数据解释见表 5-10。

C1 小组第五年第一期成功招聘 1 人，第三期放弃招聘，招聘结果如表 5-26 所示。

表5-26　招聘结果

招聘渠道	(员工类型，级别，定岗，岗位津贴，合同期限)
校园招聘	第一期：(S51159，D，P1，0K，6 年)

3) 年末经营

年末进行绩效考核和市场排名，详情如表 5-27 所示。

表5-27　第五年经营结果

	总经理	人力资源经理		招聘主管	培训主管	绩效主管	薪酬主管
考核总分	57	93		82	66	60	68
薪酬等级变化	−1	+1		0	0	−1	0
价值变化	−1	+2		0	0	−1	0
绩效奖金	0	11		0	0	0	0
综合运营费	13K	超额损失	14K	应交所得税	83K	囤货	0
总分	82.75			排名	7		

6. 第六年

1) 年初经营

(1) 当年开始。

第六年，政府社保返还 50K，政府鼓励应届毕业生就业 1K，支付管理人员绩效奖金 11K，支付管理人员年终奖 128K，支付企业福利 128K，上一年度社会平均工资 27K。

(2) 人力资源规划。

第六年年初C1小组计划生产P1产品32批、P2产品2批。

第六年C1小组无招聘计划、晋升培训计划、调岗计划。

费用规划是人力资源规划的重要内容之一，费用预算如表5-28所示。

表5-28　费用预算

单位：K

项目	金额	项目	金额
人力资源总经费	1100	计划工资总支出	800
计划招聘费用	100	其他人力资源支出	100
计划培训费用	100	非人力资源经费	100

(3) 人力资源经费申请。

根据费用预算，C1小组申请了1100K的人力资源经费。

(4) 工作分析与薪酬设计。

第六年基本工资区间和薪酬设计与上年相同，员工基本工资设定也与上年相同。

(5) 绩效指标确定。

绩效考核指标能够明确工作目标及考核标准，准确选择绩效指标对管理人员的绩效考核起着重要作用。第六年绩效考核指标选择和权重设置与上年相同。

2) 年中经营

C1小组第六年放弃招聘，以生产、销售P1产品为主。第六年四期运营情况如表5-29所示。

表5-29　第六年四期运营情况

	第一期	第二期	第三期	第四期
招聘	放弃挖人、招聘		放弃招聘	
培训	无	无	无	企业文化(13人，1K/人)
研发	无	无	无	无
生产	P1(5/5，30K)	P1(5/5，30K)	P1(5/5，30K)	P1(5/5，30K)
销售	P1(20批/20批，96K/85K，20批，1920K)			
薪资核算	合计200K，其中 M=48K，K=40K； J=65K，L=47K	合计200K，其中 M=48K，K=40K； J=65K，L=47K	合计200K，其中 M=48K，K=40K； J=65K，L=47K	合计208K，其中 M=48K，K=40K； J=73K，L=47K
其他	无			

注：表内数据解释见表5-10。

3) 年末经营

年末进行绩效考核和市场排名，情况如表 5-30 所示。

表5-30　第六年经营结果

	总经理	人力资源经理	招聘主管	培训主管	绩效主管	薪酬主管
考核总分	53	100	82	67	68	65
薪酬等级变化	−1	+1	0	0	0	0
价值变化	−1	+2	0	0	0	0
绩效奖金	0	11	0	0	0	0
综合运营费	12K	超额损失 12K	应交所得税	185K	囤货	0
总分		116.52	排名		6	

5.2.2　C2组

1. 第一年

1) 年初经营

(1) 人力资源规划。

第一年年初 C2 小组制定了中期战略目标。计划在短期内抢占 P1 产品市场并在未来三年内把重点放在中低端产品的研发、生产上。在第一年计划生产 P1 产品 10 批。

由于第一年年初公司内部只有管理人员，C2 小组计划从外部招聘：研发 D 级员工 2 人；生产 C 级员工 1 人，生产 D 级员工 2 人；销售 D 级员工 1 人。

第一年无晋升和调岗计划。

费用规划是人力资源规划的重要内容之一，费用预算如表 5-31 所示。

表5-31　费用预算

单位：K

项目	金额	项目	金额
人力资源总经费	740	计划工资总支出	20
计划招聘费用	100	其他人力资源支出	600
计划培训费用	20	非人力资源经费	20

(2) 人力资源经费申请。

根据费用预算，C2 小组申请了 900K 的人力资源经费。

(3) 工作分析与薪酬设计。

工作分析中，区间的设定将影响基本工资的设置。根据公司发展规划，C2 小组在第一年设计了基本工资区间，同时薪酬结构设计主要包括工龄工资、岗位津贴、高温补贴、人才引进津贴。基本工资程设定如表 5-32 所示。

表5-32　基本工资设定

单位：K

	A	B	C	D
研发	20[19～21]	15[13～18]	7[7～12]	3[3～6]
生产	20[19～21]	15[13～18]	7[7～12]	3[3～6]
销售	20[19～21]	15[13～18]	7[7～12]	3[3～6]

(4) 绩效指标确定。

绩效考核指标能够明确工作目标及考核标准，准确选择绩效指标对管理人员的绩效考核起着重要作用。第一年绩效考核分别设定如下。

总经理：净利润(20%)、产品销量(20%)、产品利润(30%)、生产计划准确率(30%)。

人力资源经理：人力资源规划方案提交及时率(20%)、人力资源成本(20%)、人均人力资源成本(20%)、员工流失率(20%)、劳动争议发生次数(10%)、经费申请不当产生的损失(10%)。

招聘主管：人均招聘成本(30%)、招聘计划达成率(30%)、招聘人员流失率(40%)。

培训主管：人均培训费用(20%)、培训计划(20%)、培训能力提升(30%)、培训人次(30%)。

绩效主管：管理人员价值增量(50%)、当年所选考核指标数(50%)。

薪酬主管：人均薪酬(30%)、薪资总额占人力资源成本比(30%)、当年绩效奖金占薪资比(40%)。

2) 年中经营

C2 小组第一年成功研发 P1 产品，无生产。第一年四期运营情况如表 5-33 所示。

表5-33　第一年四期运营情况

<table>
<tr><th></th><th>第一期</th><th>第二期</th><th>第三期</th><th>第四期</th></tr>
<tr><td>招聘</td><td colspan="2">第一期放弃挖人，招聘共花费 70K，其中校(研 D，生 D)；人(研 B、C、D，生 B、C、D)；网(研 B、C、D，生 B、C)；传(研 B、C，生 C、D)，招聘结果见表 5-34</td><td colspan="2">第三期招聘共花费 80K，其中校(研 D，生 D，销 D)；人(研 B、C，生 B、C、D，销 C、D)；网(研 B、C，生 B、C、D，销 C、D)；传(研 C，生 B，销 D)，招聘结果见表 5-34</td></tr>
<tr><td>培训</td><td>新(2 人，2K)</td><td>无</td><td>新(2 人，2K)</td><td>无</td></tr>
</table>

(续表)

	第一期	第二期	第三期	第四期
研发	P1(5，6，1 期)	P1 第一年第一期 研发完成	无	无
生产	无	无	无	无
销售	无			
薪资核算	合计 79K，其中 M=45K，K=19K； J=10K，L=5K	合计 83K，其中 M=48K，K=20K； J=10K，L=5K	合计 129K，其中 M=45K，K=19K； J=46K，L=19K	合计 94K，其中 M=45K，K=19K； J=21K，L=9K
其他	无			

注：表内数据解释见表 5-10。

C2 小组第一年第一期成功招聘 2 人，第三期成功招聘 2 人，招聘结果如表 5-34 所示。

表5-34　招聘结果

招聘渠道	(编号，级别，定岗，人才引进津贴，合同期限)
网络招聘	第一期：(Y11052，D，P1，1K，6 年)、(Y11054，D，P1，1K，6 年)；第三期：(Y13062，C，P2，22K，6 年)
校园招聘	第三期：(X13040，D，P1，3K，6 年)

3) 年末经营

年末进行绩效考核和市场排名，详情如表 5-35 所示。

表5-35　第一年经营结果

	总经理	人力资源经理		招聘主管	培训主管	绩效主管	薪酬主管
考核总分	60	91		79	66	77	69
薪酬等级变化	−1	+1		0	0	0	0
价值变化	−1	+2		0	0	0	0
绩效奖金	0	9		0	0	0	0
综合运营费	10K	超额损失	38K	应交所得税	0	囤货	0
总分	−22.58			排名	8		

2. 第二年

1) 年初经营

(1) 当年开始。

第二年，政府社保返还 50K，政府鼓励应届生就业 2K，支付绩效奖金 9K，上一年度社会平均工资 18K。

(2) 人力资源规划。

第二年年初 C2 小组制定了短期战略目标和中期战略目标。计划在短期内继续抢占 P1 产品市场并在未来三年内把重点放在中低端产品的研发、生产上。在第二年计划生产 P1 产品 10 批。

C2 小组计划从外部招聘：研发 C 级人员 2 人，生产 D 级人员 2 人。第二年无晋升和调岗计划。

费用规划是人力资源规划的重要内容之一，费用预算如表 5-36 所示。

表5-36　费用预算

单位：K

项目	金额	项目	金额
人力资源总经费	920	计划工资总支出	800
计划招聘费用	100	其他人力资源支出	10
计划培训费用	10	非人力资源经费	10

(3) 人力资源经费申请。

根据费用预算，C2 小组申请了 400K 的人力资源经费。

(4) 工作分析与薪酬设计。

第二年基本工资区间与上年相同，同时薪酬结构设计包括通讯补贴、高温补贴、人才引进津贴。调整了部分员工基本工资，其中，生产 B 级员工为 18K，生产 C 级员工为 9K，研发 C 级员工为 8K。

(5) 绩效指标确定。

绩效考核指标能够明确工作目标及考核标准，准确选择绩效指标对管理人员的绩效考核起着重要作用。第二年总经理、招聘主管、培训主管、绩效主管、薪酬主管绩效考核指标选择和权重设置与上年相同。

人力资源经理的考核指标为人力资源规划方案提交及时率(10%)、人力资源成本(10%)、人均人力资源成本(10%)、员工流失率(20%)、劳动争议发生次数(30%)、经费申请不当产生的损失(20%)。

2) 年中经营

C2 小组第二年成功研发 P2 产品，以生产 P1 产品为主。第二年四期运营情况如表 5-37 所示。

表5-37 第二年四期运营情况

	第一期	第二期	第三期	第四期
招聘	第一期放弃挖人，招聘共花费 51K，其中校(研 C、D，生 D)；人(研 B、D，生 C、D)；网(研 B、C，生 C、D)；传(研 B，生 C)，招聘结果见表 5-38		第三期招聘共花费 47K，其中校(生 D，销 D)；人(生 B、C、D，销 C、D)；网(生 B、C、D，销 C)；传(销 C)，招聘结果见表 5-38	
培训	新(2 人，2K)	无	新(5 人，5K)	无
研发	P2(8/21，3 期)	P2(8/21，2 期)	P2(8/21，1 期)	P2 第二年第三期研发完成
生产	P1(1/1，6K)	P1(1/1，6K)	P1(4/4，24K)	P1(4/4，24K)
销售	P1(10 批/10 批，45K/38K，10 批，450K)			
薪资核算	合计 193K，其中 M=49K，K=28K；J=75K，L=41K	合计 154K，其中 M=52K，K=28K；J=45K，L=29K	合计 232K，其中 M=49K，K=28K；J=99K，L=56K	合计 193K，其中 M=49K，K=28K；J=65K，L=51K
其他	第四期：紧急经费申请 200K；流失(Y11054，X13040)			

注：表内数据解释见表 5-10。

C2 小组第二年第一期成功招聘 2 人，第三期成功招聘 5 人，招聘结果如表 5-38 所示。

表5-38 招聘结果

招聘渠道	(编号，级别，定岗，人才引进津贴，合同期限)
人才交流中心	第一期：(Y21096，B，P2，30K，6 年)；第三期：(S23113，D，P1，9K，6 年)、(X23098，D，P1，6K，6 年)
校园招聘	第一期：(S21099，D，P1，6K，6 年)；第三期：(S23110，D，P1，5K，6 年)、(S23111，D，P1，5K，6 年)
网络招聘	第三期：(X23091，C，P2，13K，6 年)

3) 年末经营

年末进行绩效考核和市场排名，详情如表 5-39 所示。

表5-39　第二年经营结果

	总经理	人力资源经理		招聘主管	培训主管	绩效主管	薪酬主管
考核总分	65	92		79	60	60	63
薪酬等级变化	0	+1		0	−1	−1	−1
价值变化	0	+2		0	−1	−1	−1
绩效奖金	0	10		0	0	0	0
综合运营费	14K	超额损失	0	应交所得税	0	囤货	0
总分	−64.86			排名	7		

3. 第三年

1) 年初经营

(1) 当年开始。

第三年，政府社保返还 50K，政府鼓励应届生就业 3K，支付管理人员绩效奖金 10K，上一年度社会平均工资 16K。

(2) 人力资源规划。

第三年年初C2小组制定了短期战略目标和中期战略目标。计划在短期内抢占P1产品市场，并在未来三年内把重点放在中低端产品的研发、生产上。在第三年计划生产 P1 产品 10 批。

第三年无招聘、晋升和调岗计划。

费用规划是人力资源规划的重要内容之一，费用预算如表 5-40 所示。

表5-40　费用预算

单位：K

项目	金额	项目	金额
人力资源总经费	680	计划工资总支出	600
计划招聘费用	60	其他人力资源支出	10
计划培训费用	10	非人力资源经费	10

(3) 人力资源经费申请。

根据费用预算，C2 小组申请了 800K 的人力资源经费。

(4) 工作分析与薪酬设计。

第三年基本工资区间、薪酬设计、基本工资设定都与上年相同。

(5) 绩效指标确定。

绩效考核指标能够明确工作目标及考核标准，准确选择绩效指标对管理人员的绩效考核起着重要作用。第三年总经理、招聘主管、培训主管、绩效主管、薪酬主管绩效考核指标选择和权重设置与上年相同。

人力资源经理的考核指标为人力资源规划方案提交及时率(20%)、人力资源成本(20%)、人均人力资源成本(20%)、员工流失率(20%)、劳动争议发生次数(10%)、经费申请不当产生的损失(10%)。

2) 年中经营

C2 小组第三年以生产 P1、P2 产品为主。第三年四期运营情况如表 5-41 所示。

表5-41 第三年四期运营情况

	第一期	第二期	第三期	第四期
招聘	第一期放弃挖人，招聘共花费 27K，其中校(研 D，生 D)；人(研 D，生 C、D)；网(生 C)；传(生 C)，招聘结果见表 5-42		第三期招聘费用共花费 66K，其中校(研 D，生 D，销 D)；人(研 C、D，生 A、B、C、D，销 D)；网(研 D，生 A、B、C、D，销 D)；传(生 C)，招聘结果见表 5-42	
培训	新(5 人，5K)；转岗(Y13062，P1，1K)	无	新(6 人，6K)	无
研发	无	无	无	无
生产	P1(7/7，42K)	P1(7/7，42K)	P1(9/9，54K)；P2(2/2，24K)	P1(9/9，54K)；P2(2/2，24K)
销售	P1(18 批/32 批，67K/66K，18 批，1206K)、P2(4 批/4 批，174/116，4 批，696K)；清仓 P1(14 批，51K，714K)			
薪资核算	合计 231K，其中 M＝50K，K＝26K；J＝97K，L＝58K	合计 225K，其中 M＝53K，K＝27K；J＝86K，L＝59K	合计 329K，其中 M＝50K，K＝26K；J＝158K，L＝95K	合计 274K，其中 M＝50K，K＝26K；J＝115K，L＝83K
其他	第三期：紧急申请 100K；第四期：紧急申请 300K；流失(Y13062、Y11052、X23098、S23113、S23111、S23110)			

注：表内数据解释见表 5-10。

C2 小组第三年第一期成功招聘 5 人，第三期成功招聘 6 人，招聘结果如表 5-42 所示。

表5-42　招聘结果

招聘渠道	(编号，级别，定岗，人才引进津贴，合同期限)
人才交流中心	第一期：(Y31018，D，P1，5K，6 年)、(Y31019，D，P1，5K，6 年)、(S31012，D，P1，5K，6 年)；第三期：(Y33073，C，P1，11K，6 年)、(S33068，C，P2，22K，6 年)
校园招聘	第一期：(S31008，D，P1，5K，6 年)、(S31011，D，P1，5K，6 年)；第三期：(S33076，D，P1，5K，6 年)、(S33077，D，P1，5K，6 年)、(X33076，D，P1，5K，6 年)
网络招聘	第三期：(X33082，D，P1，5K，6 年)

3) 年末经营

年末进行绩效考核和市场排名，详情如表 5-43 所示。

表5-43　第三年经营结果

<table>
<tr><th></th><th>总经理</th><th colspan="2">人力资源经理</th><th>招聘主管</th><th>培训主管</th><th>绩效主管</th><th>薪酬主管</th></tr>
<tr><td>考核总分</td><td>50</td><td colspan="2">86</td><td>80</td><td>60</td><td>62</td><td>72</td></tr>
<tr><td>薪酬等级变化</td><td>−1</td><td colspan="2">+1</td><td>0</td><td>−1</td><td>−1</td><td>0</td></tr>
<tr><td>价值变化</td><td>−1</td><td colspan="2">+2</td><td>0</td><td>−1</td><td>−1</td><td>0</td></tr>
<tr><td>绩效奖金</td><td>0</td><td colspan="2">11</td><td>0</td><td>0</td><td>0</td><td>0</td></tr>
<tr><td>综合运营费</td><td>18K</td><td>超额损失</td><td>0</td><td>应交所得税</td><td>23K</td><td>囤货</td><td>0</td></tr>
<tr><td>总分</td><td colspan="3">−6.48</td><td>排名</td><td colspan="3">6</td></tr>
</table>

4. 第四年

1) 年初经营

(1) 当年开始。

第四年，政府社保返还 50K，政府鼓励应届毕业生就业 5K，支付企业福利 117K，支付管理人员年终奖 117K，上一年度社会平均工资 19K。

(2) 人力资源规划。

第四年年初 C2 小组制定了中期战略目标，计划在短期内抢占 P1 产品市场，并在未来三年内把重点放在中低端产品上。在第四年计划生产 P1 产品 20 批、P2 产品 8 批。

第四年无招聘、晋升和调岗计划。

费用规划是人力资源规划的重要内容之一，费用预算如表 5-44 所示。

表5-44 费用预算

单位：K

项目	金额	项目	金额
人力资源总经费	920	计划工资总支出	800
计划招聘费用	100	其他人力资源支出	10
计划培训费用	10	非人力资源经费	10

(3) 人力资源经费申请。

根据费用预算，C2 小组申请了 1500K 的人力资源经费。

(4) 工作分析与薪酬设计。

第四年基本工资区间、薪酬设计、基本工资设定都与上年相同。

(5) 绩效指标确定。

绩效考核指标能够明确工作目标及考核标准，准确选择绩效指标对管理人员的绩效考核起着重要作用。第四年总经理、招聘主管、培训主管、绩效主管、薪酬主管绩效考核指标选择和权重设置与上年相同。

人力资源经理的考核指标为人力资源规划方案提交及时率(20%)、人力资源成本(20%)、人均人力资源成本(20%)、员工流失率(10%)、劳动争议发生次数(20%)、经费申请不当产生的损失(10%)。

2) 年中经营

C2 小组第四年以生产 P1、P2 产品为主。第四年四期运营情况如表 5-45 所示。

表5-45 第四年四期运营情况

<table>
<tr><th></th><th>第一期</th><th>第二期</th><th>第三期</th><th>第四期</th></tr>
<tr><td>招聘</td><td colspan="2">第一期放弃挖人，招聘共花费 19K，其中校(生C)；人(生 B、C)；网(生 B、C)，招聘失败</td><td colspan="2">第三期招聘共花费 42K，其中校(生 C、D，销D)；人(生 C、D，销 C、D)；网(生 C、D，销C)；传(销 C)，招聘结果见表 5-46</td></tr>
<tr><td>培训</td><td>在岗(X33076，2K)</td><td>在岗(X33076，2K)</td><td>新(6 人，6K)；在岗(X33076，2K)</td><td>无</td></tr>
<tr><td>研发</td><td>无</td><td>无</td><td>无</td><td>无</td></tr>
<tr><td>生产</td><td>P1(6/6，36K)；
P2(2/2，24K)</td><td>P1(6/6，36K)；
P2(2/2，24K)</td><td>P1(8/8，48K)；
P2(4/4，48K)</td><td>P1(8/8，48K)；
P2(4/4，48K)</td></tr>
<tr><td>销售</td><td colspan="4">P1(28 批/28 批，90K/72K，0 批，0K)、P2(12 批/12 批，146K/101K，12 批，1752K)；清仓 P1(28 批，50K，1400K)</td></tr>
</table>

(续表)

	第一期	第二期	第三期	第四期
薪资核算	合计 225K，其中 M＝50K，K＝29K；J＝78K，L＝68K	合计 243K，其中 M＝53K，K＝30K；J＝92K，L＝68K	合计 337K，其中 M＝50K，K＝29K；J＝153K，L＝105K	合计 293K，其中 M＝50K，K＝29K；J＝116K，L＝98K
其他	第四期：流失(Y31019、X33082，X33076、S33077、S33076、S33068)			

注：表内数据解释见表 5-10。

C2 小组第四年仅第三期成功招聘 6 人，招聘结果如表 5-46 所示。

表5-46　招聘结果

招聘渠道	(编号，级别，定岗，岗位津贴，合同期限)
人才交流中心	第三期：(S43088，D，P1，5K，6 年)、(S43090，D，P1，3K，6 年)、(X43078，D，P1，5K，6 年)、(X43079，D，P1，5K，6 年)
校园招聘	第三期：(X43073，D，P1，5K，6 年)
网络招聘	第三期：(S43080，C，P2，23K，6 年)

3) 年末经营

年末进行绩效考核和市场排名，详情如表 5-47 所示。

表5-47　第四年经营结果

	总经理	人力资源经理		招聘主管	培训主管	绩效主管	薪酬主管
考核总分	57	91		74	56	65	66
薪酬等级变化	−1	+1		0	−1	0	0
价值变化	−1	+2		0	−1	0	0
绩效奖金	0	11		0	0	0	0
综合运营费	18K	超额损失	0	应交所得税	366K	囤货	0
总分	46.31			排名	6		

5. 第五年

1) 年初经营

(1) 当年开始。

第五年，政府社保返还 50K，政府鼓励应届生就业 3K，支付企业福利 110K，支付管理人员年终奖 110K，管理人员绩效奖金 11K，上一年度社会平均工资 21K。

(2) 人力资源规划。

第五年年初 C2 小组制定了战略目标，计划把重点放在中低端产品上。第五年计划生产 P1 产品 38 批、P2 产品 12 批。

第五年无招聘、晋升、调岗计划。

费用规划是人力资源规划的重要内容之一，费用预算如表 5-48 所示。

表5-48 费用预算

单位：K

项目	金额	项目	金额
人力资源总经费	1160	计划工资总支出	1000
计划招聘费用	100	其他人力资源支出	50
计划培训费用	10	非人力资源经费	10

(3) 人力资源经费申请。

根据费用预算，C2 小组申请了 1500K 的人力资源经费。

(4) 工作分析与薪酬设计。

第五年基本工资区间、薪酬设计、基本工资设定都与上年相同。

(5) 绩效指标确定。

绩效考核指标能够明确工作目标及考核标准，准确选择绩效指标对管理人员的绩效考核起着重要作用。第五年总经理、招聘主管、培训主管、绩效主管、薪酬主管绩效考核指标选择和权重设置与上年相同。

人力资源经理的考核指标为人力资源规划方案提交及时率(20%)、人力资源成本(10%)、人均人力资源成本(10%)、员工流失率(10%)、劳动争议发生次数(30%)、经费申请不当产生的损失(20%)。

2) 年中经营

C2 小组第五年以生产 P1、P2 产品为主。第五年四期运营情况如表 5-49 所示。

表5-49 第五年四期运营情况

	第一期	第二期	第三期	第四期
招聘	第一期放弃挖人，招聘共花费 40K，其中校(研 D，生 D)；人(研 C、D，生 C、D)；网(研 D，生 C、D)；再(生 D)，招聘结果见表 5-50		第三期招聘共花费 34K，其中校(生 D，销 D)；人(生 C、D，销 C、D)；网(生 C、D，销 D)，招聘失败	

(续表)

	第一期	第二期	第三期	第四期
培训	新(5 人，5K)	无	无	无
研发	无	无	无	无
生产	P1(11/11，66K)； P2(2/2，24K)	P1(11/11，66K)； P2(2/2，24K)	P1(11/11，66K)； P2(2/2，24K)	P1(11/11，66K)； P2(2/2，24K)
销售	P1(18 批/44 批，89K/77K，18 批，1602K)、P2(8 批/8 批，110K/94K，8 批，880K)；清仓 P1(26 批，48K，1248K)			
薪资核算	合计 304K，其中 M＝50K，K＝32K； J＝122K，L＝100K	合计 302K，其中 M＝53K，K＝32K； J＝116K，L＝101K	合计 279K，其中 M＝50K，K＝32K； J＝97K，L＝100K	合计 294K，其中 M＝50K，K＝32K； J＝111K，L＝101K
其他	第四期：流失(Y31018、X43079、S43090、S43088、S31012、S31011)			

注：表内数据解释见表 5-10。

C2 小组第五年仅在第一期成功招聘 5 人，招聘结果如表 5-50 所示。

表5-50　招聘结果

招聘渠道	(编号，级别，定岗，岗位津贴，合同期限)
校园招聘	第一期：(Y51125，D，P1，5K，6 年)、(S51157，D，P1，5K，6 年)、(S51160，D，P1，5K，6 年)
再就业	第一期：(S11035，D，P1，5K，6 年)、(S11041，D，P1，5K，6 年)

3) 年末经营

年末进行绩效考核和市场排名，详情如表 5-51 所示。

表5-51　第五年经营结果

	总经理	人力资源经理		招聘主管	培训主管	绩效主管	薪酬主管
考核总分	63	91		70	60	65	73
薪酬等级变化	−1	+1		0	−1	0	0
价值变化	−1	+2		0	−1	0	0
绩效奖金	0	11		0	0	0	0
综合运营费	18K	超额损失	0	应交所得税	479K	囤货	0
总分	116.02			排名	6		

6. 第六年

1) 年初经营

(1) 当年开始。

第六年，政府补助社保返还50K，政府鼓励应届生就业3K，支付企业福利144K，支付管理人员年终奖144K，支付管理人员绩效奖金11K，上一年度社会平均工资27K。

(2) 人力资源规划。

第六年年初C2小组制定了短期战略目标和中期战略目标，计划在短期内抢占P1产品市场，并在未来三年内把重点放在中低端产品的研发、生产上。在第六年计划生产P1产品15批、P2产品8批。

第六年无招聘、晋升、调岗计划。

费用规划是人力资源规划的重要内容之一，费用预算如表5-52所示。

表5-52　费用预算

单位：K

项目	金额	项目	金额
人力资源总经费	1120	计划工资总支出	1000
计划招聘费用	100	其他人力资源支出	10
计划培训费用	10	非人力资源经费	10

(3) 人力资源经费申请。

根据费用预算，C2小组申请了1500K的人力资源经费。

(4) 工作分析与薪酬设计。

第六年基本工资区间、薪酬设计、基本工资设定都与上年相同。

(5) 绩效指标确定。

绩效考核指标能够明确工作目标及考核标准，准确选择绩效指标对管理人员的绩效考核起着重要作用。第五年总经理、招聘主管、培训主管、绩效主管、薪酬主管绩效考核指标选择和权重设置与上年相同。

人力资源经理的考核指标为人力资源规划方案提交及时率(20%)、人力资源成本(20%)、人均人力资源成本(20%)、员工流失率(20%)、劳动争议发生次数(10%)、经费申请不当产生的损失(10%)。

2) 年中经营

C2小组第六年以生产P1、P2产品为主。第六年四期运营情况如表5-53所示。

表5-53　第六年四期运营情况

	第一期	第二期	第三期	第四期
招聘	第一期放弃挖人、放弃招聘		第三期招聘共花费 30K，其中校(生 D，销 D)；人(生 C、D，销 C、D)；网(生 D，销 C)，招聘结果见表 5-54	
培训	无	无	新(3 人，3K)	无
研发	无	无	无	无
生产	P1(7/7，42K)； P2(2/2，24K)	P1(7/7，42K)； P2(2/2，24K)	P1(8/8，48K)； P2(4/4，48K)	P1(8/8，48K)； P2(4/4，48K)
销售	P1(30 批/30 批，95K/85K，30 批，2850K)、P2(12 批/12 批，140K/108K，12 批，1680K)			
薪资核算	合计 252K，其中 M＝50K，K＝40K； J＝75K，L＝87K	合计 268K，其中 M＝53K，K＝40K； J＝88K，L＝87K	合计 361K，其中 M＝50K，K＝40K； J＝152K，L＝119K	合计 315K，其中 M＝50K，K＝40K； J＝118K，L＝107K
其他	第四期：流失(X23091、X43078、S43080、S11041、S51160、S51157)			

注：表内数据解释见表 5-10。

C2 小组第六年仅在第三期成功招聘 3 人，招聘结果如表 5-54 所示。

表5-54　招聘结果

招聘渠道	(编号，级别，定岗，岗位津贴，合同期限)
网络招聘	第三期：(S63148，D，P1，11K，6 年)、(X63104，C，P1，22K，6 年)
人才交流中心	第三期：(S63180，C，P2，22K，6 年)

3) 年末经营

年末进行绩效考核和市场排名，详情如表 5-55 所示。

表5-55　第六年经营结果

	总经理	人力资源经理		招聘主管	培训主管	绩效主管	薪酬主管
考核总分	58	86		76	66	60	77
薪酬等级变化	−1	+1		0	0	0	0
价值变化	−1	+2		0	0	−1	0
绩效奖金	0	11		0	0	−1	0
综合运营费	16K	超额损失	0	应交所得税	679K	囤货	0
总分	201.08			排名	5		

5.2.3 C3组

1. 第一年

1) 年初经营

(1) 人力资源规划

第一年年初C3小组制定了短期战略目标，计划在短期内抢占P1产品市场，把重点放在中低端产品的研发、生产上。第一年计划生产P1产品10批、P2产品20批。

第一年无招聘、晋升、培训、调岗计划。

费用规划是人力资源规划的重要内容之一，费用预算如表5-56所示。

表5-56 费用预算

单位：K

项目	金额	项目	金额
人力资源总经费	800	计划工资总支出	200
计划招聘费用	200	其他人力资源支出	200
计划培训费用	200	非人力资源经费	200

(2) 人力资源经费申请。

根据费用预算，C3组申请了1500K的人力资源经费。

(3) 工作分析与薪酬设计。

工作分析中，区间的设定将影响基本工资的设置。根据公司发展规划，C3小组在第一年制定了较高的基本工资区间，同时薪酬设计勾选了所有选项，包括工龄工资、岗位津贴、交通补贴、通讯补贴、住房补贴、高温补贴、人才引进津贴。基本工资设定如表5-57所示。

表5-57 基本工资设定

单位：K

	A	B	C	D
研发	22[20～26]	18[16～20]	12[10～16]	8[6～10]
生产	22[20～26]	18[16～20]	12[10～16]	8[6～10]
销售	22[20～26]	18[16～20]	12[10～16]	8[6～10]

(4) 绩效指标确定。

绩效考核指标能够明确工作目标及考核标准，准确选择绩效指标对管理人员的绩效考核起

着重要作用。第一年绩效考核分别设定如下。

总经理：净利润(25%)、产品销量(25%)、产品利润(20%)、生产计划准确率(30%)。

人力资源经理：人力资源规划方案提交及时率(10%)、人力资源成本(15%)、人力资源成本预算准确率(15%)、人均人力资源成本(10%)、员工流失率(20%)、劳动争议发生次数(20%)、经费申请不当产生的损失(10%)。

招聘主管：招聘费用准确率(30%)、招聘计划达成率(30%)、招聘人员流失率(40%)。

培训主管：培训费用准确率(15%)、培训计划(35%)、培训能力提升(25%)、培训人次(25%)。

绩效主管：员工价值增量(50%)、当年所选考核指标数(50%)。

薪酬主管：人均薪酬(30%)、薪酬总额预算准确率(30%)、当年绩效奖金占薪资比(40%)。

2) 年中经营

C3 小组第一年成功研发 P1 产品并成功生产 P1。第一年四期运营情况如表 5-58 所示。

表5-58　第一年四期运营情况

<table>
<tr><th></th><th>第一期</th><th>第二期</th><th>第三期</th><th>第四期</th></tr>
<tr><td>招聘</td><td colspan="2">第一期招聘共花费 56K，其中人(研 B、C、D，生 B、C、D)；网(研 B、C，生产 B、C)；传(研 B，生 C)；校(研 D，生 D)，招聘结果见表 5-59</td><td colspan="2">第三期招聘共花费 74K，其中猎(研 A，生 A，销 A)；人(研 B、C，生 B、C，销 B、C)；网(研 B、C，生 B、C，销 C)；传(研 C，生 B，销 B)；校(销 C、D)，招聘结果见表 5-59</td></tr>
<tr><td>培训</td><td>新(8 人，8K)</td><td>无</td><td>新(4 人，4K)</td><td>无</td></tr>
<tr><td>研发</td><td>P1(5/21，1 期)</td><td>P1 第一年第一期研发完成</td><td>无</td><td>无</td></tr>
<tr><td>生产</td><td>无</td><td>P1(9/9，54K)</td><td>P1(19/19，114K)</td><td>P1(19/19，114K)</td></tr>
<tr><td>销售</td><td colspan="4">P1(24 批/47 批，80K/65K，6 批，480K)；清仓(41 批，51K，2091K)</td></tr>
<tr><td>薪资核算</td><td>合计 545K，其中
M=66K，K=28K；
J=319K，L=132K</td><td>合计 259K，其中
M=69K，K=29K；
J=114K，L=47K</td><td>合计 657K，其中
M=66K，K=28K；
J=399K，L=164K</td><td>合计 358K，其中
M=66K，K=28K；
J=187K，L=77K</td></tr>
<tr><td>其他</td><td colspan="4">第四期：紧急申请 700K</td></tr>
</table>

注：表内数据解释见表 5-10。

C3 小组第一年第一期成功招聘 8 人，第三期成功招聘 4 人，招聘结果如表 5-59 所示。

表5-59　招聘结果

招聘渠道	(员工类型，级别，定岗，岗位津贴，合同期限)
人才交流中心	第一期：(Y11040，C，P1，45K，6 年)、(Y11042，C，P1，40K，6 年)、(S11025，C，P1，45K，6 年)、(S11026，C，P1，45K，6 年)、(S11038，D，P1，10K，6 年)
校园招聘	第一期：(Y11045，D，P1，10K，6 年)、(S11032，D，P1，10K，6 年)、(S11036，D，P1，10K，6 年)；第三期：(X13039，D，P1，10K，6 年)
猎头招聘	第三期：(Y13055，A，P1，80K，6 年)、(S13044，A，P1，80K，6 年)
网络招聘	第三期：(X13036，C，P1，45K，6 年)

3) 年末经营

年末进行绩效考核和市场排名，详情如表 5-60 所示。

表5-60　第一年经营结果

	总经理	人力资源经理	招聘主管	培训主管	绩效主管	薪酬主管
考核总分	62	74	83	72	82	66
薪酬等级变化	−1	0	0	0	0	0
价值变化	−1	0	0	0	0	0
绩效奖金	0	0	0	0	0	0
综合运营费	14K	超额损失　0	应交所得税	37K	囤货	0
总分	77.37		排名	3		

2. 第二年

1) 年初经营

(1) 当年开始。

第二年，政府补助社保返还 50K，支付年终奖 11K，支付企业福利 11K，上一年度社会平均工资 18K。

(2) 人力资源规划。

第二年年年初 C3 小组计划生产 P1 产品 10 批。

第二年无招聘、晋升、培训、调岗计划。

费用规划是人力资源规划的重要内容之一，费用预算如表 5-61 所示。

表5-61　费用预算

单位：K

项目	金额	项目	金额
人力资源总经费	800	计划工资总支出	200
计划招聘费用	200	其他人力资源支出	200
计划培训费用	200	非人力资源经费	200

(3) 人力资源经费申请。

根据费用预算，C3 小组申请了 1700K 的人力资源经费。

(4) 工作分析与薪酬设计。

第二年基本工资区间、薪酬设计、基本工资设定都与上年相同。

(5) 绩效指标确定。

绩效考核指标能够明确工作目标及考核标准，准确选择绩效指标对管理人员的绩效考核起着重要作用。第二年招聘主管、绩效主管绩效考核指标选择和权重设置与上年相同，其他管理人员绩效指标设定如下。

总经理：净利润(20%)、产品销量(20%)、产品利润(40%)、生产计划准确率(20%)。

人力资源经理：人力资源规划方案提交及时率(20%)、人力资源成本预算准确率(10%)、人均人力资源成本(20%)、员工流失率(30%)、劳动争议发生次数(10%)、经费申请不当产生的损失(10%)。

培训主管：培训费用准确率(25%)、培训计划(25%)、培训能力提升(30%)、培训人次(20%)。

薪酬主管：人均薪酬(40%)、薪酬总额预算准确率(30%)、当年绩效奖金占薪资比(30%)。

2) 年中经营

C3 小组第二年生产大量 P1 产品。第二年四期运营情况如表 5-62 所示。

表5-62　第二年四期运营情况

	第一期	第二期	第三期	第四期
招聘	第一期放弃挖人，招聘共花费 25K，其中人(生 B、C)；网(生 A、B、C)；传(生 C)，招聘失败		第三期招聘共花费 59K，其中猎(生 A、销 A)；人(研 A、B，生 B、C，销 A、B、C)；网(研 A、B，生 B，销售 B、C)；传(销 C)，招聘结果见表 5-63	
培训	无		新(3 人，3K)；	无
研发	无	无	无	无
生产	P1(19/19，114K)	P1(19/19，114K)	P1(28/28，168K)	P1(28/28，168K)
销售	P1(84 批/94 批，46K/38K，84 批，3864K)；清仓(10 批，36K，360K)			

(续表)

	第一期	第二期	第三期	第四期
薪资核算	合计 374K，其中 M=72K，K=31K; J=192K，L=79K	合计 394K，其中 M=75K，K=31K; J=204K，L=84K	合计 646K，其中 M=72K，K=31K; J=399K，L=144K	合计 517K，其中 M=72K，K=31K; J=293K，L=121K
其他	第四期：紧急申请 380K，流失(Y11042、S11026)			

注：表内数据解释见表 5-10。

C3 小组第二年仅在第三期成功招聘 3 人，招聘结果如表 5-63 所示。

表5-63 招聘结果

招聘渠道	(员工类型，级别，定岗，岗位津贴，合同期限)
网络招聘	第三期：(S23105，B，P1，40K，6 年)
人才交流中心	第三期：(S23106，C，P1，30K，6 年)
猎头招聘	第三期：(X23086，A，P1，70K，6 年)

3) 年末经营

年末进行绩效考核和市场排名，详情如表 5-64 所示。

表5-64 第二年经营结果

	总经理	人力资源经理		招聘主管	培训主管	绩效主管	薪酬主管
考核总分	78	78		79	62	60	83
薪酬等级变化	0	0		0	−1	−1	0
价值变化	0	0		0	−1	−1	0
绩效奖金	0	0		0	0	0	0
综合运营费	16K	超额损失	0	应交所得税	393K	囤货	0
总分	143.07			排名	3		

3. 第三年

1) 年初经营

(1) 当年开始。

第三年，政府社保返还 50K，支付管理人员年终奖 118K，支付企业福利 118K，上一年度社会平均工资 16K。

(2) 人力资源规划。

第三年年初 C3 小组计划生产 P1 产品 10 批。

第三年无招聘、晋升、培训、调岗计划。

费用规划是人力资源规划的重要内容之一，费用预算如表 5-65 所示。

表5-65　费用预算

单位：K

项目	金额	项目	金额
人力资源总经费	800	计划工资总支出	200
计划招聘费用	200	其他人力资源支出	200
计划培训费用	200	非人力资源经费	200

(3) 人力资源经费申请。

根据费用预算，C3 小组申请了 2300K 的人力资源经费。

(4) 工作分析与薪酬设计。

第三年基本工资区间、薪酬设计、基本工资设定都与上年相同。

(5) 绩效指标确定。

第三年绩效指标设定如下。

总经理：净利润增长率(25%)、产品销量(25%)、产品利润(25%)、生产计划准确率(25%)。

人力资源经理：人力资源规划方案提交及时率(20%)、人力资源成本增长率(15%)、人均人力资源成本增长率(15%)、员工流失率(10%)、劳动争议发生次数(20%)、经费申请不当产生的损失(20%)。

招聘主管：招聘费用准确率(30%)、招聘计划达成率(40%)、招聘人员流失率(30%)。

培训主管：培训费用准确率(20%)、培训计划(30%)、培训能力提升(30%)、培训人次(20%)。

绩效主管：员工价值增量(40%)、当年所选考核指标数(60%)。

薪酬主管：人均薪酬(30%)、薪酬总额预算准确率(40%)、当年绩效奖金占薪资比(30%)。

2) 年中经营

C3 小组第三年大量生产 P1 产品。第三年四期运营情况如表 5-66 所示。

表5-66 第三年四期运营情况

<table>
<tr><th></th><th>第一期</th><th>第二期</th><th>第三期</th><th>第四期</th></tr>
<tr><td>招聘</td><td colspan="2">第一期放弃挖人，招聘共花费 50K，其中猎(销A)；人(研 B，生 B)；网(研 B，生 A、B，销B)；传(研 B)；再就业(研 B，生 B，销 B)，招聘结果见表 5-67</td><td colspan="2">第三期招聘共花费 28K，其中人(生 A、B，销B)；网(生 A、B，销 A、B)，招聘失败</td></tr>
<tr><td>培训</td><td>新(1 人，1K)</td><td>无</td><td>无</td><td>企业文化(20 人，3K/人)</td></tr>
<tr><td>研发</td><td>无</td><td>无</td><td>无</td><td>无</td></tr>
<tr><td>生产</td><td>P1(25/25，150K)</td><td>P1(25/25，150K)</td><td>P1(25/25，150K)</td><td>P1(25/25，150K)</td></tr>
<tr><td>销售</td><td colspan="4">P1(100 批/100 批，67K/66K，100 批，6700K)</td></tr>
<tr><td>薪资核算</td><td>合计 514K，其中
M＝78K，K＝33K；
J＝287K，L＝116K</td><td>合计 498K，其中
M＝81K，K＝34K；
J＝271K，L＝112K</td><td>合计 484K，其中
M＝78K，K＝33K；
J＝264K，L＝109K</td><td>合计 541K，其中
M＝78K，K＝33K；
J＝305K，L＝125K</td></tr>
<tr><td>其他</td><td colspan="4">无</td></tr>
</table>

注：表内数据解释见表 5-10。

C3 小组第三年仅第一期成功招聘 1 人，招聘结果如表 5-67 所示。

表5-67 招聘结果

招聘渠道	(员工类型，级别，定岗，岗位津贴，合同期限)
猎头招聘	第一期：(X31001，A，P1，30K，6 年)

3) 年末经营

年末进行绩效考核和市场排名，详情如表 5-68 所示。

表5-68 第三年经营结果

<table>
<tr><th></th><th>总经理</th><th colspan="2">人力资源经理</th><th>招聘主管</th><th>培训主管</th><th>绩效主管</th><th>薪酬主管</th></tr>
<tr><td>考核总分</td><td>80</td><td colspan="2">95</td><td>74</td><td>78</td><td>65</td><td>78</td></tr>
<tr><td>薪酬等级变化</td><td>0</td><td colspan="2">+1</td><td>0</td><td>0</td><td>0</td><td>0</td></tr>
<tr><td>价值变化</td><td>0</td><td colspan="2">+2</td><td>0</td><td>0</td><td>0</td><td>0</td></tr>
<tr><td>绩效奖金</td><td>0</td><td colspan="2">9</td><td>0</td><td>0</td><td>0</td><td>0</td></tr>
<tr><td>综合运营费</td><td>15K</td><td>超额损失</td><td>0</td><td>应交所得税</td><td>915K</td><td>囤货</td><td>0</td></tr>
<tr><td>总分</td><td colspan="3">281.34</td><td>排名</td><td colspan="3">4</td></tr>
</table>

4. 第四年

1) 年初经营

(1) 当年开始。

第四年，政府补助社保返还 50K，支付管理人员绩效奖金 9K，支付管理人员年终奖 274K，支付企业福利 274K，上一年度社会平均工资 19K。

(2) 人力资源规划。

第四年年初 C1 小组计划生产 P1 产品 10 批。

第四年 C3 小组无招聘、晋升、培训、调岗计划。

费用规划是人力资源规划的重要内容之一，费用预算如表 5-69 所示。

表5-69　费用预算

单位：K

项目	金额	项目	金额
人力资源总经费	1000	计划工资总支出	700
计划招聘费用	100	其他人力资源支出	100
计划培训费用	100	非人力资源经费	100

(3) 人力资源经费申请。

根据费用预算，C3 小组申请了 3000K 的人力资源经费。

(4) 工作分析与薪酬设计。

第四年基本工资区间、基本工资设定与上年相同，薪酬设计选择住房补贴、高温补贴、岗位津贴和人才引进津贴。

(5) 绩效指标确定。

第四年绩效主管的指标选择和权重设置与上年相同，其他管理人员绩效指标设定如下。

总经理：净利润增长率(25%)、销售额(25%)、产品利润(25%)、生产计划准确率(25%)。

人力资源经理：人力资源规划方案提交及时率(20%)、人力资源成本增长率(10%)、人均人力资源成本增长率(20%)、员工流失率(20%)、劳动争议发生次数(20%)、经费申请不当产生的损失(10%)。

招聘主管：招聘费用准确率(40%)、招聘计划达成率(30%)、招聘人员流失率(30%)。

培训主管：培训费用准确率(30%)、培训计划(15%)、培训能力提升(15%)、培训人次(40%)。

薪酬主管：人均薪酬(45%)、薪酬总额预算准确率(15%)、当年绩效奖金占薪资比(40%)。

2) 年中经营

C3 小组第四年招聘失败，以生产 P1 产品为主。第四年四期运营情况如表 5-70 所示。

表5-70　第四年四期运营情况

	第一期	第二期	第三期	第四期
招聘	第一期放弃挖人，招聘共花费 49K，其中人(研A、B，生B，销A、B)；网(研B，生B，销B)；传(研B)；再(研B，销B)，招聘失败		放弃招聘	
培训	无	无	无	企业文化(20 人，3K/人)
研发	无	无	无	无
生产	P1(25/25，150K)	P1(25/25，150K)	P1(25/25，150K)	P1(25/25，150K)
销售	P1(100 批/100 批，90K/72K，100 批，9000K)			
薪资核算	合计 411K，其中 M＝58K，K＝30K；J＝227K，L＝96K	合计 432K，其中 M＝61K，K＝30K；J＝241K，L＝100K	合计 411K，其中 M＝58K，K＝30K；J＝227K，L＝96K	合计 468K，其中 M＝58K，K＝30K；J＝268K，L＝112K
其他	无			

注：表内数据解释见表 5-10。

3) 年末经营

年末进行绩效考核和市场排名，详情如表 5-71 所示。

表5-71　第四年经营结果

	总经理	人力资源经理		招聘主管	培训主管	绩效主管	薪酬主管
考核总分	65	96		73	69	80	88
薪酬等级变化	0	+1		0	0	0	+1
价值变化	0	+2		0	0	0	+2
绩效奖金	0	10K		0	0	0	6K
综合运营费	15K	超额损失	30K	应交所得税	1505K	囤货	0
总分	494.77			排名	4		

5. 第五年

1) 年初经营

(1) 当年开始。

第五年，政府补助社保返还 50K，支付管理人员绩效奖金 16K，支付管理人员年终奖 451K，支付企业福利 451K，上一年度社会平均工资 21K。

(2) 人力资源规划。

第五年年初 C3 小组计划生产 P1 产品 100 批。

第五年 C3 小组无招聘、晋升、培训、调岗计划。

费用规划是人力资源规划的重要内容之一，费用预算如表 5-72 所示。

表5-72　费用预算

单位：K

项目	金额	项目	金额
人力资源总经费	800	计划工资总支出	200
计划招聘费用	200	其他人力资源支出	200
计划培训费用	200	非人力资源经费	200

(3) 人力资源经费申请。

根据费用预算，C3 小组申请了 4000K 的人力资源经费。

(4) 工作分析与薪酬设计。

第五年基本工资区间、薪酬设计、基本工资设定都与上年相同。

(5) 绩效指标确定。

第五年总经理、绩效主管的指标选择和权重设置与上年相同，其他管理人员绩效指标设定如下。

人力资源经理：人力资源规划方案提交及时率(20%)、人力资源成本增长率(15%)、人均人力资源成本增长率(15%)、员工流失率(10%)、劳动争议发生次数(20%)、经费申请不当产生的损失(20%)。

招聘主管：招聘费用准确率(30%)、招聘计划达成率(40%)、招聘人员流失率(30%)。

培训主管：培训费用准确率(20%)、培训计划(30%)、培训能力提升(30%)、培训人次(20%)。

薪酬主管：人均薪酬(30%)、薪酬总额预算准确率(40%)、当年绩效奖金占薪资比(30%)。

2) 年中经营

C3 小组第五年放弃招聘，以生产 P1 产品为主。第五年四期运营情况如表 5-73 所示。

表5-73　第五年四期运营情况

	第一期	第二期	第三期	第四期
招聘	放弃挖人、放弃招聘		放弃招聘	
培训	无	无	无	企业文化(20 人，3K/人)
研发	无	无	无	无

(续表)

	第一期	第二期	第三期	第四期
生产	P1(25/25，150K)	P1(25/25，150K)	P1(25/25，150K)	P1(25/25，150K)
销售	P1(100 批/100 批，90K/77K，100 批，9000K)			
薪资核算	合计 418K，其中 M＝60K，K＝32K； J＝227K，L＝99K	合计 440K，其中 M＝63K，K＝33K； J＝241K，L＝103K	合计 418K，其中 M＝60K，K＝32K； J＝227K，L＝99K	合计 475K，其中 M＝60K，K＝32K； J＝268K，L＝115K
其他	无			

注：表内数据解释见表 5-10。

3) 年末经营

年末进行绩效考核和市场排名，详情如表 5-74 所示。

表5-74 第五年经营结果

	总经理	人力资源经理	招聘主管	培训主管	绩效主管	薪酬主管
考核总分	62	88	65	68	68	63
薪酬等级变化	−1	+1	0	0	0	−1
价值变化	−1	+2	0	0	0	−1
绩效奖金	0	11	0	0	0	0
综合运营费	15K	超额损失 206K	应交所得税	1375K	囤货	0
总分	658.8		排名	4		

6. 第六年

1) 年初经营

(1) 当年开始。

第六年当年开始政府补助 50K，支付管理人员绩效奖金 11K，支付管理人员年终奖 413K，支付企业福利 413K，上一年度社会平均工资 27K。

(2) 人力资源规划。

第六年年初 C3 小组计划生产 P1 产品 100 批。

第六年 C3 小组无招聘、晋升、培训、调岗计划。

费用规划是人力资源规划的重要内容之一，费用预算如表 5-75 所示。

表5-75　费用预算

单位：K

项目	金额	项目	金额
人力资源总经费	800	计划工资总支出	200
计划招聘费用	200	其他人力资源支出	200
计划培训费用	200	非人力资源经费	200

(3) 人力资源经费申请。

根据费用预算，C3 小组申请了 5000K 的人力资源经费。

(4) 工作分析与薪酬设计。

第六年基本工资区间、薪酬设计、基本工资设定都与上年相同。

(5) 绩效指标确定。

绩效考核指标能够明确工作目标及考核标准，准确选择绩效指标对管理人员的绩效考核起着重要作用。第六年所有管理人员绩效考核指标选择和权重设置与上年相同。

2) 年中经营

C3 小组第六年放弃招聘，以生产 P1 产品为主。第六年四期运营情况如表 5-76 所示。

表5-76　第六年四期运营情况

	第一期	第二期	第三期	第四期
招聘	放弃挖人、放弃招聘		放弃招聘	
培训	无	无	无	企业文化(20 人，3K/人)
研发	无	无	无	无
生产	P1(25/25，150K)	P1(25/25，150K)	P1(25/25，150K)	P1(25/25，150K)
销售	P1(100 批/100 批，90K/79K，100 批，9000K)			
薪资核算	合计 485K，其中 M=59K，K=40K；J=277K，L=109K	合计 454K，其中 M=62K，K=40K；J=241K，L=111K	合计 485K，其中 M=59K，K=40K；J=277K，L=109K	合计 491K，其中 M=59K，K=40K；J=268K，L=124K
其他	第四期：流失(X31001、S11038)			

注：表内数据解释见表 5-10。

3) 年末经营

年末进行绩效考核和市场排名，详情如表 5-77 所示。

表5-77　第六年经营结果

	总经理	人力资源经理	招聘主管	培训主管	绩效主管	薪酬主管
考核总分	77	80	65	74	74	65
薪酬等级变化	0	0	0	0	0	0
价值变化	0	0	0	0	0	0
绩效奖金	0	0	0	0	0	0
综合运营费	15K	超额损失 519K	应交所得税	1301K	囤货	0
总分	723.85		排名	3		

5.2.4　C4组

1. 第一年

1) 年初经营

(1) 人力资源规划。

第一年年初C4小组制定了长期战略目标，计划以P1、P2产品回笼资金，逐步抢占高端产品市场。第一年计划生产P1产品25批、P2产品5批。

第一年无招聘、晋升、培训、调岗计划。

费用规划是人力资源规划的重要内容之一，费用预算如表5-78所示。

表5-78　费用预算

单位：K

项目	金额	项目	金额
人力资源总经费	2200	计划工资总支出	1800
计划招聘费用	150	其他人力资源支出	200
计划培训费用	50	非人力资源经费	300

(2) 人力资源经费申请。

根据费用预算，C4组申请了2100K的人力资源经费。

(3) 工作分析与薪酬设计。

工作分析中，区间的设定将影响基本工资的设置。根据公司发展规划，C4小组在第一年制定了高基本工资，薪酬设计选择高温补贴、岗位津贴、人才引进津贴。基本工资设定如表5-79所示。

表5-79　基本工资设定

单位：K

	A	B	C	D
研发	35[33～39]	25[23～29]	15[13～19]	6[4～10]
生产	34[33～39]	24[23～29]	14[13～19]	5[4～10]
销售	34[33～39]	24[23～29]	14[13～19]	5[4～10]

(4) 绩效指标确定。

绩效考核指标能够明确工作目标及考核标准，准确选择绩效指标对管理人员的绩效考核起着重要作用。第一年绩效考核分别设定如下。

总经理：净利润(10%)、产品销量(10%)、销售额(60%)、产品利润(10%)、生产计划准确率(10%)。

人力资源经理：人力资源规划方案提交及时率(10%)、人力资源成本(10%)、人均人力资源成本(10%)、员工流失率(50%)、劳动争议发生次数(10%)、经费申请不当产生的损失(10%)。

招聘主管：人均招聘成本(20%)、招聘计划达成率(20%)、招聘人员流失率(60%)。

培训主管：人均培训费用(10%)、培训计划(10%)、培训能力提升(70%)、培训人次(10%)。

绩效主管：管理人员价值增量(40%)、当年所选考核指标数(60%)。

薪酬主管：人均薪酬(30%)、薪酬总额占人力资源成本比(30%)、薪酬结构丰富化(40%)。

2) 年中经营

C4小组第一年成功研发、生产P1、P2产品。第一年四期运营情况如表5-80所示。

表5-80　第一年四期运营情况

	第一期	第二期	第三期	第四期
招聘	第一期招聘共花费74K，其中人(研B、C、D，生B、C、D，销D)；网(研B、C、D，生B、C)；传(研B、C，生C、D)；校(研D，生D)，招聘结果见表5-81		第三期招聘共花费71K，其中猎(生A)；人(生B、C、D，销B、C、D)；网(生B、C、D，销C、D)；传(生B，销B、D)；校(生D，销C、D)，招聘结果见表5-81	
培训	新(6人，6K)	无	新(8人，8K)	无
研发	P1(5/18，1期)；P2(8/12，3期)	P1 第一年第一期研发完成；P2(8/12，2期)	P2(8/12，1期)	P2第一年第三期研发完成
生产	无	P1(2/2，12K)	P1(16/16，96K)	P1(16/16，96K)；P2(5/5，60K)

(续表)

	第一期	第二期	第三期	第四期
销售	P1(34 批/34 批，74K/65K，34 批，2516K)；P2(5 批/5 批，185K/127K，5 批，925K)			
薪资核算	合计 386K，其中 M＝45K，K＝19K；J＝228K，L＝94K	合计 188K，其中 M＝48K，K＝20K；J＝85K，L＝35K	合计 1005K，其中 M＝45K，K＝19K；J＝667K，L＝274K	合计 396K，其中 M＝45K，K＝19K；J＝235K，L＝97K
其他	第四期：紧急申请 40K			

注：表内数据解释见表 5-10。

C4 小组第一年第一期成功招聘 6 人，第三期成功招聘 8 人，招聘结果如表 5-81 所示。

表5-81　招聘结果

招聘渠道	(员工类型，级别，定岗，人才引进津贴，合同期限)
人才交流中心	第一期：(Y11039，C，P2，35K，6 年)、(Y11041，C，P2，35K，6 年)；第三期：(S13045，B，P1，96K，6 年)、(X13032，C，P2，56K，6 年)
传统媒体招聘	第一期：(Y11056，C，P1，25K，6 年)、(S11042，D，P1，10K，6 年)、(S11043，D，P1，10K，6 年)；第三期：(S13047，B，P2，96K，6 年)、(X13029，B，P1，51K，6 年)
网络招聘	第一期：(Y11043，C，P1，35K，6 年)；第三期：(S13050，C，P1，56K，6 年)、(S13051，C，P1，56K，6 年)
校园招聘	第三期：(S13052，D，P1，20K，6 年)、(S13053，D，P1，20K，6 年)

3) 年末经营

年末进行绩效考核和市场排名，详情如表 5-82 所示。

表5-82　第一年经营结果

	总经理	人力资源经理		招聘主管	培训主管	绩效主管	薪酬主管
考核总分	99	89		87	70	83	73
薪酬等级变化	+1	+1		+1	0	0	0
价值变化	+2	+2		+2	0	0	0
绩效奖金	12	9		6	0	0	0
综合运营费	15K	超额损失	0	应交所得税	246K	囤货	0
总分		112.64		排名		2	

2. 第二年

1) 年初经营

(1) 当年开始。

第二年，政府社保返还 50K，绩效奖金 27K，支付管理人员年终奖 74K，支付企业福利 74K，上一年度社会平均工资 18K。

(2) 人力资源规划。

第二年年初 C4 小组计划生产 P1 产品 70 批、P2 产品 20 批。

第二年无招聘、晋升、培训、调岗计划。

费用规划是人力资源规划的重要内容之一，费用预算如表 5-83 所示。

表5-83　费用预算

单位：K

项目	金额	项目	金额
人力资源总经费	2562	计划工资总支出	2200
计划招聘费用	102	其他人力资源支出	200
计划培训费用	60	非人力资源经费	600

(3) 人力资源经费申请。

根据费用预算，C4 小组申请了 2600K 的人力资源经费。

(4) 工作分析与薪酬设计。

第二年基本工资区间、基本工资设定与上年相同，其中薪酬设计选择高温补贴、岗位津贴、工龄工资和人才引进津贴。

(5) 绩效指标确定。

第二年总经理、人力资源经理、绩效主管的指标选择和权重设置与上年相同，其他管理人员绩效指标设定如下。

招聘主管：人均招聘成本(30%)、招聘计划达成率(30%)、招聘人员流失率(40%)。

培训主管：人均培训费用(10%)、培训计划(10%)、培训能力提升(40%)、培训人次(40%)。

薪酬主管：人均薪酬(10%)、薪酬总额占人力资源成本比(10%)、薪酬结构丰富化(80%)。

2) 年中经营

C4 小组第二年以生产 P1、P2 为主，并开始研发 P3。第二年四期运营情况如表 5-84 所示。

表5-84　第二年四期运营情况

	第一期	第二期	第三期	第四期
招聘	挖人费用3K(研B，P3，C7，1K，失败)；招聘共花费49K，其中人(研A、B，生C、D，销D)；网(研A、B，生C、D)；传(研B，生C)；校(生D)，招聘结果见表5-85		第三期招聘共花费40K，其中人(研A，销B、C、D)；网(研A，销B、C、D)；校(销D)，招聘结果见表5-85	
培训	新(5人，5K)；在岗(X13029、X13032，4K)	在岗(X13029、X13032，X21084，6K)	新(3人，3K)；在岗(X13029、X13032，4K)	无
研发	P3(10/18，5期)	P3(10/18，4期)	P3(10/18，3期)	P3(10/18，2期) P4(12/12，7期)
生产	P1(18/18，108K)； P2(7/6，72K)	P1(18/18，108K)； P2(7/6，72K)	P1(18/18，108K)； P2(7/6，72K)	P1(18/18，108K)； P2(7/6，72K)
销售	P1(72批/72批，55K/38K，54批，2970K)；P2(24批/24批，188K/127K，24批，4512K)			
薪资核算	合计635K，其中 M=54K，K=29K； J=396K，L=156K	合计541K，其中 M=57K，K=29K； J=315K，L=140K	合计828K，其中 M=54K，K=29K； J=545K，L=200K	合计694K，其中 M=54K，K=29K； J=425K，L=186K
其他	第四期：经费回账210K，紧急申请670K，流失(Y11056、X13029、S13053、S13052、S13051、S13045)			

注：表内数据解释见表5-10。

C4小组第二年第一期成功招聘5人，第三期成功招聘3人，招聘结果如表5-85所示。

表5-85　招聘结果

招聘渠道	(员工类型，级别，定岗，人才引进津贴，合同期限)
网络招聘	第一期：(Y21094，A，P3，50K，6年)
人才交流中心	第一期：(S21093，C，P2，20K，6年)、(X21084，D，P1，10K，6年)；第三期：(Y23109，A，P4，71K，6年)、(X23088，B，P1，60K，6年)
校园招聘	第一期：(S21097，D，P1，10K，6年)、(S21098，D，P1，10K，6年)
传统媒体招聘	第三期：(X23092，C，P2，30K，6年)

3) 年末经营

年末进行绩效考核和市场排名，详情如表 5-86 所示。

表5-86　第二年经营结果

	总经理	人力资源经理		招聘主管	培训主管	绩效主管	薪酬主管
考核总分	98	58		77	50	85	71
薪酬等级变化	+1	−1		0	−1	+1	0
价值变化	+2	−1		0	−1	+2	0
绩效奖金	13	0		0	0	6	0
综合运营费	19K	超额损失	0	应交所得税	888K	囤货	18K
总分	230.02			排名	2		

3. 第三年

1) 年初经营

(1) 当年开始。

第三年，政府补助社保返还 50K，支付企业福利 266K，支付管理人员年终奖 266K，管理人员绩效奖金 19K，上一年度社会平均工资 16K。

(2) 人力资源规划。

第三年，C4 计划生产 P1 产品 40 批，P2 产品 20 批。

第三年无招聘、晋升、培训、调岗、费用预算计划。

(3) 人力资源经费申请。

根据费用预算，C4 小组人力资源经费申请 4200K。

(4) 工作分析与薪酬设计。

第三年 C4 小组重新制定了基本工资区间，同时薪酬设计选择岗位津贴、高温补贴、人才引进津贴。基本工资设定如表 5-87 所示。

表5-87　基本工资设定

单位：K

	A	B	C	D
研发	40[37～43]	30[27～33]	19[17～23]	6[6～12]
生产	40[37～43]	30[27～33]	19[17～23]	6[6～12]
销售	40[37～43]	30[27～33]	19[17～23]	6[6～12]

(5) 绩效指标确定。

第三年总经理、人力资源经理、薪酬主管的指标选择和权重设置与上年相同，其他管理人员绩效指标设定如下。

招聘主管：人均招聘成本(10%)、招聘计划达成率(10%)、招聘人员流失率(80%)。

培训主管：人均培训费用(10%)、培训计划(10%)、培训能力提升(10%)、培训人次(70%)。

绩效主管：管理人员价值增量(60%)、当年所选考核指标数(40%)。

2) 年中经营

C4 小组第三年以生产 P1、P2 为主，成功研发 P3。第三年四期运营情况如表 5-88 所示。

表5-88 第三年四期运营情况

<table>
<tr><th></th><th>第一期</th><th>第二期</th><th>第三期</th><th>第四期</th></tr>
<tr><td>招聘</td><td colspan="2">第一期放弃挖人，招聘共花费 110K，其中校(生 D)；人(研 A、B、C，生 B、C，销 C)；网(研 A、B、C，生 A、B、C，销 B、C)；传(研 B、C，生 C)；再(研 B、C，生 B、C、D，销 B)，招聘结果见表 5-89</td><td colspan="2">第三期招聘共花费 12K，其中网(生 A，销 A、B)，招聘失败</td></tr>
<tr><td>培训</td><td>新(12 人，12K)</td><td>无</td><td>无</td><td>无</td></tr>
<tr><td>研发</td><td>P3(10/54，1 期)；
P4(12/12，6 期)</td><td>P3 第三年第一期研发完成；P4(12/12，5 期)</td><td>P4(12/12，4)</td><td>P4(12/12，3)</td></tr>
<tr><td>生产</td><td>P1(7/7，42K)；
P2(13/13，156K)</td><td>P3(10/10，200K)</td><td>P2(13/13，156K)；
P3(10/2，40K)</td><td>P1(7/7，42K)</td></tr>
<tr><td>销售</td><td colspan="4">P1(32 批/32 批，67K/66K，32 批，2144K)；P2(24 批/26 批，174K/116K，24 批，4176K)；P3(12 批/12 批，290K/197K，12 批，3480K)</td></tr>
<tr><td>薪资核算</td><td>合计 1873K，其中
M＝49K，K＝26K；
J＝1422K，L＝376K</td><td>合计 1124K，其中
M＝52K，K＝26K；
J＝739K，L＝307K</td><td>合计 1085K，其中
M＝49K，K＝26K；
J＝712K，L＝298K</td><td>合计 1142K，其中
M＝49K，K＝26K；
J＝753K，L＝314K</td></tr>
<tr><td>其他</td><td colspan="4">第三期：紧急申请 623K；第四期：紧急申请 1270K，流失(X23088)</td></tr>
</table>

注：表内数据解释见表 5-10。

C4 小组第三年仅第一期成功招聘 12 人，招聘结果如表 5-89 所示。

表5-89 招聘结果

招聘渠道	(员工类型，级别，定岗，人才引进津贴，合同期限)
人才交流中心	第一期：(Y31001，A，P3，100K，6 年)、(Y31003，B，P2，70K，6 年)、(S31002，B，P3，70K，6 年)、(S31004，C，P2，40K，6 年)、(S31005，C，P2，40K，6 年)、(X31003，C，P1，20K，6 年)
网络招聘	第一期：(Y31002，A，P3，60K，6 年)、(Y31004，B，P2，70K，6 年)、(S31001，A，P3，100K，6 年)、(S31003，B，P3，70K，6 年)、(S31006，C，P2，40K，6 年)
再就业	第一期：(X13029，B，P3，30K，6 年)

3) 年末经营

年末进行绩效考核和市场排名，详情如表 5-90 所示。

表5-90 第三年经营结果

<table>
<tr><th></th><th>总经理</th><th colspan="2">人力资源经理</th><th>招聘主管</th><th>培训主管</th><th>绩效主管</th><th>薪酬主管</th></tr>
<tr><td>考核总分</td><td>84</td><td colspan="2">81</td><td>92</td><td>55</td><td>94</td><td>69</td></tr>
<tr><td>薪酬等级变化</td><td>0</td><td colspan="2">0</td><td>+1</td><td>−1</td><td>+1</td><td>0</td></tr>
<tr><td>价值变化</td><td>0</td><td colspan="2">0</td><td>+2</td><td>−1</td><td>+2</td><td>0</td></tr>
<tr><td>绩效奖金</td><td>0</td><td colspan="2">0</td><td>7</td><td>0</td><td>7</td><td>0</td></tr>
<tr><td>综合运营费</td><td>22K</td><td>超额损失</td><td>0</td><td>应交所得税</td><td>736K</td><td>囤货</td><td>2K</td></tr>
<tr><td>总分</td><td colspan="3">455.95</td><td>排名</td><td colspan="3">2</td></tr>
</table>

4. 第四年

1) 年初经营

(1) 当年开始。

第四年，政府补助社保返还 50K，支付企业福利 221K，支付管理人员年终奖 221K，支付管理人员绩效奖金 14K，上一年度社会平均工资 19K。

(2) 人力资源规划。

第四年计划生产 20 批 P1、80 批 P2，其中无招聘、晋升、培训、调岗、费用预算计划。

(3) 人力资源经费申请。

根据费用预算，C4 小组人力资源经费申请 6000K。

(4) 工作分析与薪酬设计。

第四年 C4 小组制定的基本工资区间与上年相同，薪酬设计选择岗位津贴、高温补贴和人才引进津贴。基本工资设定如表 5-91 所示。

表5-91 基本工资设定

单位：K

	A	B	C	D
生产	43[37～43]	33[27～33]	23[17～23]	7[6～12]
销售	41[37～43]	31[27～33]	21[17～23]	7[6～12]

(5) 绩效指标确定。

第四年总经理、人力资源经理、招聘主管的指标选择和权重设置与上年相同，其他管理人员绩效指标设定如下。

培训主管：人均培训费用(30%)、培训计划(30%)、培训能力提升(10%)、培训人次(30%)。

绩效主管：管理人员价值增量(40%)、当年所选考核指标数(60%)。

薪酬主管：人均薪酬(20%)、薪酬总额占人力资源成本比(20%)、薪酬结构丰富化(60%)。

2) 年中经营

C4小组第四年以生产P1、P2、P3为主，成功研发P4。第四年四期运营情况如表5-92所示。

表5-92 第四年四期运营情况

	第一期	第二期	第三期	第四期
招聘	第一期挖人费用 3K，(生 A，P3，C5，1K，成功)；招聘共花费 47K，其中校(生 C)；人(生 B、C，销 A、B)；网(生 A、B、C，销 B)；再(生 C，销 B)，招聘结果见表 5-93		第三期招聘共花费 44K：其中校(生 D)；人(生 D，销 A、B、C)；网(生 D，销 B、C)；传(销 A、C)；猎(销 A)，招聘结果见表 5-93	
培训	新(5 人，5K)	无	新(4 人，4K)	无
研发	P4(12/12，2 期)	P4(12/12，1 期)	P4 第四年第二期研发完成	无
生产	P1(7/7，42K)； P2(22/21，252K)； P3(18/18，360K)	P1(7/7，42K)； P2(22/21，252K)； P3(18/18，360K)	P1(9/9，54K)； P2(22/21，252K)； P3(18/18，360K)	P2(22/1，12K)； P3(18/6，120K)
销售	P1(23 批/23 批，88K/72K，23 批，2024K)；P2(66 批/66 批，143K/101K，66 批，9438K)；P3(60 批/60 批，179K/153K，49 批，8771K)；清仓 P3(11 批，128，1408K)			
薪资核算	合计 1861K，其中 M＝63K，K＝31K； J＝1336K，L＝431K	合计 1507K，其中 M＝66K，K＝31K； J＝997K，L＝413K	合计 1776K，其中 M＝63K，K＝31K； J＝1224K，L＝458K	合计 1736K，其中 M＝63K，K＝31K； J＝1166K，L＝476K
其他	第四期：紧急申请 1700K，经费回账 15K，紧急申请 10K，流失(Y31002、Y31004)			

注：表内数据解释见表 5-10。

C4 小组第四年第一期成功招聘 4 人，第三期成功招聘 4 人，招聘结果如表 5-93 所示。

表5-93　招聘结果

招聘渠道	(员工类型，级别，定岗，人才引进津贴，合同期限)
校园招聘	第三期：(S43086，D，P1，1K，6 年)、(S43087，D，P1，1K，6 年)
人才交流中心	第一期：(S41017，B，P3，100K，6 年)
网络招聘	第一期：(S41176，A，P2，170K，6 年)、(X41008，B，P2，60K，6 年)；第三期：(X43060，B，P2，60K，6 年)
传统媒体招聘	第三期：(X43054，A，P3，100K，6 年)
再就业人员	第一期：(X23088，B，P3，40K，6 年)

3) 年末经营

年末进行绩效考核和市场排名，详情如表 5-94 所示。

表5-94　第四年经营结果

	总经理	人力资源经理		招聘主管	培训主管	绩效主管	薪酬主管
考核总分	99	83		90	67	75	78
薪酬等级变化	+1	0		+1	0	0	0
价值变化	+2	0		+2	0	0	0
绩效奖金	14	0		8	0	0	0
综合运营费	26K	超额损失	0	应交所得税	2951K	囤货	0
总分	832.12			排名	2		

5. 第五年

1) 年初经营

(1) 当年开始。

第五年，政府补助社保返还 50K，支付企业福利 885K，支付管理人员年终奖 885K，管理人员绩效奖金 22K，上一年度社会平均工资 21K。

(2) 人力资源规划。

第五年计划生产 30 批 P1，100 批 P2，30 批 P3，其中无招聘、培训晋升、调岗、费用预算计划。

(3) 人力资源经费申请。

根据费用预算，C4 小组人力资源经费申请 14000K。

(4) 工作分析与薪酬设计。

第五年C4小组调整了基本工资区间和基本工资，同时薪酬设计选择岗位津贴、交通补贴、通讯补贴、住房补贴、高温补贴、人才引进津贴。基本工资设定如表5-95所示。

表5-95 基本工资设定

单位：K

	A	B	C	D
研发	52[50～56]	41[38～44]	28[26～32]	12[10～16]
生产	52[50～56]	41[38～44]	28[26～32]	12[10～16]
销售	52[50～56]	41[38～44]	28[26～32]	12[10～16]

(5) 绩效指标确定。

第五年总经理、人力资源经理的指标选择和权重设置与上年相同，其他管理人员绩效指标设定如下。

招聘主管：人均招聘成本(30%)、招聘计划达成率(30%)、招聘人员流失率(40%)。

培训主管：人均培训费用(10%)、培训计划(10%)、培训能力提升(40%)、培训人次(40%)。

绩效主管：管理人员价值增量(50%)、当年所选考核指标数(50%)。

薪酬主管：人均薪酬(40%)、薪酬总额占人力资源成本比(40%)、薪酬结构丰富化(20%)。

2) 年中经营

C4小组第五年生产大量P1、P2、P3、P4产品。第五年四期运营情况如表5-96所示。

表5-96 第五年四期运营情况

	第一期	第二期	第三期	第四期
招聘	第一期挖人费用3K：(研A，P4，C005，1K，失败)；招聘共花费46K，其中人(研A、B、C，生B)；网(生B)；传(生B)；猎(生A)；再(研A、B、C)，招聘结果见表5-97		第三期招聘共花费32K，其中人(研B，生B，销B)；网(研B，生A、B，销A、B)，招聘结果见表5-97	
培训	新(6人，6K)；在岗(X43054、X13029、X23088、X41008、X43060、X13032、X23092、X31003、X21084，18K)	在岗(X43054、X13029、X23088、X41008、X43060、X13032、X23092、X31003、X21084，18K)	新(5人，5K)；在岗(X43054、X13029、X23088、X41008、X43060、X13032、X23092、X31003、X21084，18K)	在岗(X43054、X13029、X23088、X41008、X43060、X13032、X23093、X31003、X21084，18K) 企业文化(51人，3K/人)

（续表）

	第一期	第二期	第三期	第四期
研发	无	无	无	无
生产	P1(9/9，54K)； P2(22/21，252K)； P3(20/20，400K)； P4(4/4，140K)	P1(9/9，54K)； P2(22/21，252K)； P3(20/20，400K)； P4(4/4，140K)	P1(9/9，54K)； P2(22/21，252K)； P3(22/22，440K)； P4(8/6，210K)	P1(9/9，54K)； P2(22/21，252K)； P3(22/22，440K)； P4(8/6，210K)
销售	P1(24 批/36 批，95K/77K，24 批，2280K)；P2(84 批/84 批，120K/94K，84 批，10080K)；P3(72 批/84 批，305K/212K，72 批，21960K)；P4(20 批/20 批，509K/344K，20 批，10180K)；清仓 P1(12 批，48K，576K)；P3(12 批，136K，1632K)			
薪资核算	合计 3501K，其中 M=72K，K=34K； J=2711K，L=684K	合计 2422K，其中 M=75K，K=34K； J=1639K，L=674K	合计 3649K，其中 M=72K，K=34K； J=2756K，L=787K	合计 2969K，其中 M=72K，K=34K； J=2051K，L=812K
其他	第四期：经费回账 670K；紧急申请 1600K			

注：表内数据解释见表 5-10。

C4 小组第五年第一期成功招聘 6 人，第三期成功招聘 5 人，招聘结果如表 5-97 所示。

表5-97　招聘结果

招聘渠道	(员工类型，级别，定岗，人才引进津贴，合同期限)
人才交流中心	第一期：(Y51122，A，P4，208K，6 年)、(Y51123，B，P3，164K，6 年)、(S51150，B，P3，164K，6 年)；第三期：(Y53130，B，P3，160K，6 年)
网络招聘	第三期：(S53164，A，P4，208K，6 年)、(S53166，B，P3，160K，6 年)、(X53109，A，P4，208K，6 年)、(X53111，B，P3，164K，6 年)
猎头招聘	第一期：(S51149，A，P4，204K，6 年)
再就业人员	第一期：(Y31002，A，P3，208K，6 年)、(Y31004，B，P2，164K，6 年)

3) 年末经营

年末进行绩效考核和市场排名，详情如表 5-98 所示。

表5-98　第五年经营结果

	总经理	人力资源经理		招聘主管	培训主管	绩效主管	薪酬主管
考核总分	96	83		70	95	92	66
薪酬等级变化	+1	0		0	+1	+1	0
价值变化	+2	0		0	+2	+2	0
绩效奖金	14	0		0	6	8	0
综合运营费	31K	超额损失	0	应交所得税	7036K	囤货	0
总分	1688.71			排名	2		

6. 第六年

1) 年初经营

(1) 当年开始。

第六年，政府补助社保返还50K、税费减免50K，支付企业福利2111K，支付管理人员年终奖2111K，支付管理人员绩效奖金28K，上一年度社会平均工资27K。

(2) 人力资源规划。

第六年计划生产30批P1，80批P2，100批P3，10批P4，其中无招聘、晋升培训、调岗、费用预算计划。

(3) 人力资源经费申请。

根据费用预算，C4小组人力资源经费申请32000K。

(4) 工作分析与薪酬设计。

第六年C4小组调整了基本工资区间和基本工资，薪酬设计与上年相同。基本工资设定如表5-99所示。

表5-99 基本工资设定

单位：K

	A	B	C	D
研发	70[64～70]	55[49～55]	32[26～32]	16[10～16]
生产	70[64～70]	55[49～55]	32[26～32]	16[10～16]
销售	70[64～70]	55[49～55]	32[26～32]	16[10～16]

(5) 绩效指标确定。

第六年人力资源经理、培训主管、绩效主管的指标选择和权重设置与上年相同，其他管理人员绩效指标设定如下。

总经理：净利润(10%)、产品销量(70%)、产品利润(10%)、生产计划准确率(10%)。

招聘主管：人均招聘成本(10%)、招聘计划达成率(10%)、招聘人员流失率(80%)。

薪酬主管：人均薪酬(10%)、薪酬总额占人力资源成本比(10%)、当年绩效奖金占薪资比(80%)。

2) 年中经营

C4小组第六年生产大量P1、P2、P3、P4产品。第六年四期运营情况如表5-100所示。

表5-100　第六年四期运营情况

<table>
<tr><th></th><th>第一期</th><th>第二期</th><th>第三期</th><th>第四期</th></tr>
<tr><td>招聘</td><td colspan="2">第一期挖人费用12K：(研A，P4，C5，1K，失败)、(生A，P4，C005，1K，失败)、(生A，P4，C5，1K，失败)；招聘共花费55K，其中人(生B)；网(生A、B)；传(生A、B)；猎(生A)；再(研A、B，生A、C，销B)，招聘结果见表5-101</td><td colspan="2">第三期招聘共花费25K，其中人(生B，销A、B)；网(销A、B)；传(生A)，招聘结果见表5-101</td></tr>
<tr><td>培训</td><td>新(4人，4K)</td><td>无</td><td>新(5人，5K)</td><td>无</td></tr>
<tr><td>研发</td><td>无</td><td>无</td><td>无</td><td>无</td></tr>
<tr><td>生产</td><td>P1(9/9，54K)；
P2(22/21，252K)；
P3(28/22，440K)；
P4(8/6，210K)</td><td>P1(9/9，54K)；
P2(22/21，252K)；
P3(28/22，440K)；
P4(8/6，210K)</td><td>P1(9/9，54K)；
P2(22/21，252K)；
P3(30/22，440K)；
P4(12/6，210K)</td><td>P1(9/9，54K)；
P2(22/21，252K)；
P3(30/22，440K)；
P4(12/6，210K)</td></tr>
<tr><td>销售</td><td colspan="4">P1(36批/36批，90K/85K，36批，3240K)；P2(84批/84批，130K/108K，84批，10920K)
P3(88批/88批，350K/250K，88批，30800K)；P4(24批/24批，651K/434K，24批，15624K)</td></tr>
<tr><td>薪资核算</td><td>合计4687K，其中
M=73K，K=41K；
J=3474K，L=1099K</td><td>合计3846K，其中
M=76K，K=41K；
J=2643K，L=1086K</td><td>合计5566K，其中
M=73K，K=41K；
J=4220K，L=1232K</td><td>合计4549K，其中
M=73K，K=41K；
J=3165K，L=1270K</td></tr>
<tr><td>其他</td><td colspan="4">无</td></tr>
</table>

注：表内数据解释见表5-10。

C4小组第六年第一期成功招聘4人，第三期成功招聘5人，招聘结果如表5-101所示。

表5-101 招聘结果

招聘渠道	(员工类型，级别，定岗，人才引进津贴，合同期限)
人才交流中心	第一期: (S61121，B，P3，220K，6 年)、(S61122，B，P3，220K，6 年); 第三期: (S63142，B，P3，220K，6 年)、(X63099，A，P4，280K，6 年)、(X63101，B，P3，220K，6 年)、
网络招聘	第一期：(S61123，B，P3，220K，6 年)；第三期：(X63100，A，P2，280K，6 年)
传统媒体招聘	第三期：(S63141，A，P4，280K，6 年)
再就业人员	第一期：(X43059，B，P3，220K，6 年)

3) 年末经营

年末进行绩效考核和市场排名，详情如表 5-102 所示。

表5-102 第六年经营结果

<table>
<tr><th></th><th>总经理</th><th colspan="2">人力资源经理</th><th>招聘主管</th><th>培训主管</th><th>绩效主管</th><th>薪酬主管</th></tr>
<tr><td>考核总分</td><td>99</td><td colspan="2">83</td><td>92</td><td>63</td><td>85</td><td>91</td></tr>
<tr><td>薪酬等级变化</td><td>+1</td><td colspan="2">0</td><td>+1</td><td>−1</td><td>+1</td><td>+1</td></tr>
<tr><td>价值变化</td><td>+2</td><td colspan="2">0</td><td>+2</td><td>−1</td><td>+2</td><td>+2</td></tr>
<tr><td>绩效奖金</td><td>14</td><td colspan="2">0</td><td>8</td><td>0</td><td>8</td><td>6</td></tr>
<tr><td>综合运营费</td><td>35K</td><td>超额损失</td><td>664K</td><td>应交所得税</td><td>8294K</td><td>囤货</td><td>0</td></tr>
<tr><td>总分</td><td colspan="3">2501.66</td><td>排名</td><td colspan="3">1</td></tr>
</table>

5.2.5 C5组

1. 第一年

1) 年初经营

(1) 人力资源规划。

第一年年初 C5 小组制定了短期战略目标。计划在短期内抢占 P1 产品市场，第一年计划生产 P1 产品 20 批。

第一年无招聘、晋升培训、调岗计划。

费用规划是人力资源规划的重要内容之一，费用预算如表 5-103 所示。

表5-103　费用预算

单位：K

项目	金额	项目	金额
人力资源总经费	0	计划工资总支出	0
计划招聘费用	0	其他人力资源支出	0
计划培训费用	0	非人力资源经费	0

(2) 人力资源经费申请。

根据费用预算，C5 组申请了 2000K 的人力资源经费。

(3) 工作分析与薪酬设计。

工作分析中，区间的设定将影响基本工资的设置。根据公司发展规划，C5 小组在第一年制定了高基本工资，薪酬设计选择所有项目。基本工资设定如表 5-104 所示。

表5-104　基本工资设定

单位：K

	A	B	C	D
研发	30[24～30]	24[18～24]	18[12～18]	6[6～12]
生产	30[24～30]	24[18～24]	18[12～18]	6[6～12]
销售	30[24～30]	24[18～24]	18[12～18]	6[6～12]

(4) 绩效指标确定。

绩效考核指标能够明确工作目标及考核标准，准确选择绩效指标对管理人员的绩效考核起着重要作用。第一年绩效考核分别设定如下。

总经理：净利润(10%)、产品销量(10%)、产品利润(10%)、生产计划准确率(70%)。

人力资源经理：人力资源规划方案提交及时率(10%)、人力资源成本(10%)、人均人力资源成本(10%)、员工流失率(10%)、劳动争议发生次数(10%)、经费申请不当产生的损失(50%)。

招聘主管：人均招聘成本(10%)、招聘计划达成率(10%)、招聘人员流失率(80%)。

培训主管：人均培训费用(10%)、培训计划(10%)、培训能力提升(10%)、培训人次(70%)。

绩效主管：管理人员价值增量(10%)、当年所选考核指标数(90%)。

薪酬主管：人均薪酬(10%)、薪酬总额占人力资源成本比(10%)、当年绩效奖金占薪资比(80%)。

2) 年中经营

C5 小组第一年成功研发、生产 P1、P2 产品。第一年四期运营情况如表 5-105 所示。

表5-105　第一年四期运营情况

	第一期	第二期	第三期	第四期
招聘	第一期招聘共花费29K，其中人(研B，生B、C)；网(研B，生B、C)；传(生C)，招聘结果见表5-106		第三期招聘共花费25K，其中人(生C，销B、C)；网(生C，销C)；传(销B)，招聘结果见表5-106	
培训	新(6人，6K)	无	新(5人，5K)；转岗(S11027，P2，3)；(S11031，P2，3)	无
研发	P1(5/18，1期) P2(8/15，3期)	P1第一年第一期研发完成；P2(8/15，2期)	P2(8/15，1期)	P2第一年第三期研发完成
生产	无	P1(18/18，108K)	P1(24/18，108K)	P1(18/18，108K)； P2(4/4，48K)；
销售	P1(54批/54批，70K/65K，54批，3780K)；P2(4批/4批，190K/127K，4批，760K)；			
薪资核算	合计759K，其中 M=66K，K=28K； J=471K，L=194K	合计326K，其中 M=69K，K=29K； J=161K，L=67K	合计676K，其中 M=66K，K=28K； J=412K，L=170K	合计511K，其中 M=66K，K=28K； J=295K，L=122K
其他	第四期：紧急申请500K			

注：表内数据解释见表5-10。

C5小组第一年第一期成功招聘6人，第三期成功招聘5人，招聘结果如表5-106所示。

表5-106　招聘结果

招聘渠道	(员工类型，级别，定岗，岗位津贴，合同期限)
人才交流中心	第一期：(Y11036，B，P2，90K，6年)、(S11022，B，P1，60K，6年)；第三期：(S13048，C，P1，25K，6年)、(S13049，C，P1，20K，6年)、(X13028，B，P1，60K，6年)、(X13031，C，P2，20K，6年)、(X13033，C，P1，20K，6年)
网络招聘	第一期：(Y11037，B，P1，90K，6年)、(S11024，B，P1，50K，6年)、(S11027，C，P1，20K，6年)
传统媒体招聘	第一期：(S11031，C，P1，10K，6年)

3) 年末经营

年末进行绩效考核和市场排名，详情如表5-107所示。

表5-107　第一年经营结果

	总经理	人力资源经理		招聘主管	培训主管	绩效主管	薪酬主管
考核总分	65	61		95	62	75	93
薪酬等级变化	0	0		+1	−1	0	+1
价值变化	0	0		+2	−1	0	+2
绩效奖金	0	0		6	0	0	6
综合运营费	14K	超额损失	0	应交所得税	431K	囤货	0
总分	133.26			排名	1		

2. 第二年

1) 年初经营

(1) 当年开始。

第二年，政府补助社保返还 50K，税费减免 50K，支付年终奖 129K，支付企业福利 129K，绩效奖金 12K，上一年度社会平均工资 18K。

(2) 人力资源规划。

第二年年初 C5 小组计划生产 P1 产品 10 批。

第二年无招聘、晋升培训、调岗计划。

费用规划是人力资源规划的重要内容之一，费用预算如表 5-108 所示。

表5-108　费用预算

单位：K

项目	金额	项目	金额
人力资源总经费	22	计划工资总支出	22
计划招聘费用	0	其他人力资源支出	0
计划培训费用	0	非人力资源经费	0

(3) 人力资源经费申请。

根据费用预算，C5 小组申请了 2783K 的人力资源经费。

(4) 工作分析与薪酬设计。

第二年基本工资区间、薪酬设计、基本工资设定都与上年相同。

(5) 绩效指标确定。

第二年绩效考核分别设定如下。

总经理：净利润增长率(20%)、产品销量(20%)、产品利润(40%)、生产计划准确率(20%)。

人力资源经理：人力资源规划方案提交及时率(20%)、人力资源成本预算准确率(10%)、人均人力资源成本(20%)、员工流失率(30%)、劳动争议发生次数(10%)、经费申请不当产生的损失(10%)。

招聘主管：招聘费用准确率(30%)、招聘计划达成率(40%)、招聘人员流失率(30%)。

培训主管：培训费用准确率(25%)、培训计划(25%)、培训能力提升(30%)、培训人次(20%)。

绩效主管：员工价值增量(50%)、当年所选考核指标数(50%)。

薪酬主管：人均薪酬(40%)、薪资总额预算准确率(30%)、当年绩效奖金占薪资比(30%)。

2) 年中经营

C5 小组第二年生产 P1、P2 产品，并开始研发 P2、P3。第二年四期运营情况如表 5-109 所示。

表5-109 第二年四期运营情况

<table>
<tr><th></th><th>第一期</th><th>第二期</th><th>第三期</th><th>第四期</th></tr>
<tr><td>招聘</td><td colspan="2">第一期放弃挖人；招聘共花费 20K，其中人(研 A、B，生 B)；网(研 A、C)，招聘结果见表 5-110</td><td colspan="2">第三期招聘共花费 19K，人(销 A、B)；网(销 B、D)；校(销 D)，招聘结果见表 5-110</td></tr>
<tr><td>培训</td><td>新(3 人，3K)</td><td>无</td><td>新(3 人，3K)</td><td>无</td></tr>
<tr><td>研发</td><td>P3(10/18，5 期)；
P4(12/12，7 期)</td><td>P3(10/18，4 期)；
P4(12/12，6 期)</td><td>P3(10/18，3 期)；
P4(12/12，5 期)</td><td>P3(10/18，2 期)；
P4(12/12，4 期)</td></tr>
<tr><td>生产</td><td>P1(18/18，108K)；
P2(9/7，84K)</td><td>P1(18/18，108K)；
P2(9/7，84K)</td><td>P1(18/18，108K)；
P2(9/7，84K)</td><td>P1(18/18，108K)；
P2(9/7，84K)</td></tr>
<tr><td>销售</td><td colspan="4">P1(66 批/72 批，50K/38K，66 批，3300K)；P2(28 批/28 批，190K/127K，28 批，5320K)</td></tr>
<tr><td>薪资核算</td><td>合计 902K，其中
M＝74K，K＝31K；
J＝617K，L＝180K</td><td>合计 661K，其中
M＝77K，K＝32K；
J＝391K，L＝161K</td><td>合计 789K，其中
M＝74K，K＝31K；
J＝494K，L＝190K</td><td>合计 778K，其中
M＝74K，K＝31K；
J＝477K，L＝196K</td></tr>
<tr><td>其他</td><td colspan="4">第四期：经费回账 10K，紧急申请 640K</td></tr>
</table>

注：表内数据解释见表 5-10。

C5 小组第二年第一期成功招聘 3 人，第三期成功招聘 3 人，招聘结果如表 5-110 所示。

表5-110　招聘结果

招聘渠道	(员工类型，级别，定岗，岗位津贴，合同期限)
网络招聘	第一期：(Y21093，A，P4，50K，6 年)；第三期：(X23089，B，P2，60K，6 年)
人才交流中心	第一期：(Y21092，A，P3，100K，6 年)、(S21085，B，P2，90K，6 年)
校园招聘	第三期：(X23094，D，P1，5K，6 年)、(X23096，D，P1，1K，6 年)

3) 年末经营

年末进行绩效考核和市场排名，详情如表 5-111 所示。

表5-111　第二年经营结果

	总经理	人力资源经理		招聘主管	培训主管	绩效主管	薪酬主管
考核总分	90	77		65	62	60	66
薪酬等级变化	+1	0		0	−1	0	0
价值变化	+2	0		0	−1	0	0
绩效奖金	0	0		8	0	0	0
综合运营费	17K	超额损失	0	应交所得税	1045K	囤货	6K
总分	301.24			排名	1		

3. 第三年

1) 年初经营

(1) 当年开始。

第三年政府补助社保返还 50K，税费减免 50K，支付绩效奖金 12K，支付管理人员年终奖 313K，支付企业福利 313K，上一年度社会平均工资 16K。

(2) 人力资源规划。

第三年年初 C5 小组计划生产 P1 产品 10 批。

第三年无招聘、晋升培训、调岗计划。

费用规划是人力资源规划的重要内容之一，费用预算如表 5-112 所示。

表5-112　费用预算

单位：K

项目	金额	项目	金额
人力资源总经费	2	计划工资总支出	2
计划招聘费用	0	其他人力资源支出	0
计划培训费用	0	非人力资源经费	0

(3) 人力资源经费申请。

根据费用预算，C5 小组申请了 5000K 的人力资源经费。

(4) 工作分析与薪酬设计。

第三年基本工资区间、薪酬设计、基本工资设定都与上年相同。

(5) 绩效指标确定。

第三年绩效考核分别设定如下。

总经理：净利润(10%)、产品销量(10%)、产品利润(10%)、生产计划准确率(70%)。

人力资源经理：人力资源规划方案提交及时率(10%)、人力资源成本(10%)、人均人力资源成本(10%)、员工流失率(10%)、劳动争议发生次数(10%)、经费申请不当产生的损失(50%)。

招聘主管：人均招聘成本(10%)、招聘计划达成率(10%)、招聘人员流失率(80%)。

培训主管：人均培训费用(10%)、培训计划(10%)、培训能力提升(10%)、培训人次(70%)。

绩效主管：管理人员价值增量(10%)、当年所选考核指标数(90%)。

薪酬主管：人均薪酬(10%)、薪酬总额占人力资源成本比(10%)、当年绩效奖金占薪资比(80%)。

2) 年中经营

C5 小组第三年成功研发 P3、P4，并开始生产 P3 产品。第三年四期运营情况如表 5-113 所示。

表5-113 第三年四期运营情况

	第一期	第二期	第三期	第四期
招聘	第一期放弃挖人，招聘共花费 12K，人(生B)；网(生 A、B)，招聘结果见表 5-114		第三期招聘共花费 49K，其中人(研 A、B，生 A、B，销 B)；网(研 A、B，生 A、B，销 A、B)；传(研 B)，招聘结果见表 5-114	
培训	无	无	新(13 人，13K)	无
研发	P3(10/18，1 期)； P4(12/12，3 期)	P3 第三年第一期研发完成；P4(12/12，2 期)	P4(12，12，1 期)	P4 第三年第三期研发完成
生产	P1(18/18，108K)； P2(9/7，84K)	P1(18/18，108K)； P2(9/7，84K)	P1(18/18，108K)； P2(9/7，84K)； P3(16/16，320K)	P1(18/18，108K)； P2(9/7，84K)； P3(16/16，320K)

(续表)

	第一期	第二期	第三期	第四期
销售	P1(66 批/78 批，80K/66K，48 批，3840K)；P2(28 批/28 批，174K/116K，28 批，4872K)；P3(32 批/32 批，295K/197K，20 批，5900K)			
薪资核算	合计 732K，其中 M=81K，K=34K；J=437K，L=180K	合计 760K，其中 M=84K，K=35K；J=454K，L=187K	合计 2616K，其中 M=81K，K=34K；J=2061K，L=440K	合计 1423K，其中 M=81K，K=34K；J=927K，L=381K
其他	第四期：紧急申请 1400K			

注：表内数据解释见表 5-10。

C5 小组第三年仅第三期成功招聘 13 人，招聘结果如表 5-114 所示。

表5-114 招聘结果

招聘渠道	(员工类型，级别，定岗，岗位津贴，合同期限)
人才交流中心	第三期：(Y33066，A，P3，90K，6 年)、(Y33068，B，P3，90K，6 年)、(Y33069，B，P3，90K，6 年)、(S33064，A，P3，100K，6 年)、(S33066，B，P3，90K，6 年)、(X33051，B，P3，90K，6 年)
网络招聘	第三期：(Y33067，A，P3，90K，6 年)、(Y33070，B，P3，90K，6 年)、(S33065，A，P3，100K，6 年)、(S33067，B，P3，90K，6 年)、(X33050，A，P3，100K，6 年)、(X33053，B，P3，90K，6 年)
传统媒体招聘	第三期：(Y33071，B，P3，90K，6 年)

3) 年末经营

年末进行绩效考核和市场排名，详情如表 5-115 所示。

表5-115 第三年经营结果

	总经理	人力资源经理		招聘主管	培训主管	绩效主管	薪酬主管
考核总分	64	63		95	55	77	71
薪酬等级变化	−1	−1		+1	−1	0	0
价值变化	−1	−1		+2	−1	0	0
绩效奖金	0	0		7	0	0	0
综合运营费	23K	超额损失	0	应交所得税	1684K	囤货	42K
总分	727.87			排名	1		

4. 第四年

1) 年初经营

(1) 当年开始。

第四年当年开始政府社保返还 50K，税费减免 50K，支付管理人员绩效奖金 7K，支付管理人员年终奖 505K，支付企业福利 505K，上一年度社会平均工资 19K。

(2) 人力资源规划。

第四年年初 C5 小组计划生产 P1 产品 10 批。

第四年 C5 小组无招聘计划、晋升培训、调岗计划。

费用规划是人力资源规划的重要内容之一，费用预算如表 5-116 所示。

表5-116 费用预算

单位：K

项目	金额	项目	金额
人力资源总经费	1	计划工资总支出	0
计划招聘费用	1	其他人力资源支出	0
计划培训费用	0	非人力资源经费	0

(3) 人力资源经费申请。

根据费用预算，C5 小组申请了 10000K 的人力资源经费。

(4) 工作分析与薪酬设计。

第四年基本工资区间、薪酬设计、基本工资设定都与上年相同。

(5) 绩效指标确定。

第四年绩效考核指标选择和权重设置与上年相同。

2) 年中经营

C5 小组第四年生产 P1、P2、P3、P4 产品。第四年四期运营情况如表 5-117 所示。

表5-117 第四年四期运营情况

	第一期	第二期	第三期	第四期
招聘	第一期放弃挖人，招聘共花费 82K，其中人(研 A、B、C，生 C，销 C)；网(研 A、B、C，生 C，销 B)；传(研 B、C，销 C)；校(生 C)；再就业(研 B、C，生 C，销 C)，招聘结果见表 5-118		第三期招聘共花费 49K，其中人(研 A、B、C，生 A、B，销 A、B)；网(研 B、C，生 A、B)；传(销 A)，招聘结果见表 5-118	

(续表)

	第一期	第二期	第三期	第四期
培训	新(21 人，21K)	转岗(X41009、X41010、X41011、X41117、Y11037、X23090、X13033，P2，21K)；(S11022、S11024、S21085、X13028、X23089，P3，25K)；(S33064、X33050、Y33066、Y21092、Y33067，P4，35K)	新(12 人，12K)	无
研发	无	无	无	无
生产	P1(18/18，108K)；P2(9/9，108K)；P3(10/10，200K)	P1(15/15，90K)；P2(7/7，84K)；P3(10/10，200K)	P1(21/21，126K)；P2(14/14，168K)；P3(10/10，200K)；P4(12/12，420K)	P1(12/12，72K)；P2(5/5，60K)；P3(10/6，120K)；P4(12/12，420K)
销售	P1(96 批/96 批，89K/72K，96 批，8544K)；P2(35 批/35 批，130K/101K，35 批，4550K)；P3(48 批/52 批，160K/153K，48 批，7680K)；P4(24 批/24 批，523K/349K，24 批，12552K)；			
薪资核算	合计 2794K，其中 M=87K，K=36K；J=1996K，L=675K	合计 2097K，其中 M=90K，K=37K；J=1396K，L=574K	合计 3475K，其中 M=87K，K=36K；J=2528K，L=824K	合计 2800K，其中 M=87K，K=36K；J=1902K，L=775K
其他	第四期：经费回账 400K，紧急申请 3300K，流失(X33051、X33053)			

注：表内数据解释见表 5-10。

C5 小组第四年第一期成功招聘 21 人，第三期成功招聘 12 人，招聘结果如表 5-118 所示。

表5-118 招聘结果

招聘渠道	(员工类型，级别，定岗，岗位津贴，合同期限)
人才交流中心	第一期：(Y41010，A，P4，120K，6年)、(Y41011，B，P3，60K，6年)、(S41021，C，P1，0K，6年)、(X41009，C，P1，1K，6年)、(X41010，C，P1，1K，6年)、(X41011C，P1，1K，6年)； 第三期：(Y43074，A，P4，120K，6年)、(Y43077，B，P1，50K，6年)、(Y43084，C，P2，0K，6年)、(S43062，A，P4，120K，6年)、(S43071，B，P2，50K，6年)、(X43052，A，P1，120K，6年)、(X43058，B，P1，50K，6年)、(X43059，B，P1，50K，6年)
网络招聘	第一期：(Y41012，B，P3，60K，6年)、(Y41013，B，P3，60K，6年)、(Y41021，C，P2，0K，6年)、(Y41137，A，P4，120K，6年)、(S41023，C，P1，0K，6年)；第三期：(Y43081，B，P1，50K，6年)、(Y43087，C，P1，0K，6年)、(S43063，A，P4，120K，6年)、(S43073，B，P2，50K，6年)
传统媒体招聘	第一期：(Y41014，B，P3，60K，6年)、(Y41023，C，P2，1K，6年)、(Y41024，C，P2，1K，6年)、(X41117，P1，1K，6年)
校园招聘	第一期：(S41019，C，P1，32K，6年)、(S41020 ，C，P1，32K，6年)
再就业	第一期：(Y21099，B，P3，60K，6年)、(Y21101，C，P2，1K，6年)、(S23107，C，P1，36K，6年)、(X23090，C，P1，1K，6年)

3) 年末经营

年末进行绩效考核和市场排名，详情如表5-119所示。

表5-119 第四年经营结果

	总经理	人力资源经理		招聘主管	培训主管	绩效主管	薪酬主管
考核总分	65	61		95	92	77	73
薪酬等级变化	0	0		+1	+1	0	0
价值变化	0	0		+2	+2	0	0
绩效奖金	0	0		8	6	0	0
综合运营费	39K	超额损失	0	应交所得税	4554K	囤货	0
总分	1665.54			排名	1		

5. 第五年

1) 年初经营

(1) 当年开始。

第五年，政府补助社保返还 50K，税费减免 50K，支付管理人员绩效奖金 14K，支付管理人员年终奖 1366K，支付企业福利 1366K，上一年度社会平均工资 21K。

(2) 人力资源规划。

第五年年初 C5 小组计划生产 P1 产品 100 批。

第五年 C5 小组无招聘计划、晋升培训、调岗计划。

费用规划是人力资源规划的重要内容之一，费用预算如表 5-120 所示。

表5-120　费用预算

单位：K

项目	金额	项目	金额
人力资源总经费	2	计划工资总支出	0
计划招聘费用	0	其他人力资源支出	0
计划培训费用	2	非人力资源经费	0

(3) 人力资源经费申请。

根据费用预算，C5 小组申请了 20000K 的人力资源经费。

(4) 工作分析与薪酬设计。

第五年 C5 小组的薪酬设计与上年相同。基本工资设定如表 5-121 所示。

表5-121　基本工资设定

单位：K

	A	B	C	D
研发	45[39～45]	33[33～39]	27[27～33]	21[21～27]
生产	45[39～45]	33[33～39]	27[27～33]	21[21～27]
销售	45[39～45]	33[33～39]	27[27～33]	21[21～27]

(5) 绩效指标确定。

第五年绩效考核分别设定如下。

总经理：净利润增长率(25%)、销售额(25%)、产品利润(25%)、生产计划准确率(25%)。

人力资源经理：人力资源规划方案提交及时率(20%)、人力资源成本增长率(15%)、人均人力资源成本增长率(15%)、员工流失率(10%)、劳动争议发生次数(20%)、经费申请不当产生的损失(20%)。

招聘主管：招聘费用准确率(30%)、招聘计划达成率(40%)、招聘人员流失率(30%)。

培训主管：培训费用准确率(20%)、培训计划(30%)、培训能力提升(30%)、培训人次(20%)。

绩效主管：员工价值增量(40%)、当年所选考核指标数(60%)。

薪酬主管：人均薪酬(30%)、薪资总额预算准确率(40%)、当年绩效奖金占薪资比(30%)。

2) 年中经营

C5 小组第五年生产 P1、P2、P3、P4 产品。第五年四期运营情况如表 5-122 所示。

表5-122 第五年四期运营情况

	第一期	第二期	第三期	第四期
招聘	第一期放弃挖人，招聘共花费 72K，其中猎(生 A)；人(研 A、B、C，生 B、C)；网(生 B、C)；传(生 B)；再就业(研 A、B、C，生 C，销 B、C)，招聘结果见表 5-123		第三期招聘共花费 76K，其中人(研 B、C，生 B、C、D，销 B、C、D)；网(研 B，生 A、B、C、D，销 A、B、D)；校(生 D，研 C、D，销 D)，招聘结果见表 5-123	
培训	新(12 人，12K)	无	新(21 人，21K)；转岗(X43052，P4，7K)	无
研发	无	无	无	无
生产	P1(24/24，144K)；P2(25/25，300K)；P3(10/10，200K)；P4(12/12，420K)	P1(24/24，144K)；P2(25/25，300K)；P3(10/10，200K)；P4(12/12，420K)	P1(39/39，234K)；P2(25/25，300K)；P3(12/12，240K)；P4(12/12，420K)	P1(39/39，234K)；P2(25/25，300K)；P3(12/12，240K)；P4(12/12，420K)
销售	P1(126 批/126 批，115K/77K，69 批，7935K)；P2(96 批/100 批，141K/94K，63 批，8883K)；P3(44 批/44 批，312K/212K，13 批，4056K)；P4(48 批/48 批，516K/344K，43 批，22188K)			
薪资核算	合计 4414K，其中 M＝94K，K＝39K；J＝3073K，L＝1208K	合计 4109K，其中 M＝97K，K＝40K；J＝2815K，L＝1157K	合计 5284K，其中 M＝94K，K＝39K；J＝3712K，L＝1439K	合计 5097K，其中 M＝94K，K＝39K；J＝3532K，L＝1432K
其他	第四期：紧急申请 3000K，人员流失(Y43081、Y43077、Y11037、Y11036、Y43074、Y41137、X43059、X43058、S43063)			

注：表内数据解释见表 5-10。

C5 小组第五年第一期成功招聘 12 人，第三期成功招聘 21 人，招聘结果如表 5-123 所示。

表5-123 招聘结果

招聘渠道	(员工类型，级别，定岗，岗位津贴，合同期限)
人才交流招聘	第一期：(Y51124，C，P2，30K，6 年)、(S51151，B，P2，60K，6 年)、(S51154，C，P2，5K，6 年)、(S51155，C，P2，5K，6 年)；第三期：(Y53133，C，P2，3K，6 年)、(Y53134，C，P1，3K，6 年)、(S53165，B，P3，30K，6 年)、(S53167，C，P1，1K，6 年)、(S53168，C，P1，1K，6 年)、(S53172，D，P1，1K，6 年)、(S53173，D，P1，1K，6 年)、(X53112，C，P1，80K，6 年)、(X53115，D，P1，1K，6 年)、(X53110，B，P3，118K，6 年)
网络招聘	第一期：(S51152，B，P2，70K，6 年)、(S51156，C，P1，5K，6 年)；第三期：(Y53131，B，P3，90K，6 年)、(S53169，C，P1，1K，6 年)、(S53174，D，P1，1K，6 年)、(S53175，D，P1，1K，6 年)、(X53116，D，P1，3K，6 年)
传统媒体招聘	第一期：(S51153，B，P2，50K，6 年)
再就业	第一期：(Y13136，C，P2，50K，6 年)、(Y21103，C，P2，40K，6 年)、(S33070，C，P2，5K，6 年)、(X33053，B，P3，5K，6 年)、(X33057，C，P2，5K，6 年)
校园招聘	第三期：(Y53132，C，P2，3K，6年)、(Y53135，D，P1，3K，6年)、(S53170，D，P1，1K，6年)、(S53171，D，P1，1K，6年)、(X53113，D，P1，1K，6年)、(X53114，D，P1，1K，6年)

3) 年末经营

年末进行绩效考核和市场排名，详情如表 5-124 所示。

表5-124 第五年经营结果

	总经理	人力资源经理		招聘主管	培训主管	绩效主管	薪酬主管
考核总分	83	74		65	65	68	62
薪酬等级变化	0	0		0	0	0	−1
价值变化	0	0		0	0	0	−1
绩效奖金	0	0		0	0	0	0
综合运营费	55K	超额损失	0	应交所得税	4081K	囤货	130K
总分	2037.99			排名	1		

6. 第六年

1) 年初经营

(1) 当年开始。

第六年，政府补助社保返还 50K，支付管理人员年终奖 1224K，支付企业福利 1224K，上一年度社会平均工资 27K。

(2) 人力资源规划。

第六年年初 C5 小组计划生产 P1 产品 100 批。

第六年 C5 小组无招聘计划、晋升培训、调岗计划。

费用规划是人力资源规划的重要内容之一，费用预算如表 5-125 所示。

表5-125 费用预算

单位：K

项目	金额	项目	金额
人力资源总经费	3	计划工资总支出	1
计划招聘费用	0	其他人力资源支出	0
计划培训费用	2	非人力资源经费	0

(3) 人力资源经费申请。

根据费用预算，C5 小组申请了 32000K 的人力资源经费。

(4) 工作分析与薪酬设计。

第六年 C5 小组调整了基本工资区间和基本工资，薪酬设计与上年相同。基本工资设定如表 5-126 所示。

表5-126 基本工资设定

单位：K

	A	B	C	D
研发	80[74～80]	74[68～74]	68[62～68]	62[56～62]
生产	80[74～80]	74[68～74]	68[62～68]	62[56～62]
销售	80[74～80]	74[68～74]	68[62～68]	62[56～62]

(5) 绩效指标确定。

第六年绩效考核指标选择和权重设置与上年相同。

2) 年中经营

C5 小组在第六年第三期破产，第六年三期运营情况如表 5-127 所示。

表5-127　第六年三期运营情况

	第一期	第二期	第三期
招聘	挖人费用 12K，(研发 A，P4，C4，0，失败；生产 A，P4，C4，0，失败；销售 A，P4，C4，0，失败)，招聘共花费 67K，其中猎(生 A)；校(生 D)；人(生 D)；网(生 A、C、D)；传(生 A)；再就业(研 A、B、C、D，生 A、D)；招聘结果见表 5-128		放弃招聘
培训	新(26 人，26K)	无	无
研发	无	无	无
生产	P1(27/27，162K)；P2(36/36，432K)；P3(24/18，360K)；P4(18/14，490K)	无	无
薪资核算	合计 14356K，其中 M＝99K，K＝43K； J＝10858K，L＝3356K	合计 11853K，其中 M＝102K，K＝43K； J＝8336K，L＝3372K	无法支付薪酬，破产
其他	无		

注：表内数据解释见表 5-10。

C5 小组第六年仅在第一期成功招聘 26 人，招聘结果如表 5-128 所示。

表5-128　招聘结果

招聘渠道	(员工类型，级别，定岗，岗位津贴，合同期限)
猎头招聘	第一期：(S61120，A，P2，320K，6 年)
网络招聘	第一期：(S61117，A，P4，320K，6 年)、(S61118，A，P4，320K，6 年)、(S61138，D，P1，0K，6 年)、(S61139，D，P1，0K，6 年)、(S61140，D，P1，0K，6 年)
传统媒体招聘	第一期：(S61119，A，P3，320K，6 年)
人才交流中心	第一期：(S61135，D，P1，0K，6 年)、(S61136，D，P1，0K，6 年)、(S61137，D，P1，0K，6 年)
再就业	第一期：(Y21102，C，P2，100K，6 年)、(Y41030，D，P1，5K，6 年)、(Y41031，D，P1，5K，6 年)、(Y43074，A，P4，320K，6 年)、(Y43077，B，P3，280K，6 年)、(Y43081，B，P3，280K，6 年)、(S43090，D，P1，0K，6 年)、(S11040，D，P1，0K，6 年)、(S43063，A，P4，320K，6 年)、(S43089，D，P1，0K，6 年)、(S43091，D，P1，0K，6 年)
校园招聘	第一期：(S61130，D，P1，0K，6 年)、(S61131，D，P1，0K，6 年)、(S61132，D，P1，0K，6 年)、(S61133，D，P1，0K，6 年)、(S61134，D，P1，0K，6 年)

5.2.6 C6组

1. 第一年

1) 年初经营

(1) 人力资源规划。

第一年年初C6小组制定了中期战略目标。计划在短期内抢占P1产品市场，并在未来三年内把重点放在中低端产品的研发、生产上。第一年计划生产P1产品15批、P2产品6批。

由于第一年年初公司内部只有管理人员，C6小组计划从外部招聘研发B级员工2人，研发C级员工3人，研发D级员工2人；生产B级员工2人，生产C级员工2人，生产D级员工1人；销售B级员工2人，销售C级员工2人，销售D级员工3人。

第一年无晋升和调岗计划。

费用规划是人力资源规划的重要内容之一，费用预算如表5-129所示。

表5-129 费用预算

单位：K

项目	金额	项目	金额
人力资源总经费	1100	计划工资总支出	300
计划招聘费用	300	其他人力资源支出	300
计划培训费用	200	非人力资源经费	300

(2) 人力资源经费申请。

根据费用预算，C6小组申请了1300K的人力资源经费。

(3) 工作分析与薪酬设计。

工作分析中，区间的设定将影响基本工资的设置。根据公司发展规划，C6小组在第一年制定了较高的基本工资，薪酬设计选择了工龄工资、高温补贴、人才引进津贴。基本工资设定如表5-130所示。

表5-130 基本工资设定

单位：K

	A	B	C	D
研发	30[27～33]	24[21～26]	16[14～20]	7[5～10]
生产	30[25～31]	25[20～25]	17[14～20]	7[5～11]
销售	28[26～32]	24[19～25]	15[13～19]	7[5～11]

(4) 绩效指标确定。

绩效考核指标能够明确工作目标及考核标准，准确选择绩效指标对管理人员的绩效考核起着重要作用。第一年绩效考核分别设定如下。

总经理：净利润(30%)、产品销量(30%)、产品利润(30%)、生产计划准确率(10%)。

人力资源经理：人力资源规划方案提交及时率(10%)、人力资源成本(20%)、人均人力资源成本(20%)、员工流失率(20%)、劳动争议发生次数(20%)、经费申请不当产生的损失(10%)。

招聘主管：人均招聘成本(30%)、招聘计划达成率(30%)、招聘人员流失率(40%)。

培训主管：人均培训费用(30%)、培训计划(20%)、培训能力提升(30%)、培训人次(20%)。

绩效主管：管理人员价值增量(40%)、当年所选考核指标数(60%)。

薪酬主管：人均薪酬(30%)、薪资总额占人力资源成本比(30%)、当年绩效奖金占薪资比(40%)。

2) 年中经营

C6 小组第一年成功研发、生产 P1 产品。第一年四期运营情况如表 5-131 所示。

表5-131　第一年四期运营情况

	第一期	第二期	第三期	第四期
招聘	第一期招聘共花费 61K，其中校(研 D，生 D)；人(研 B、C，生 B、C、D)；网(研 B、C、D，生 B、C)；传(研 B、C，生 C)，招聘结果见表 5-132		第三期招聘共花费 80K，其中猎(研 A，生 A，销 A)；校(研 D，生 D，销 C、D)；人(研 B、C，生 B、C，销 B、C)；网(研 B、C，生 B、C，销 C)；传(研 C，生 B，销 B)，招聘结果见表 5-132	
培训	新(6 人，6K)	无	新(10 人，10K)	无
研发	P1(5/15，1 期)	无	无	无
生产	无	P1(3/3，18K)	P1(6/6，36K)	P1(6/6，36K)
销售	P1(15 批/15 批，70K/65K，15 批，1050K)			
薪资核算	合计 235K，其中 M=45K，K=19K；J=121K，L=50K	合计 150K，其中 M=48K，K=20K；J=58K，L=24K	合计 406K，其中 M=45K，K=19K；J=242K，L=100K	合计 259K，其中 M=45K，K=19K；J=138K，L=57K
其他	无			

注：表内数据解释见表 5-10。

C6 小组第一年第一期成功招聘 6 人，第三期成功招聘 10 人，招聘结果如表 5-132 所示。

表5-132　招聘结果

招聘渠道	(编号，级别，定岗，人才引进津贴，合同期限)
人才交流中心	第三期：(Y13061，C，P2，25K，6 年)
校园招聘	第一期：(Y11047，D，P1，9K，6 年)、(Y11048 ，D，P1，8K，6 年)、(S11033，D，P1，9K，6 年)、(S11034，D，P1，8K，6 年)、(S11035，D，P1，11K，6 年) 第三期：(Y13063，D，P1，10K，6 年)、(Y13064，D，P1，9K，6 年)、(Y13065，D，P1，8K，6 年)、(S13054，D，P1，9K，6 年)、(S13055，D，P1，11K，6 年)、(S13056，D，P1，10K，6 年)、(X13038，D，P1，13K，6 年)、(X13041，D，P1，7K，5 年)、(X13042，D，P1，8K，6 年)
传统媒体招聘	第一期：(Y11057，C，P1，25K，6 年)

3) 年末经营

年末进行绩效考核和市场排名，详情如表 5-133 所示。

表5-133　第一年经营结果

	总经理	人力资源经理	招聘主管	培训主管	绩效主管	薪酬主管
考核总分	70	96	94	71	77	73
薪酬等级变化	-1	+1	+1	0	0	0
价值变化	0	+2	+2	0	0	0
绩效奖金	0	9	6	0	0	0
综合运营费	16K	超额损失　0	应交所得税	0	囤货	0
总分	42.18		排名	4		

2. 第二年

1) 年初经营

(1) 当年开始。

第二年，政府补助社保返还 50K，政府鼓励应届生就业 7K，支付管理人员绩效奖金 15K，上一年度社会平均工资 18K。

(2) 人力资源规划。

第二年年初 C6 小组制定了中期战略目标，计划在短期内抢占 P1 产品市场，并在未来三年内把重点放在中低端产品的研发、生产上。第二年计划生产 P1 产品 15 批、P2 产品 5 批。

C6 小组计划从外部招聘：研发 A 级员工 2 人，研发 B 级员工 3 人，研发 C 级员工 2 人；生产 A 级员工 1 人，生产 B 级员工 2 人，生产 C 级员工 3 人；销售 A 级员工 1 人，销售 B 级员工2人，销售C级员工3人。

第二年无晋升和调岗计划。

费用规划是人力资源规划的重要内容之一，费用预算如表5-134所示。

表5-134 费用预算

单位：K

项目	金额	项目	金额
人力资源总经费	1300	计划工资总支出	300
计划招聘费用	300	其他人力资源支出	400
计划培训费用	300	非人力资源经费	400

(3) 人力资源经费申请。

根据费用预算，C6小组申请了1300K的人力资源经费。

(4) 工作分析与薪酬设计。

第二年C6小组制定的基本工资区间、薪酬设计、基本工资设定都与上年相同。

(5) 绩效指标确定。

第二年总经理的指标选择和权重设置与上年相同，其他管理人员绩效指标设定如下。

人力资源经理：人力资源规划方案提交及时率(10%)、人力资源成本(10%)、人均人力资源成本(20%)、员工流失率(20%)、劳动争议发生次数(20%)、经费申请不当产生的损失(20%)。

招聘主管：人均招聘成本(40%)、招聘计划达成率(10%)、招聘人员流失率(50%)。

培训主管：人均培训费用(30%)、培训计划(30%)、培训能力提升(20%)、培训人次(20%)。

绩效主管：管理人员价值增量(50%)、当年所选考核指标数(50%)。

薪酬主管：人均薪酬(40%)、薪资总额占人力资源成本比(30%)、当年绩效奖金占薪资比(30%)。

2) 年中经营

C6小组第二年以生产P1产品为主，并成功研发P2。第二年四期运营情况如表5-135所示。

表5-135 第二年四期运营情况

	第一期	第二期	第三期	第四期
招聘	第一期放弃挖人，招聘共花费56K，其中校(研C，生D)；人(研A、B，生B、C)；网(研A、B、C，生A、B、C)；传(研B，生C)，招聘结果见表5-136		第三期招聘共花费64K，其中校(销D)；人(研B、C，生B、C，销A、B、C)；网(研B、C，生B、C，销B、C、D)；传(销C)，招聘结果见表5-136	
培训	新(4人，4K)	无	新(3人，3K)	无

（续表）

	第一期	第二期	第三期	第四期
研发	P2(8/12，3 期)	P2(8/12，2 期)	P2(8/24，1 期)	P2 第二年第三期研发成功
生产	P1(19/19，114K)	P1(19/19，114K)	P1(19/12，72K)	P1(19/19，114K)
销售	P1(69 批/69 批，47K/38K，69 批，3243K)			
薪资核算	合计 571K，其中 M＝53K，K＝28K； J＝339K，L＝151K	合计 436K，其中 M＝56K，K＝29K； J＝239K，L＝112K	合计 542K，其中 M＝53K，K＝28K； J＝315K，L＝146K	合计 542K，其中 M＝53K，K＝28K； J＝317K，L＝144K
其他	第三期：紧急申请 400K；第四期：紧急申请 600K，流失(X13042，S13056，S13055)			

注：表内数据解释见表 5-10。

C6 小组第二年第一期成功招聘 4 人，第三期成功招聘 3 人，招聘结果如表 5-136 所示。

表5-136　招聘结果

招聘渠道	(编号，级别，定岗，人才引进津贴，合同期限)
校园招聘	第一期：(Y21100，C，P2，26K，6 年)
网络招聘	第一期：(Y21101，C，P1，27K，6 年)、(S21084，A，P1，41K，6 年)、(S21094，C，P1，26K，6 年) 第三期：(Y23115，C，P2，13K，6 年)、(Y23116，C，P2，13K，6 年)
人才交流中心	第三期：(X23085，A，P1，1K，6 年)

3) 年末经营

年末进行绩效考核和市场排名，详情如表 5-137 所示。

表5-137　第二年经营结果

	总经理	人力资源经理		招聘主管	培训主管	绩效主管	薪酬主管
考核总分	65	79		80	65	85	81
薪酬等级变化	0	0		0	0	+1	0
价值变化	0	0		0	0	+2	0
绩效奖金	0	0		0	0	6	0
综合运营费	20K	超额损失	0	应交所得税	58K	囤货	0
总分	86.57			排名	4		

3. 第三年

1) 年初经营

(1) 当年开始。

当年开始，政府补助社保返还50K，支付企业福利45K，支付管理人员年终奖45K，支付管理人员绩效奖金6K，上一年度社会平均工资16K。

(2) 人力资源规划。

第三年年初C6小组制定了短期战略目标和中期战略目标。计划在短期内抢占P1产品市场并在未来三年内把重点放在中低端产品的研发、生产上。第三年计划生产P1产品50批、P2产品12批。

C6小组计划从外部招聘：生产B级员工2人，生产C级员工2人；销售B级员工2人，销售C级员工2人。

第三年无晋升培训、调岗计划。

费用规划是人力资源规划的重要内容之一，费用预算如表5-138所示。

表5-138　费用预算

单位：K

项目	金额	项目	金额
人力资源总经费	1100	计划工资总支出	300
计划招聘费用	300	其他人力资源支出	250
计划培训费用	250	非人力资源经费	300

(3) 人力资源经费申请。

根据费用预算，C6小组申请了1700K的人力资源经费。

(4) 工作分析与薪酬设计。

第三年C6小组基本工资区间与上年相同，薪酬设计选择人才引进津贴。基本工资设定如表5-139所示。

表5-139　基本工资设定

单位：K

	A	B	C	D
研发	27[27～33]	21[21～26]	14[14～20]	6[5～10]
生产	25[25～31]	20[20～25]	15[14～20]	6[5～11]
销售	26[26～32]	20[19～25]	14[13～19]	6[5～11]

(5) 绩效指标确定。

第三年总经理、绩效主管、薪酬主管的指标选择和权重设置与上年相同，其他管理人员绩效指标设定如下。

人力资源经理：人力资源规划方案提交及时率(20%)、人力资源成本(20%)、人均人力资源成本(10%)、员工流失率(20%)、劳动争议发生次数(20%)、经费申请不当产生的损失(10%)。

招聘主管：人均招聘成本(80%)、招聘计划达成率(10%)、招聘人员流失率(10%)。

培训主管：人均培训费用(25%)、培训计划(25%)、培训能力提升(25%)、培训人次(25%)。

2) 年中经营

C6 小组第三年以生产 P1、P2 产品为主。第三年四期运营情况如表 5-140 所示。

表5-140　第三年四期运营情况

	第一期	第二期	第三期	第四期
招聘	第一期放弃挖人，招聘共花费 31K，其中人(生 B、C)；网(生 A、B、C)；传(生 C)；再(生 B)，招聘结果见表 5-141		第三期招聘费用共花费 25K，其中人(销 B、C)；网(销 A、B、C)；传(销 C)，招聘结果见表 5-141	
培训	新(2 人，2K)	无	新(3 人，3K)	企业文化(31 人，4K/人)
研发	无	无	无	无
生产	P1(17/17，102K)；P2(7/7，84K)	P1(17/17，102K)；P2(7/7，84K)	P1(17/17，102K)；P2(7/7，84K)	P1(17/17，102K)；P2(7/7，84K)
销售	P1(68 批/68 批，67K/66K，68 批，4556K)；P2(28 批/28 批，174K/116K，28 批，4872K)			
薪资核算	合计 494K，其中 M=48K，K=25K；J=287K，L=134K	合计 453K，其中 M=48K，K=25K；J=258K，L=122K	合计 560K，其中 M=48K，K=25K；J=334K，L=153K	合计 580K，其中 M=48K，K=25K；J=349K，L=158K
其他	第四期：紧急申请 15K，紧急申请 620K，紧急申请 50K，流失(Y21101，Y13065，S13054)			

注：表内数据解释见表 5-10。

C6 小组第三年第一期成功招聘 2 人，第三期成功招聘 3 人，招聘结果如表 5-141 所示。

表5-141　招聘结果

招聘渠道	(编号，级别，定岗，人才引进津贴，合同期限)
传统媒体招聘	第一期：(S31007，C，P2，15K，6 年)
网络招聘	第三期：(X33068，C，P2，12K，6 年)、(X33069，C，P2，11K，6 年)
人才交流中心	第三期：(X33056，C，P2，11K，6 年)
再就业人员	第一期：(S13045，B，P2，14K，6 年)

3) 年末经营

年末进行绩效考核和市场排名，详情如表 5-142 所示。

表5-142　第三年经营结果

<table>
<tr><th></th><th>总经理</th><th colspan="2">人力资源经理</th><th>招聘主管</th><th>培训主管</th><th>绩效主管</th><th>薪酬主管</th></tr>
<tr><td>考核总分</td><td>94</td><td colspan="2">85</td><td>74</td><td>87</td><td>62</td><td>85</td></tr>
<tr><td>薪酬等级变化</td><td>+1</td><td colspan="2">+1</td><td>0</td><td>+1</td><td>−1</td><td>+1</td></tr>
<tr><td>价值变化</td><td>+2</td><td colspan="2">+2</td><td>0</td><td>+2</td><td>−1</td><td>+2</td></tr>
<tr><td>绩效奖金</td><td>12</td><td colspan="2">10</td><td>0</td><td>6</td><td>0</td><td>6</td></tr>
<tr><td>综合运营费</td><td>21K</td><td>超额损失</td><td>0</td><td>应交所得税</td><td>1569K</td><td>囤货</td><td>0</td></tr>
<tr><td>总分</td><td colspan="3">344.93</td><td>排名</td><td colspan="3">3</td></tr>
</table>

4. 第四年

1) 年初经营

(1) 当年开始。

第四年，政府补助社保返还 50K，支付企业福利 471K，支付管理人员年终奖 471K，支付管理人员绩效奖金 34K，上一年度社会平均工资 19K。

(2) 人力资源规划。

第四年年初 C6 小组制定了短期战略目标和中期战略目标，计划在短期内抢占 P1 产品市场，并在未来三年内把重点放在中低端产品的研发、生产上。第四年计划生产 P1 产品 68 批、P2 产品 30 批。

C6 小组计划从外部招聘：研发 B 级员工 2 人，研发 C 级员工 2 人。

第四年无晋升、调岗计划。

费用规划是人力资源规划的重要内容之一，费用预算如表 5-143 所示。

表5-143　费用预算

单位：K

项目	金额	项目	金额
人力资源总经费	1300	计划工资总支出	400
计划招聘费用	300	其他人力资源支出	300
计划培训费用	300	非人力资源经费	400

(3) 人力资源经费申请。

根据费用预算，C6 小组申请了 3000K 的人力资源经费。

(4) 工作分析与薪酬设计。

第四年 C6 小组制定的基本工资区间、薪酬设计与上年相同。只调整了 C 级员工的基本工资，其中，研发 C 级员工基本工资、生产 C 级员工基本工资、销售 C 级员工基本工资上调为 16K，其余不变。

(5) 绩效指标确定。

第四年总经理、绩效主管的指标选择和权重设置与上年相同，其他管理人员绩效指标设定如下。

人力资源经理：人力资源规划方案提交及时率(10%)、人力资源成本(10%)、人均人力资源成本(20%)、员工流失率(20%)、劳动争议发生次数(20%)、经费申请不当产生的损失(20%)。

招聘主管：人均招聘成本(30%)、招聘计划达成率(30%)、招聘人员流失率(40%)。

培训主管：人均培训费用(30%)、培训计划(30%)、培训能力提升(30%)、培训人次(10%)。

薪酬主管：人均薪酬(30%)、薪资总额占人力资源成本比(30%)、当年绩效奖金占薪资比(40%)。

2) 年中经营

C6 小组第四年以生产 P1、P2 产品为主。第四年四期运营情况如表 5-144 所示。

表5-144　第四年四期运营情况

<table>
<tr><th></th><th>第一期</th><th>第二期</th><th>第三期</th><th>第四期</th></tr>
<tr><td>招聘</td><td colspan="2">第一期放弃挖人，招聘共花费 52K，其中校(生 C)；人(研 A、B、C，生 B、C，销 B、C)；网(研 B，生 B、C，销 B)；传(研 B)，招聘结果见表 5-145</td><td colspan="2">第三期放弃招聘</td></tr>
<tr><td>培训</td><td>新(3 人，3K)</td><td>无</td><td>无</td><td>企业文化(31 人，4K/人)</td></tr>
<tr><td>研发</td><td>无</td><td>无</td><td>无</td><td>无</td></tr>
<tr><td>生产</td><td>P1(16/16，96K)；
P2(12/12，144K)</td><td>P1(16/16，96K)；
P2(12/12，144K)</td><td>P1(16/16，96K)；
P2(12/12，144K)</td><td>P1(16/16，96K)；
P2(12/12，144K)</td></tr>
<tr><td>销售</td><td colspan="4">P1(64 批/64 批，89K/72K，64 批，5696K)；P2(48 批/48 批，149K/101K，48 批，7152K)</td></tr>
<tr><td>薪资核算</td><td>合计 656K，其中
M＝51K，K＝29K；
J＝394K，L＝182K</td><td>合计 593K，其中
M＝51K，K＝29K；
J＝349K，L＝164K</td><td>合计 593K，其中
M＝51K，K＝29K；
J＝349K，L＝164K</td><td>合计 681K，其中
M＝51K，K＝29K；
J＝413K，L＝188K</td></tr>
<tr><td>其他</td><td colspan="4">第四期：紧急申请 750K，流失(Y11057，Y13064，X33069，S11035)</td></tr>
</table>

注：表内数据解释见表 5-10。

C6 小组第四年仅在第一期成功招聘 3 人，招聘结果如表 5-145 所示。

表5-145　招聘结果

招聘渠道	(编号，级别，定岗，人才引进津贴，合同期限)
网络招聘	第一期：(S41018，B，P2，16K，6 年)
人才交流中心	第一期：(Y41017，C，P2，13K，6 年)、(X41007，B，P2，16K，6 年)

3) 年末经营

年末进行绩效考核和市场排名，详情如表 5-146 所示。

表5-146　第四年经营结果

	总经理	人力资源经理		招聘主管	培训主管	绩效主管	薪酬主管
考核总分	89	79		80	88	90	88
薪酬等级变化	+1	0		0	+1	+1	0
价值变化	+2	0		0	+2	+2	0
绩效奖金	13	0		0	7	6	7
综合运营费	21K	超额损失	0	应交所得税	2041K	囤货	0
总分	612.04			排名	3		

5. 第五年

1) 年初经营

(1) 当年开始。

第五年，政府补助社保返还 50K，支付企业福利 612K，支付管理人员年终奖 612K，支付管理人员绩效奖金 33K，上一年度社会平均工资 21K。

(2) 人力资源规划。

第五年年初 C6 小组制定了短期战略目标和中期战略目标，计划在短期内抢占 P1 产品市场，并在未来三年内把重点放在中低端产品的研发、生产上。第五年计划生产 P1 产品 68 批、P2 产品 48 批。

C6 小组计划从外部招聘：研发 B 级员工 2 人，研发 C 级员工 2 人；生产 B 级员工 2 人；销售 B 级员工 2 人。

第五年无晋升和调岗计划。

费用规划是人力资源规划的重要内容之一，费用预算如表 5-147 所示。

表5-147 费用预算

单位：K

项目	金额	项目	金额
人力资源总经费	1200	计划工资总支出	300
计划招聘费用	300	其他人力资源支出	300
计划培训费用	300	非人力资源经费	300

(3) 人力资源经费申请。

根据费用预算，C6 小组申请了 4000K 的人力资源经费。

(4) 工作分析与薪酬设计。

第五年 C6 小组的基本工资区间与上年相同，薪酬设计选择高温补贴、人才引进津贴。基本工资设定有变化，具体设定如表 5-148 所示。

表5-148 基本工资设定

单位：K

	A	B	C	D
研发	31[27～33]	24[21～26]	18[14～20]	7[5～10]
生产	31[25～31]	22[20～25]	18[14～20]	7[5～11]
销售	31[26～32]	23[19～25]	18[13～19]	7[5～11]

(5) 绩效指标确定。

第五年总经理、招聘主管、绩效主管、薪酬主管的指标选择和权重设置与上年相同，其他管理人员绩效指标设定如下。

人力资源经理：人力资源规划方案提交及时率(20%)、人力资源成本(20%)、人均人力资源成本(20%)、员工流失率(20%)、劳动争议发生次数(10%)、经费申请不当产生的损失(10%)。

培训主管：人均培训费用(20%)、培训计划(30%)、培训能力提升(30%)、培训人次(20%)。

2) 年中经营

C6 小组第五年以生产 P1、P2 产品为主。第五年四期运营情况如表 5-149 所示。

表5-149　第五年四期运营情况

	第一期	第二期	第三期	第四期
招聘	第一期放弃挖人，招聘共花费64K，其中校(生D)；人(研A、B、C，生B)；网(生B)；传(生B)；再(研A、B、C，生C，销B、C)，招聘结果见表5-149		第三期招聘共花费34K，其中校(研C、D)；人(研B、C，销B、C)；网(研B，销A、B)，招聘失败	
培训	新(1人，1K)	无	无	企业文化(28人，4K/人)
研发	无	无	无	无
生产	P1(10/9，54K)；P2(12/12，144K)	P1(10/9，54K)；P2(12/12，144K)	P1(10/9，54K)；P2(12/12，144K)	P1(10/9，54K)；P2(12/12，144K)
销售	P1(36批/36批，105K/79K，36批，3780K)；P2(48批/48批，120K/94K，48批，5760K)			
薪资核算	合计617K，其中M=55K，K=32K；J=364K，L=166K	合计636K，其中M=58K，K=32K；J=376K，L=170K	合计605K，其中M=55K，K=32K；J=354K，L=164K	合计679K，其中M=55K，K=32K；J=407K，L=185K
其他	第四期：流失(Y41017、S11034)			

注：表内数据解释见表5-10。

C6小组第五年仅在第一期成功招聘1人，招聘结果如表5-150所示。

表5-150　招聘结果

招聘渠道	(编号，级别，定岗，人才引进津贴，合同期限)
校园招聘	第一期：(S51158，D，P1，10K，6年)

3) 年末经营

年末进行绩效考核和市场排名，详情如表5-151所示。

表5-151　第五年经营结果

	总经理	人力资源经理		招聘主管	培训主管	绩效主管	薪酬主管
考核总分	58	90		71	75	90	82
薪酬等级变化	−1	+1		0	0	+1	+1
价值变化	−1	+2		0	0	+2	+2
绩效奖金	0	11k		0	0	7k	8
综合运营费	19K	超额损失	0	应交所得税	1194K	囤货	0
总分	730.93			排名	3		

6. 第六年

1) 年初经营

(1) 当年开始。

第六年，政府补助社保返还 50K，支付企业福利 358K，支付管理人员年终奖 358K，支付管理人员绩效奖金 18K，上一年度社会平均工资 27K。

(2) 人力资源规划。

第六年年初 C6 小组制定了短期战略目标和中期战略目标。计划在短期内抢占 P1 产品市场并在未来三年内把重点放在中低端产品的研发、生产上。第六年计划生产 P1 产品 40 批、P2 产品 48 批。

C6 小组计划从外部招聘：研发 B 级员工 2 人，研发 C 级员工 2 人；生产 B 级员工 2 人，生产 C 级员工 2 人；销售 B 级员工 2 人，销售 C 级员工 2 人。

第六年无晋升和调岗计划。

费用规划是人力资源规划的重要内容之一，费用预算如表 5-152 所示。

表5-152　费用预算

单位：K

项目	金额	项目	金额
人力资源总经费	1200	计划工资总支出	300
计划招聘费用	300	其他人力资源支出	300
计划培训费用	300	非人力资源经费	300

(3) 人力资源经费申请。

根据费用预算，C6 小组申请了 6000K 的人力资源经费。

(4) 工作分析与薪酬设计。

第六年 C6 小组的基本工资区间与上年相同，薪酬设计全部勾选。基本工资设定有变化，具体设定如表 5-153 所示。

表5-153　基本工资设定

单位：K

	A	B	C	D
研发	33[27～33]	26[21～26]	20[14～20]	10[5～10]
生产	31[25～31]	25[20～25]	20[14～20]	10[5～11]
销售	32[26～32]	25[19～25]	19[13～19]	10[5～11]

(5) 绩效指标确定。

第六年总经理、人力资源经理、招聘主管、绩效主管、薪酬主管的指标选择和权重设置与上年相同，其他管理人员绩效指标设定如下。

培训主管：人均培训费用(30%)、培训计划(30%)、培训能力提升(30%)、培训人次(10%)。

2) 年中经营

C6 小组第六年以生产 P1、P2 产品为主。第六年四期运营情况如表 5-154 所示。

表5-154 第六年四期运营情况

	第一期	第二期	第三期	第四期
招聘	第一期放弃挖人，招聘共花费 24K，其中再(研A、B、C、D)，招聘失败		第三期放弃招聘	
培训	无	无	无	企(26K，4K/人)
研发	无	无	无	无
生产	P1(10/9，54K)； P2(7/7，84K)	P1(10/9，54K)； P2(12/12，144K)	P1(10/9，54K)； P2(12/12，144K)	P1(10/9，54K)； P2(12/12，144K)
销售	P1(36 批/36 批，110K/85K，36 批，3960K)；P2(43 批/43 批，139K/108K，43 批，5977K)			
薪资核算	合计 868K，其中 M=106K，K=44K; J=508K，L=210K	合计 903K，其中 M=109K，K=45K; J=530K，L=219K	合计 884K，其中 M=106K，K=44K; J=519K，L=215K	合计 953K，其中 M=106K，K=44K; J=568K，L=235K
其他	无			

注：表内数据解释见表 5-10。

3) 年末经营

年末进行绩效考核和市场排名，详情如表 5-155 所示。

表5-155 第六年经营结果

	总经理	人力资源经理		招聘主管	培训主管	绩效主管	薪酬主管
考核总分	75	92		85	86	60	85
薪酬等级变化	0	+1		+1	+1	−1	+1
价值变化	0	+2		+2	+2	−1	+2
绩效奖金	0	11		7	8	0	8
综合运营费	18K	超额损失	92K	应交所得税	1163K	囤货	0K
总分	878.41			排名	2		

5.2.7 C7组

1. 第一年

1) 年初经营

(1) 人力资源规划。

第一年年初C7小组制定了中期战略目标。计划在短期内抢占P1产品市场并在未来三年内把重点放在高端产品上。第一年计划生产P1产品10批、P2产品1批。

第一年无招聘、晋升、培训、调岗计划。

费用规划是人力资源规划的重要内容之一，费用预算如表5-156所示。

表5-156 费用预算

单位：K

项目	金额	项目	金额
人力资源总经费	800	计划工资总支出	500
计划招聘费用	200	其他人力资源支出	100
计划培训费用	0	非人力资源经费	0

(2) 人力资源经费申请。

根据费用预算，C7小组申请了2000K的人力资源经费。

(3) 工作分析与薪酬设计。

工作分析中，区间的设定将影响基本工资的设置。根据公司发展规划，C7小组在第一年制定了高基本工资，薪酬设计包括工龄工资、高温补贴、人才引进津贴。基本工资设定如表5-157所示。

表5-157 基本工资设定

单位：K

	A	B	C	D
研发	34[28～34]	28[22～28]	20[16～22]	10[10～16]
生产	34[28～34]	28[22～28]	20[16～22]	10[10～16]
销售	34[28～34]	28[22～28]	20[16～22]	10[10～16]

(4) 绩效指标确定。

绩效考核指标能够明确工作目标及考核标准，准确选择绩效指标对管理人员的绩效考核起

着重要作用。第一年绩效考核分别设定如下。

总经理：净利润(25%)、产品销量(25%)、产品利润(25%)、生产计划准确率(25%)。

人力资源经理：人力资源规划方案提交及时率(10%)、人力资源成本(30%)、人均人力资源成本(20%)、员工流失率(20%)、劳动争议发生次数(10%)、经费申请不当产生的损失(10%)。

招聘主管：人均招聘成本(40%)、招聘计划达成率(30%)、招聘人员流失率(30%)。

培训主管：人均培训费用(25%)、培训计划(25%)、培训能力提升(25%)、培训人次(25%)。

绩效主管：管理人员价值增量(50%)、当年所选考核指标数(50%)。

薪酬主管：人均薪酬(40%)、薪资总额占人力资源成本比(30%)、当年绩效奖金占薪资比(30%)。

2) 年中经营

C7 小组第一年以生产 P1 产品为主，并成功研发 P2。第一年四期运营情况如表 5-158 所示。

表5-158　第一年四期运营情况

	第一期	第二期	第三期	第四期
招聘	第一期招聘共花费 42K，其中人(研 B、C，生 B、C)；网(研 B、C，生 B、C)；传(研 B，生 C)，招聘结果见表 5-159		第三期招聘共花费 77K，其中猎(研 A，生 A，销 A)；校(研 D，生 D，销 C)；人(研 B、C，生 B、C，销 B、C)；网(研 B、C，生 B、C，销 C)；传(生 B，销 B、D)，招聘结果见表 5-159	
培训	新(2 人，2K)	无	新(5 人，5K)	无
研发	P1(5/9，1 期)；P2(8/15，3 期)	P1 第一年第一期研发完成；P2(8/15，2 期)	P2(8/15，1 期)	P2 第一年第三期研发完成
生产	无	无	P1(6/6，36K)	P1(6/6，36K)
销售	P1(12 批/12 批，75K/65K，12 批，900K)			
薪资核算	合计 221K，其中 M=45K，K=19K；J=111K，L=46K	合计 139K，其中 M=48K，K=20K；J=50K，L=21K	合计 629K，其中 M=45K，K=19K；J=400K，L=165K	合计 316K，其中 M=45K，K=19K；J=178K，L=74K
其他	无			

注：表内数据解释见表 5-10。

C7 小组第一年第一期成功招聘 2 人，第三期成功招聘 5 人，招聘结果如表 5-159 所示。

表5-159 招聘结果

招聘渠道	(员工类型，级别，定岗，岗位津贴，合同期限)
传统媒体招聘	第一期：(Y11038，B，P2，53K，6 年)
网络招聘	第一期：(Y11044，C，P1，10K，6 年)；第三期：(S13046，B，P1，63K，6 年)、(X13034，C，P1，20K，6 年)
人才交流中心	第三期：(Y13058，B，P3，83K，6 年)、(Y13059，B，P1，40K，6 年)
校园招聘	第三期：(X13030，C，P1，20K，6 年)

3) 年末经营

年末进行绩效考核和市场排名，详情如表 5-160 所示。

表5-160 第一年经营结果

<table>
<tr><th></th><th>总经理</th><th colspan="2">人力资源经理</th><th>招聘主管</th><th>培训主管</th><th>绩效主管</th><th>薪酬主管</th></tr>
<tr><td>考核总分</td><td>70</td><td colspan="2">76</td><td>67</td><td>67</td><td>77</td><td>71</td></tr>
<tr><td>薪酬等级变化</td><td>0</td><td colspan="2">0</td><td>0</td><td>0</td><td>0</td><td>0</td></tr>
<tr><td>价值变化</td><td>0</td><td colspan="2">0</td><td>0</td><td>0</td><td>0</td><td>0</td></tr>
<tr><td>绩效奖金</td><td>0</td><td colspan="2">0</td><td>0</td><td>0</td><td>0</td><td>0</td></tr>
<tr><td>综合运营费</td><td>12K</td><td>超额损失</td><td>43K</td><td>应交所得税</td><td>0</td><td>囤货</td><td>0</td></tr>
<tr><td>总分</td><td colspan="3">30.7</td><td>排名</td><td colspan="3">5</td></tr>
</table>

2. 第二年

1) 年初经营

(1) 当年开始。

第二年，政府补助社保返还 50K，上一年度社会平均工资 18K。

(2) 人力资源规划。

第二年年初 C7 小组计划生产 P1 产品 10 批。

第二年计划招聘生产 B 级员工 1 人、销售 C 级员工 1 人，无晋升培训、调岗计划。

费用规划是人力资源规划的重要内容之一，费用预算如表 5-161 所示。

表5-161 费用预算

单位：K

项目	金额	项目	金额
人力资源总经费	1000	计划工资总支出	500
计划招聘费用	500	其他人力资源支出	0
计划培训费用	0	非人力资源经费	0

(3) 人力资源经费申请。

根据费用预算，C7 小组申请了 800K 的人力资源经费。

(4) 工作分析与薪酬设计。

第二年 C7 小组制定的基本工资区间与上年相同，薪酬设计选择高温津贴和人才引进津贴。只调整了生产 C 级员工的基本工资，上调至 22K。

(5) 绩效指标确定。

第二年绩效考核指标选择和权重设置与上年相同。

2) 年中经营

C7 小组第二年第三期破产。第二年三期运营情况如表 5-162 所示。

表5-162　第二年三期运营情况

	第一期	第二期	第三期
招聘	第一期招聘共花费 64K，其中校(研 C，生 D)；人(研 A、B，生 B、C、D)；网(研 A、B、C，生 A、B、C、D)；传(研 B，生 C)，招聘结果见表 5-163		放弃招聘
培训	新(5 人，5K)；转岗(Y13058，P2，3K)	无	无
研发	P3(10，18，5 期)	P3(10，12，4 期)	无
生产	P1(6/6，36K)；P2(9/7，84K)	P1(6/6，36K)；P2(9/7，84K)	无
销售	破产		
薪资核算	合计 555K，其中 M＝45K，K＝28K； J＝347K，L＝135K	合计 522K，其中 M＝48K，K＝28K； J＝316K，L＝130K	无法支付薪酬，破产
其他	无		

注：表内数据解释见表 5-10。

C7 小组第二年仅在第一期成功招聘 5 人，招聘结果如表 5-163 所示。

表5-163　招聘结果

招聘渠道	(员工类型，级别，定岗，岗位津贴，合同期限)
人才交流中心	第一期：(Y21095，B，P3，0K，6 年)、(Y21097，B，P3，0K，6 年)
网络招聘	第一期：(S21092，B，P2，43K，6 年)、(S21095，C，P2，0K，6 年)
传统媒体	第一期：(S21096，C，P2，0K，6 年)

5.2.8 C8组

1. 第一年

1) 年初经营

(1) 人力资源规划。

第一年年初 C8 小组制定了长期战略目标，计划首先在短期内抢占 P1 产品市场，由销售 P1 产品迅速回笼资金，然后加快 P2、P3 产品的研发和生产，尽可能掌控高端市场。第一年计划生产 10 批 P1、生产 4 批 P2。

根据长期战略规划，C8 小组计划从外部招聘：研发 A 级员工 1 人，研发 B 级员工 1 人；生产 A 级员工 1 人，生产 B 级员工 1 人；销售 A 级员工 1 人，销售 B 级员工 1 人。

第一年无调岗计划和培训计划。

费用规划是人力资源规划的重要内容之一，费用预算如表 5-164 所示。

表5-164 费用预算

单位：K

项目	金额	项目	金额
人力资源总经费	1050	计划工资总支出	600
计划招聘费用	150	其他人力资源支出	150
计划培训费用	150	非人力资源经费	100

(2) 人力资源经费申请。

根据费用预算，C8 小组人力资源经费申请 1200K。

(3) 工作分析与薪酬设计。

工作分析中，区间的设定将影响基本工资的设置。根据公司发展规划，第一年 C8 小组制定了基本工资，薪酬设计选择高温补贴和人才引进津贴。基本工资设定如表 5-165 所示。

表5-165 基本工资设定

单位：K

	A	B	C	D
研发	21[20～26]	19[16～20]	13[10～16]	6[4～10]
生产	21[20～26]	19[16～20]	13[10～16]	6[4～10]
销售	21[20～26]	19[16～20]	13[10～16]	6[4～10]

(4) 绩效指标确定。

绩效考核指标能够明确工作目标及考核标准，准确选择绩效指标对管理人员的绩效考核起着重要作用。第一年绩效考核分别设定如下。

总经理：净利润(30%)、产品销量(40%)、产品利润(20%)、生产计划准确率(10%)。

人力资源经理：人力资源规划方案提交及时率(20%)、人力资源成本(20%)、人均人力资源成本(10%)、员工流失率(20%)、劳动争议发生次数(20%)、经费申请不当产生的损失(10%)。

招聘主管：人均招聘成本(30%)、招聘计划达成率(40%)、招聘人员流失率(30%)。

培训主管：人均培训费用(10%)、培训计划(30%)、培训能力提升(30%)、培训人次(30%)。

绩效主管：管理人员价值增量(40%)、当年所选考核指标数(60%)。

薪酬主管：人均薪酬(30%)、薪资总额占人力资源成本比(40%)、当年人才引进津贴占薪资比(30%)。

2) 年中经营

C8 小组第一年以生产 P1 产品为主，并开始研发 P2。第一年四期运营情况如表 5-166 所示。

表5-166　第一年四期运营情况

<table>
<tr><th></th><th>第一期</th><th>第二期</th><th>第三期</th><th>第四期</th></tr>
<tr><td>招聘</td><td colspan="2">第一期招聘共花费 70K，其中校(研 D，生 D)；人(研 B、C、D，生 B、C、D)；网(研 B、C、D，生 B、C)；传(研 B、C，生 C、D)，招聘结果见表 5-167</td><td colspan="2">第三期招聘共花费 89K，其中猎(研 A，生 A)；校(研 D，生 D，销 C、D)；人(研 B、C，生 B、C、D，销 C、D)；网(研 B、C，生 B、C、D，销 C、D)；传(研 C，生 B，销 D)，招聘结果见表 5-167</td></tr>
<tr><td>培训</td><td>新(3 人，3K)</td><td>无</td><td>新(9 人，9K)</td><td>在岗(X13048，X13049，4K)</td></tr>
<tr><td>研发</td><td>P1(5/9，1 期)</td><td>P1 第一年第一期研发完成</td><td>P2(8/15，3 期)</td><td>P2(8/15，2 期)</td></tr>
<tr><td>生产</td><td>无</td><td>无</td><td>P1(5/5，30K)</td><td>P1(5/5，30K)</td></tr>
<tr><td>销售</td><td colspan="4">P1(10 批/10 批，75K/65K，10 批，750K)</td></tr>
<tr><td>薪资核算</td><td>合计 103K，其中
M=45K，K=19K；
J=27K，L=12K</td><td>合计 98K，其中
M=48K，K=20K；
J=21K，L=9K</td><td>合计 453K，其中
M=45K，K=19K；
J=275K，L=114K</td><td>合计 201K，其中
M=45K，K=19K；
J=97K，L=40K</td></tr>
<tr><td>其他</td><td colspan="4">无</td></tr>
</table>

注：表内数据解释见表 5-10。

C8 小组第一年第一期成功招聘 3 人，第三期成功招聘 9 人，招聘结果如表 5-167 所示。

表5-167 招聘结果

招聘渠道	(员工类型，级别，定岗，人才引进津贴，合同期限)
校园招聘	第一期：(Y11046，D，P1，3K，6 年)、(Y11049，D，P1，3K，6 年)
人才交流中心	第三期：(S13057，D，P1，10K，6 年)、(S13058，D，P1，10K，6 年)、(S13059，D，P1，10K，6 年)
网络招聘	第一期：(Y11053，D，P1，3K，6 年)； 第三期：(Y13060，B，P2，60K，6 年)、(S13060，D，P1，10K，6 年)、(S13061，D，P1，10K，6 年)
传统媒体招聘	第三期：(Y13136，C，P1，52K，6 年)、(X13048，D，P1，10K，6 年)、(X13049，D，P1，10K，6 年)

3) 年末经营

年末进行绩效考核和市场排名，详情如表 5-168 所示。

表5-168 第一年经营结果

	总经理	人力资源经理		招聘主管	培训主管	绩效主管	薪酬主管
考核总分	67	98		71	60	77	75
薪酬等级变化	0	+1		0	−1	0	0
价值变化	0	+2		0	−1	0	0
绩效奖金	0	9		0	0	0	0
综合运营费	14K	超额损失	0	应交所得税	0	囤货	0
总分		29.75		排名		6	

2. 第二年

1) 年初经营

(1) 当年开始。

第二年政府补助社保返还 50K，政府鼓励应届生就业 5K，支付管理人员绩效奖金 9K，上一年度社会平均工资 18K。

(2) 人力资源规划。

第二年年初 C8 小组制定了长期战略目标，计划首先在短期内抢占 P1 产品市场，由销售 P1 产品迅速回笼资金，然后加快 P2、P3 产品的研发和生产，尽可能掌控高端市场。第二年计划生产 20 批 P1、10 批 P2。

根据长期战略规划，C8 小组计划从外部招聘：研发 A 级员工 1 人，研发 B 级员工 1 人；生产 A 级员工 1 人，生产 B 级员工 1 人；销售 A 级员工 1 人，销售 B 级员工 1 人。

第二年无调岗和培训计划。

费用规划是人力资源规划的重要内容之一，费用预算如表 5-169 所示。

表5-169　费用预算

单位：K

项目	金额	项目	金额
人力资源总经费	1200	计划工资总支出	800
计划招聘费用	100	其他人力资源支出	150
计划培训费用	150	非人力资源经费	100

(3) 人力资源经费申请。

根据费用预算，C8 小组人力资源经费申请 1200K。

(4) 工作分析与薪酬设计。

第二年 C8 小组制定的基本工资区间、薪酬设计、基本工资都与上年相同。

(5) 绩效指标确定。

第二年绩效考核分别设定如下。

总经理：净利润(25%)、销售额(25%)、产品利润(25%)、生产计划准确率(25%)。

人力资源经理：人力资源规划方案提交及时率(30%)、人力资源成本(30%)、人均人力资源成本(10%)、员工流失率(10%)、劳动争议发生次数(10%)、经费申请不当产生的损失(10%)。

招聘主管：人均招聘成本(30%)、招聘计划达成率(30%)、招聘人员流失率(40%)。

培训主管：培训费用准确率(25%)、培训计划(25%)、培训能力提升(25%)、培训人次(25%)。

绩效主管：员工价值增量(50%)、当年所选考核指标数(50%)。

薪酬主管：人均薪酬(30%)、薪资总额预算准确率(30%)、当年绩效奖金占薪资比(40%)。

2) 年中经营

C8 小组第二年生产 P1、P2 产品，并开始研发 P3。第二年四期运营情况如表 5-170 所示。

表5-170　第二年四期运营情况

	第一期	第二期	第三期	第四期
招聘	第一期放弃挖人，招聘共花费 60K，其中校(研 D，生 D)；人(研 B、D，生 B、C、D)；网(研 B、C，生 A、B、C、D)；传(研 B，生 C)，招聘结果见表 5-171		第三期招聘共花费 77K，其中猎(生 A，销 A)；校(生 D，销 D)；人(研 C，生 B、C、D，销 A、B、C、D)；网(研 C，生 B、C、D，销 B、C、D)；传(销 C)，招聘结果见表 5-171	
培训	新(7 人，7K)； 在岗(X13048、X13049，4K)	在岗(X13048、X13049，4K)，转岗(Y13060、Y21099，P3，10K)	新(7 人，7K)； 在岗(X13048、X13049，4K)	无
研发	P2(8/45，1 期)	P2 第二年第一期研发完成	P3(10/12，5 期)	P3(10/12，4 期)
生产	P1(8/8，48K)	P1(8/8，48K)	无	P1(10/10，60K)； P2(7/7，84K)
销售	P1(26 批/26 批，47K/38K，26 批，1222K)；P2(7 批/7 批，145K/127K，7 批，1015K)			
薪资核算	合计 385K，其中 M＝46K，K＝28K； J＝203K，L＝108K	合计 356K，其中 M＝49K，K＝28K； J＝181K，L＝98K	合计 596K，其中 M＝46K，K＝28K； J＝357K，L＝165K	合计 460K，其中 M＝46K，K＝28K； J＝250K，L＝136K
其他	第三期：紧急申请 200K；第四期：紧急申请 500K，流失(Y11053，Y11049，Y13060，X13049，S13061，S13060，S13059)			

注：表内数据解释见表 5-10。

C8 小组第二年第一期成功招聘 7 人，第三期成功招聘 7 人，招聘结果如表 5-171 所示。

表5-171　招聘结果

招聘渠道	(员工类型，级别，定岗，人才引进津贴，合同期限)
校园招聘	第三期：(S23108，D，P1，1K，6 年)、(S23109，D，P1，1K，6 年)、(X23095，D，P1，3K，6 年)
人才交流中心	第一期：(Y21106，D，P1，1K，6 年)、(Y21108，D，P1，1K，6 年)、(S21100，D，P1，3K，6 年)；第三期：(S23104，B，P2，75K，6 年)、(X23090，C，P2，15K，6 年)、(X23097，D，P1，3K，6 年)
网络招聘	第一期：(Y21098，B，P2，15K，6 年)、(S21101，D，P1，3K，6 年)、(S21102，D，P1，3K，6 年)；第三期：(S23107，C，P2，30K，6 年)
传统媒体招聘	第一期：(Y21099，B，P2，15K，6 年)

3) 年末经营

年末进行绩效考核和市场排名，详情如表 5-172 所示。

表5-172　第二年经营结果

<table>
<tr><th></th><th>总经理</th><th colspan="2">人力资源经理</th><th>招聘主管</th><th>培训主管</th><th>绩效主管</th><th>薪酬主管</th></tr>
<tr><td>考核总分</td><td>62</td><td colspan="2">79</td><td>82</td><td>87</td><td>85</td><td>66</td></tr>
<tr><td>薪酬等级变化</td><td>−1</td><td colspan="2">0</td><td>0</td><td>+1</td><td>+1</td><td>0</td></tr>
<tr><td>价值变化</td><td>−1</td><td colspan="2">0</td><td>0</td><td>+2</td><td>+2</td><td>0</td></tr>
<tr><td>绩效奖金</td><td>0</td><td colspan="2">0</td><td>0</td><td>6</td><td>6</td><td>0</td></tr>
<tr><td>综合运营费</td><td>21K</td><td>超额损失</td><td>0</td><td>应交所得税</td><td>0</td><td>囤货</td><td>0</td></tr>
<tr><td>总分</td><td colspan="3">40.17</td><td>排名</td><td colspan="3">5</td></tr>
</table>

3. 第三年

1) 年初经营

(1) 当年开始。

第二年政府补助社保返还 50K，政府鼓励应届生就业 5K，支付管理人员绩效奖金 12K，上一年度社会平均工资 16K。

(2) 人力资源规划。

第三年年初 C8 小组制定了长期战略目标，计划首先在短期内抢占 P1 产品市场，由销售 P1 产品迅速回笼资金，然后加快 P2、P3 产品的研发和生产，尽可能掌控高端市场。第三年计划生产 40 批 P1、20 批 P2。

根据长期战略规划，C8 小组计划从外部招聘：生产 D 级员工 2 人；销售 C 级员工 2 人，销售 D 级员工 2 人。

第三年无调岗计划和培训计划。

费用规划是人力资源规划的重要内容之一，费用预算如表 5-173 所示。

表5-173　费用预算

单位：K

项目	金额	项目	金额
人力资源总经费	1500	计划工资总支出	1200
计划招聘费用	100	其他人力资源支出	100
计划培训费用	100	非人力资源经费	100

(3) 人力资源经费申请。

根据费用预算，C8 小组人力资源经费申请 1000K。

(4) 工作分析与薪酬设计。

第三年C8小组的基本工资区间与上年相同，薪酬设计选择人才引进津贴。下调了B级员工基本工资至18K、C级员工基本工资至12K，其余不变。

(5) 绩效指标确定。

第三年总经理、招聘主管的指标选择和权重设置与上年相同，其他管理人员绩效指标设定如下。

人力资源经理：人力资源规划方案提交及时率(30%)、人力资源成本(10%)、人均人力资源成本(10%)、员工流失率(10%)、劳动争议发生次数(30%)、经费申请不当产生的损失(10%)。

培训主管：培训费用准确率(25%)、培训计划(25%)、培训能力提升(25%)、培训人次(25%)。

绩效主管：员工价值增量(40%)、当年所选考核指标数(60%)。

薪酬主管：人均薪酬(30%)、薪资总额占人力资源成本比(30%)、当年绩效奖金占薪资比(40%)。

2) 年中经营

C8小组第三年以生产P1、P2产品为主。第三年四期运营情况如表5-174所示。

表5-174　第三年四期运营情况

	第一期	第二期	第三期	第四期
招聘	第一期放弃挖人，招聘共花费54K，其中校(生D)；人(生B、C、D)；网(生A、B、C、D)；传(生C)；再(生B、C、D)，招聘结果见表5-175		第三期招聘共花费44K，其中校(生D，销D)；人(生C，销B、C)；网(生C，销A、B、C)；传(生C，销C)，招聘结果见表5-175	
培训	新(3人，3K)； 转岗(Y21099，P2，0K)	无	新(4人，4K)	无
研发	无	无	无	无
生产	P1(9/9，54K)； P2(9/7，84K)	P1(9/9，54K)； P2(9/7，84K)	P1(10/10，60K)； P2(11/11，132K)	P1(10/10，60K)； P2(11/11，132K)
销售	P1(30批/38批，67K/66K，30批，2010K)；P2(24批/36批，174 K/116K，24批，4176K)；清仓P1(8批，51K，408K)			
薪资核算	合计389K，其中 M=48K，K=25K； J=209K，L=107K	合计373K，其中 M=48K，K=25K； J=197K，L=103K	合计433K，其中 M=48K，K=25K； J=238K，L=122K	合计469K，其中 M=48K，K=25K； J=266K，L=130K
其他	第三期：紧急申请450K；第四期：紧急申请600K，回账100K，流失(Y21108、Y21099、X13048、X23090、X23109、X23108、S21102、S23107)			

注：表内数据解释见表5-10。

C8 小组第三年第一期成功招聘 3 人，第三期成功招聘 4 人，招聘结果如表 5-175 所示。

表5-175　招聘结果

招聘渠道	(员工类型，级别，定岗，人才引进津贴，合同期限)
校园招聘	第三期：(S33075，D，P1，1K，6 年)、(X33075，D，P1，0K，6 年)
人才交流中心	第一期：(S31013，D，P1，1K，6 年)、(S31014，D，P1，1K，6 年)、第三期：(X33057，C，P2，1K，6 年)
网络招聘	第三期：(S33070，C，P2，1K，6 年)
再就业人员	第一期：(S13051，C，P2，10K，6 年)

3) 年末经营

年末进行绩效考核和市场排名，详情如表 5-176 所示。

表5-176　第三年经营结果

	总经理	人力资源经理	招聘主管	培训主管	绩效主管	薪酬主管
考核总分	73	84	85	62	65	83
薪酬等级变化	0	0	+1	−1	0	0
价值变化	0	0	+2	−1	0	0
绩效奖金	0	0	6	0	0	0
综合运营费	21K	超额损失　0	应交所得税	897K	囤货	12K
总分	181.59		排名	5		

4. 第四年2

1) 年初经营

(1) 当年开始。

第四年，政府补助社保返还 50K，政府鼓励应届生就业 2K，支付企业福利 316K，支付管理人员年终奖 316K，支付管理人员绩效奖金 6K，上一年度社会平均工资 19K。

(2) 人力资源规划。

第四年年初 C8 小组制定了战略目标，计划生产 30 批 P1、12 批 P2、3 批 P3。

C8 小组计划从外部招聘：研发 B 级员工 2 人，研发 C 级员工 2 人；生产 B 级员工 2 人，生产 C 级员工 2 人；销售 B 级员工 2 人，销售 C 级员工 2 人。

第四年无调岗计划和培训计划。

费用规划是人力资源规划的重要内容之一，费用预算如表 5-177 所示。

表5-177　费用预算

单位：K

项目	金额	项目	金额
人力资源总经费	2400	计划工资总支出	2000
计划招聘费用	200	其他人力资源支出	100
计划培训费用	100	非人力资源经费	100

(3) 人力资源经费申请。

根据费用预算，C8 小组人力资源经费申请 2500K。

(4) 工作分析与薪酬设计。

第四年，C8 小组的基本工资区间、薪酬设计、基本工资都与上年相同。

(5) 绩效指标确定。

第四年绩效考核分别设定如下。

总经理：净利润(25%)、销售计划准确率(25%)、产品利润增长率(25%)、生产计划准确率(25%)。

人力资源经理：人力资源规划方案提交及时率(40%)、人力资源成本增长率(10%)、人均人力资源成本增长率(10%)、员工流失增长率(10%)、劳动争议发生次数(20%)、经费申请不当产生的损失(10%)。

招聘主管：招聘费用增长率(40%)、招聘计划达成率(30%)、招聘人员流失率(30%)。

培训主管：培训费用准确率(30%)、培训计划(30%)、人员晋升数量(30%)、培训人次(10%)。

绩效主管：员工价值增量(50%)、当年所选考核指标数(50%)。

薪酬主管：人均薪酬(30%)、薪资总额预算准确率(30%)、当年绩效奖金占薪资比(40%)。

2) 年中经营

C8 小组第四年以生产 P1、P2 产品为主。第四年四期运营情况如表 5-178 所示。

表5-178　第四年四期运营情况

	第一期	第二期	第三期	第四期
招聘	第一期放弃挖人，招聘共花费 112K，其中校(研D，生C、D，销 D)；人(研 A、B、C、D，生B、C、D，销 C)；网(研B、C、D，生 A、B、C、D)；传(研B、C)；再(研B、C、D，生C、D)，招聘结果见表 5-179		第三期招聘共花费 82K，其中校(生 C、D，销D)；人(研 A、B，生 A、B、C、D，销B、C、D)；网(研B，生 A、B、C、D，销B、C、D)；传(销 C)，招聘结果见表 5-179	

(续表)

	第一期	第二期	第三期	第四期
培训	新(13 人，13K)	无	新(7 人，7K)	企业文化(42 人，3K/人)
研发	无	无	无	无
生产	P1(11/11，66K)；P2(9/9，108K)	P1(11/11，66K)；P2(9/9，108K)	P1(19/19，114K)；P2(9/9，108K)	P1(19/19，114K)；P2(9/9，108K)
销售	P1(42 批/60 批，90K/72K，4 批，360K)；P2(36 批/48 批，149K/101K，10 批，1490K)清仓 P1(30 批/56 批，50K，1500K)			
薪资核算	合计 551K，其中 M＝48K，K＝29K；J＝303K，L＝171K	合计 483K，其中 M＝48K，K＝29K；J＝252K，L＝154K	合计 676K，其中 M＝48K，K＝29K；J＝386K，L＝213K	合计 599K，其中 M＝48K，K＝29K；J＝330K，L＝192K
其他	第四期：紧急申请 1000K，流失(Y13136，S33070，S33075，S31013，S31014，X33057，X33075)			

注：表内数据解释见表 5-10。

C8 小组第四年第一期成功招聘 13 人，第三期成功招聘 7 人，招聘结果如表 5-179 所示。

表5-179　招聘结果

招聘渠道	(员工类型，级别，定岗，人才引进津贴，合同期限)
校园招聘	第一期：(Y41028，D，P1，1K，6 年)、(Y41029，D，P1，1K，6 年)、(Y41030，D，P1，1K，6 年)、(S41028，D，P1，1K，6 年)、(S41029，D，P1，1K，6 年)、(S41030，D，P1，1K，6 年)、(X41012，D，P1，1K，6 年)、(X41013，D，P1，1K，6 年)、(X41014，D，P1，1K，6 年)；第三期：(S43083，C，P1，20K，6 年)、(X43070，D，P1，2K，6 年)
人才交流中心	第一期：(Y41031，D，P1，1K，6 年)、(S41177，D，P1，1K，6 年) 第三期：(S43079，C，P1，20K，6 年)、(S43089，D，P1，2K，6 年)
网络招聘	第一期：(Y41020，C，P2，20K，6 年)、(Y41022，C，P2，20K，6 年) 第三期：(S43091，D，P1，2K，6 年)
传统媒体招聘	第三期：(X43066，C，P2，10K，6 年)、(X43067，C，P2，10K，6 年)

3) 年末经营

年末进行绩效考核和市场排名，详情如表 5-180 所示。

表5-180　第四年经营结果

	总经理	人力资源经理		招聘主管	培训主管	绩效主管	薪酬主管
考核总分	55	94		69	82	77	70
薪酬等级变化	−1	+1		0	0	0	0
价值变化	−1	+2		0	0	0	0
绩效奖金	0	10		0	0	0	0
综合运营费	27K	超额损失	0	应交所得税	0	囤货	64K
总分	203			排名	5		

5. 第五年

1) 年初经营

(1) 当年开始。

第五年，政府补助社保返还 50K，政府鼓励应届生就业 7K，支付管理人员绩效奖金 10K，上一年度社会平均工资 21K。

(2) 人力资源规划。

第五年年初 C8 小组制定了战略目标，计划生产 50 批 P1、30 批 P2。

第五年 C8 小组计划从外部招聘：研发 B 级员工 2 人，研发 C 级员工 2 人；生产 B 级员工 2 人，生产 C 级员工 2 人；销售 A 级员工 1 人，销售 B 级员工 2 人，销售 C 级员工 2 人。

第五年无调岗计划和培训计划。

费用规划是人力资源规划的重要内容之一，费用预算如表 5-181 所示。

表5-181　费用预算

单位：K

项目	金额	项目	金额
人力资源总经费	3400	计划工资总支出	3000
计划招聘费用	200	其他人力资源支出	100
计划培训费用	100	非人力资源经费	100

(3) 人力资源经费申请。

根据费用预算，C8 小组人力资源经费申请 3000K。

(4) 工作分析与薪酬设计。

第五年 C8 小组的基本工资区间、薪酬设计与上年相同。上调了 B 级员工基本工资至 19K、C 级员工基本工资至 14K，其余不变。

(5) 绩效指标确定。

第五年绩效主管的指标选择和权重设置与上年相同，其他管理人员绩效指标设定如下。

总经理：净利润增长率(25%)、销售计划准确率(25%)、产品利润增长率(25%)、生产计划准确率(25%)。

人力资源经理：人力资源规划方案提交及时率(30%)、人力资源成本预算准确率(20%)、人均人力资源成本增长率(10%)、员工流失增长率(10%)、劳动争议发生次数(20%)、经费申请不当产生的损失(10%)。

招聘主管：招聘费用准确率(30%)、招聘计划达成率(40%)、招聘人员流失率(30%)。

培训主管：培训费用准确率(25%)、培训计划(25%)、人员晋升数量(25%)、培训人次增长率(25%)。

绩效主管：员工价值增量(50%)、当年所选考核指标数(50%)。

薪酬主管：人均薪酬(30%)、薪资总额预算准确率(30%)、薪酬结构丰富化(40%)。

2) 年中经营

C8 小组第五年以生产 P1、P2 产品为主。第五年四期运营情况如表 5-182 所示。

表5-182　第五年四期运营情况

	第一期	第二期	第三期	第四期
招聘	第一期放弃挖人，招聘共花费 112K，其中校(研 D，生 D)；人(研 A、B、C、D，生 B、C、D)；网(研 D，生 B、C、D)；传(生 B)；猎(生 A)；再(研 A、B、C、D，生 C、D，销 B、C、D)，招聘结果见表 5-183		第三期招聘共花费 46K，其中校(生 D，销 D)；人(生 C、D，销 B、C、D)；网(生 C、D，销 A、B、D)，招聘失败	
培训	新(9 人，9K)	转岗(S43079，S43083，P2，6K)	无	企(46 人，3K/人)
研发	无	无	无	无
生产	P1(20/20，120K)；P2(7/7，84K)	P1(20/20，120K)；P2(7/7，84K)	P1(14/14，84K)；P2(11/11，132K)	P1(14/14，84K)；P2(11/11，132K)
销售	P1(48 批/94 批，89K/77K，48 批，4272K)；P2(24 批/74 批，120K/94K，24 批，2880K)			
薪资核算	合计 675K，其中 M=49K，K=32K；J=369K，L=225K	合计 629K，其中 M=49K，K=32K；J=329K，L=219K	合计 630K，其中 M=49K，K=32K；J=330K，L=219K	合计 676K，其中 M=49K，K=32K；J=368K，L=227K
其他	第四期：流失(Y41031，Y41030，X43070，X41014，S43091，S43089，S41177，S43083)			

注：表内数据解释见表 5-10。

C8 小组第五年仅在第一期成功招聘 9 人，招聘结果如表 5-183 所示。

表5-183　招聘结果

招聘渠道	(员工类型，级别，定岗，人才引进津贴，合同期限)
人才交流中心	第一期：(S51161，D，P1，2K，6 年)、(S51162，D，P1，2K，6 年)
网络招聘	第一期：(Y51128，D，P1，1K，6 年)、(Y51129，D，P1，1K，6 年)、(S51163，D，P1，2K，6 年)
再就业人员	第一期：(Y13064，D，P1，1K，6 年)、(S31014，D，P1，1K，6 年)、(X33075，D，P1，15K，6 年)、(X33082，D，P1，15K，6 年)

3) 年末经营

年末进行绩效考核和市场排名，详情如表 5-184 所示。

表5-184　第五年经营结果

	总经理	人力资源经理	招聘主管	培训主管	绩效主管	薪酬主管
考核总分	75	91	86	76	62	72
薪酬等级变化	0	+1	+1	0	−1	0
价值变化	0	+2	+2	0	−1	0
绩效奖金	0	11	7	0	0	0
综合运营费	28K	超额损失　0	应交所得税	622K	囤货	96K
总分		310.65	排名		5	

6. 第六年

1) 年初经营

(1) 当年开始。

第六年，政府补助社保返还 50K，政府鼓励应届生就业 5K，支付企业福利 274K，支付管理人员年终奖 274K，支付管理人员绩效奖金 18K，上一年度社会平均工资 27K。

(2) 人力资源规划。

第六年年初 C8 小组制定了战略目标，计划生产 50 批 P1、24 批 P2。

第六年 C8 小组计划从外部招聘：研发 B 级员工 1 人，研发 C 级员工 1 人；生产 B 级员工 1 人，生产 C 级员工 1 人；销售 B 级员工 1 人，销售 C 级员工 1 人。

第六年无调岗计划和培训计划。

费用规划是人力资源规划的重要内容之一，费用预算如表 5-185 所示。

表5-185　费用预算

单位：K

项目	金额	项目	金额
人力资源总经费	3600	计划工资总支出	3000
计划招聘费用	200	其他人力资源支出	200
计划培训费用	200	非人力资源经费	200

(3) 人力资源经费申请。

根据费用预算，C8 小组人力资源经费申请 3500K。

(4) 工作分析与薪酬设计。

第六年 C8 小组的基本工资区间与上年相同，薪酬设计选择岗位津贴、人才引进津贴、工龄工资、交通、通讯、住房、高温补贴。调整了部分员工基本工资，其中销售 A 级员工为 24K，销售 B 级员工为 20K，销售 C 级员工为 16K，销售 D 级员工为 10K，其余不变。

(5) 绩效指标确定。

第六年薪酬主管的指标选择和权重设置与上年相同，其他管理人员绩效指标设定如下。

总经理：净利润(25%)、销售额(25%)、产品利润(25%)、生产计划准确率(25%)。

人力资源经理：人力资源规划方案提交及时率(20%)、人力资源成本(20%)、人均人力资源成本(20%)、员工流失率(20%)、劳动争议发生次数(10%)、经费申请不当产生的损失(10%)。

招聘主管：招聘费用增长率(30%)、招聘计划达成率(30%)、招聘人员流失率(40%)。

培训主管：培训费用准确率(30%)、培训计划(30%)、培训能力提升(30%)、培训人次(10%)。

绩效主管：管理人员价值增量(50%)、当年所选考核指标数(50%)。

2) 年中经营

C8 小组第六年以生产 P1、P2 产品为主。第六年四期运营情况如表 5-186 所示。

表5-186　第六年四期运营情况

	第一期	第二期	第三期	第四期
招聘	第一期挖人费用共 6K：(生 A，P1，C3，2K，失败)、(销 A，P1，C3，20K，失败)；招聘共花费 103K，其中校(生 D)；人(生 B、C、D)；网(生 A、B、C、D)；传(生 A、B、C)；猎(生 A)；再(研 A、B、C、D，生 A、C、D，销 B、D)，招聘结果见表 5-187		第三期招聘共花费 55K，其中校(生 D，销 D)；人(生 B、C、D，销 A、B、C、D)；网(生 D，销 A、B、C)；传(生 A)，招聘结果见表 5-187	

(续表)

	第一期	第二期	第三期	第四期
培训	新(5 人，5K)	无	新(11 人，11K)	企(54 人，4K/人)
研发	无	无	无	无
生产	P1(17/17，102K) P2(13/13，156K)	P1(17/17，102K) P2(13/13，156K)	P1(25/20，120K) P2(14/13，156K)	P1(25/21，126K) P2(14/13，156K)
销售	P1(90 批/121 批，108K/85K，90 批，9720K)；P2(24 批/102 批，135K/108K，24 批，3240K)；清仓 P1(31 批，46K，1426K)；P2(78 批，52K，4056K)			
薪资核算	合计 1324K，其中 M＝100K，K＝44K； J＝828K，L＝352K	合计 1120K，其中 M＝103K，K＝44K； J＝685K，L＝288K	合计 1522K，其中 M＝100K，K＝44K； J＝962K，L＝416K	合计 1384K，其中 M＝100K，K＝44K； J＝867K，L＝373K
其他	第三期：紧急申请 1500K；第四期：紧急申请 1300K；流失(S63179)			

注：表内数据解释见表 5-10。

C8 小组第六年第一期成功招聘 5 人，第三期成功招聘 11 人，招聘结果如表 5-187 所示。

表5-187　招聘结果

招聘渠道	(员工类型，级别，定岗，人才引进津贴，合同期限)
校园招聘	第三期：(S63143，D，P1，0，6 年)、(S63144，D，P1，0，6 年)、(X63105，D，P1，30K，6 年)、(X63106，D，P1，30K，6 年)
人才交流中心	第三期：(S63145，D，P1，0，6 年)、(S63146，D，P1，0，6 年)、(S63179，C，P1，0，6 年)、(X63103，C，P1，30K，6 年)、(X63107，D，P1，30K，6 年)、(X63108，D，P1，30K，6 年)
网络招聘	第三期：(S63147，D，P1，0，6 年)
传统媒体招聘	第一期：(S61124，B，P2，50K，6 年)、(S61129，C，P1，20K，6 年)
再就业人员	第一期：(S43083，C，P1，30K，6 年)、(X41014，D，P1，40K，6 年)、(X43070，D，P1，40K，6 年)

3) 年末经营

年末进行绩效考核和市场排名，详情如表 5-188 所示。

表5-188 第六年经营结果

<table>
<tr><th></th><th>总经理</th><th colspan="2">人力资源经理</th><th>招聘主管</th><th>培训主管</th><th>绩效主管</th><th>薪酬主管</th></tr>
<tr><td>考核总分</td><td>70</td><td colspan="2">90</td><td>68</td><td>88</td><td>85</td><td>69</td></tr>
<tr><td>薪酬等级变化</td><td>0</td><td colspan="2">+1</td><td>0</td><td>+1</td><td>+1</td><td>0</td></tr>
<tr><td>价值变化</td><td>0</td><td colspan="2">+2</td><td>0</td><td>+2</td><td>+2</td><td>0</td></tr>
<tr><td>绩效奖金</td><td>0</td><td colspan="2">11</td><td>0</td><td>6</td><td>6</td><td>0</td></tr>
<tr><td>综合运营费</td><td>32K</td><td>超额损失</td><td>0</td><td>应交所得税</td><td>2700K</td><td>囤货</td><td>0</td></tr>
<tr><td>总分</td><td colspan="3">590.4</td><td>排名</td><td colspan="3">4</td></tr>
</table>

5.3 运营情况对比

公司运营情况主要对比六年人力资源经费、总经费、利润及排名。

5.3.1 人力资源经费

人力资源经费表体现每年人力资源经费的支出情况。六年人力资源经费情况如表5-189～表5-194所示。

表5-189 第一年人力资源经费

单位：K

	C1	C2	C3	C4	C5	C6	C7	C8
年初人力资源经费	0	0	0	0	0	0	0	0
经费申请	1600	900	1500	2100	2000	1300	2000	1200
紧急申请	0	0	700	40	500	0	0	0
企业福利	0	0	0	0	0	0	0	0
企业文化培训费	39	0	0	0	0	0	0	0
薪酬调查费用	0	0	0	0	0	0	0	0
经济补偿金	0	0	0	0	0	0	0	0
招聘费用	116	150	218	145	54	141	119	159
培训费用	25	4	12	14	17	16	7	16

(续表)

	C1	C2	C3	C4	C5	C6	C7	C8
人才引进津贴	56	27	430	601	465	180	289	191
管理人员年终奖	0	0	0	0	0	0	0	0
管理人员工资	267	183	267	183	267	183	183	183
管理人员法定福利(公司承担部分)	113	77	113	77	113	77	77	77
员工工资	329	87	1019	1215	1339	559	739	420
员工法定福利(公司承担部分)	137	38	420	500	553	231	306	175
经费回账	0	0	0	0	0	0	0	0
回账经费损失	0	0	0	0	0	0	0	0
紧急经费损失	0	0	70	4	50	0	0	0
超额经费损失	56	38	0	0	0	0	43	0
管理人员绩效奖金	0	0	0	0	0	0	0	0
剩余人力资源经费	518	323	81	2	107	93	526	170

表5-190 第二年人力资源经费

单位：K

	C1	C2	C3	C4	C5	C6	C7	C8
年初人力资源经费	518	323	81	2	107	93	526	170
人力资源经费申请	1100	400	1700	2600	2783	1300	800	1200
紧急申请	0	200	380	670	640	1000	0	700
企业福利	0	0	11	74	129	0	0	0
企业文化培训费	48	0	0	0	0	0	0	0
薪酬调查费用	0	0	0	0	0	0	0	0
经济补偿金	0	0	0	0	0	0	0	0
招聘费用	81	98	128	92	39	120	64	137
培训费用	71	7	3	22	6	7	8	36
人才引进津贴	38	74	140	261	306	147	43	169
管理人员年终奖	0	0	11	74	129	0	0	0

(续表)

	C1	C2	C3	C4	C5	C6	C7	C8
管理人员工资	291	199	291	219	299	215	93	187
管理人员法定福利(公司承担部分)	124	112	124	116	125	113	56	112
员工工资	528	284	1088	1681	1979	1210	663	991
员工法定福利(公司承担部分)	221	177	428	682	727	553	265	507
经费回账	0	0	0	189	9	0	0	0
回账经费损失	0	0	0	21	1	0	0	0
紧急经费损失	0	20	38	67	64	100	0	70
超额经费损失	0	0	0	0	0	0	0	0
管理人员绩效奖金	0	9	0	27	12	15	0	9
剩余人力资源经费	254	17	39	8	11	60	177	21

表5-191　第三年人力资源经费

单位：K

	C1	C2	C3	C4	C5	C6	C7	C8
年初人力资源经费	254	17	39	8	11	60	破产	21
人力资源经费申请	863	800	2300	4200	5000	1700	/	1000
紧急申请	190	400	200	1893	1400	685	/	1050
企业福利	0	0	118	266	313	45	/	0
企业文化培训费	0	0	60	0	0	124	/	0
薪酬调查费用	0	0	0	0	0	0	/	0
经济补偿金	0	0	0	0	0	0	/	0
招聘费用	20	93	122	122	61	56	/	98
培训费用	10	12	1	12	13	5	/	7
人才引进津贴	0	78	30	710	1200	63	/	15
管理人员年终奖	0	0	118	266	313	45	/	0
管理人员工资	323	203	315	199	327	192	/	192

(续表)

	C1	C2	C3	C4	C5	C6	C7	C8
管理人员法定福利(公司承担部分)	134	105	133	104	137	100	/	100
员工工资	554	456	1127	3626	3879	1228	/	910
员工法定福利(公司承担部分)	230	295	462	1295	1188	567	/	462
经费回账	0	0	0	0	0	0	/	90
回账经费损失	0	0	0	0	0	0	/	10
紧急经费损失	19	40	20	190	140	69	/	105
超额经费损失	0	0	0	0	0	0	/	0
管理人员绩效奖金	15	10	0	19	12	6	/	12
剩余人力资源经费	2	3	63	2	28	8	/	85

表5-192　第四年人力资源经费

单位：K

	C1	C2	C3	C4	C5	C6	C8
年初总经费	2	3	63	2	28	8	85
人力资源经费申请	940	1500	3000	6000	10000	3000	2500
紧急申请	0	0	0	1710	3300	750	1000
企业福利	0	117	274	221	505	471	316
企业文化培训费	16	0	60	0	0	124	132
薪酬调查费用	0	0	0	0	0	0	0
经济补偿金	0	0	0	0	0	0	0
招聘费用	0	61	49	180	131	52	194
培训费用	0	12	0	9	114	3	20
人才引进津贴	0	46	0	533	1428	45	117
管理人员年终奖	0	117	274	221	505	471	316
管理人员工资	196	203	235	255	351	204	192
管理人员法定福利(公司承担部分)	116	117	120	124	145	116	116

(续表)

	C1	C2	C3	C4	C5	C6	C8
员工工资	370	439	963	4723	7822	1505	1271
员工法定福利(公司承担部分)	197	339	404	1778	2848	698	730
经费回账	0	0	0	13	360	0	0
回账经费损失	0	0	0	2	40	0	0
紧急经费损失	0	0	0	171	330	75	100
超额经费损失	0	0	30	0	0	0	0
管理人员绩效奖金	16	11	9	14	7	34	6
剩余人力资源经费	31	87	645	1	170	5	192

表5-193 第五年人力资源经费

单位：K

	C1	C2	C3	C4	C5	C6	C8
年初人力资源经费	31	87	645	1	170	5	192
人力资源经费申请	1280	1500	4000	14000	20000	4000	3000
紧急申请	0	0	0	1600	3000	0	0
企业福利	45	110	451	885	1366	612	0
企业文化培训费	45	0	60	153	0	112	138
薪酬调查费用	0	0	0	0	0	0	0
经济补偿金	0	0	0	0	0	0	0
招聘费用	3	74	0	185	148	98	112
培训费用	1	5	0	83	40	1	15
人才引进津贴	0	25	0	2012	675	10	40
管理人员年终奖	45	110	451	885	1366	612	0
管理人员工资	196	203	243	291	379	223	196
管理人员法定福利(公司承担部分)	128	128	129	136	157	128	128
员工工资	351	446	963	9157	13132	1501	1396

(续表)

	C1	C2	C3	C4	C5	C6	C8
员工法定福利(公司承担部分)	191	402	416	2957	5236	685	890
经费回账	0	0	0	603	0	0	0
回账经费损失	0	0	0	67	0	0	0
紧急经费损失	0	0	0	160	300	0	0
超额经费损失	14	0	206	0	0	0	0
管理人员绩效奖金	11	11	16	22	14	33	10
剩余人力资源经费	281	98	1710	17	1032	0	307

表5-194　第六年人力资源经费

单位：K

	C1	C2	C3	C4	C5	C6	C8
年初人力资源经费	281	98	1710	17	1032	0	307
人力资源经费申请	1100	1500	5000	32000	32000	6000	3500
紧急申请	0	0	0	0	0	0	2800
企业福利	128	144	413	2111	1224	358	274
企业文化培训费	13	0	60	0	0	104	216
薪酬调查费用	0	0	0	0	0	0	0
经济补偿金	0	0	0	0	0	23	0
招聘费用	0	30	0	89	236	24	164
培训费用	0	3	0	9	26	0	16
人才引进津贴	0	55	0	2160	2590	0	330
管理人员年终奖	128	144	413	2111	1224	358	274
管理人员工资	192	203	239	295	201	427	403
管理人员法定福利(公司承担部分)	160	160	160	164	86	177	176
员工工资	268	433	963	13502	19194	2125	3342
员工法定福利(公司承担部分)	188	400	453	4687	6728	879	1429

(续表)

	C1	C2	C3	C4	C5	C6	C8
经费回账	0	0	0	0	0	0	0
回账经费损失	0	0	0	0	0	0	0
紧急经费损失	0	0	0	0	0	0	280
超额经费损失	12	0	519	664	0	92	0
管理人员绩效奖金	11	11	11	28	0	18	18
剩余人力资源经费	281	70	3479	8357	4113	1415	15

5.3.2　总经费

总经费表体现每年经费的支出和收入情况。六年总经费情况如表 5-195～表 5-200 所示。

表5-195　第一年总经费

单位：K

	C1	C2	C3	C4	C5	C6	C7	C8
年初总经费	2500	2500	2500	2500	2500	2500	2500	2500
人力资源经费申请	1600	900	1500	2100	2000	1300	2000	1200
紧急申请	0	0	700	40	500	0	0	0
产品综合成本	64	10	292	304	412	100	112	90
综合运营费用	12	10	14	15	14	16	12	14
经费回账	0	0	0	0	0	0	0	0
销售收入	702	0	2571	3441	4540	1050	900	750
注资金额	0	0	0	0	0	0	0	0
应交所得税	0	0	37	246	431	0	0	0
政府补贴	0	0	0	0	0	0	0	0
囤货费用	0	0	0	0	0	0	0	0
剩余总经费	1526	1580	2528	3236	3683	2134	1276	1946

表5-196　第二年总经费

单位：K

	C1	C2	C3	C4	C5	C6	C7	C8
年初总经费	1526	1580	2528	3236	3683	2134	1276	1946
人力资源经费申请	1100	400	1700	2600	2783	1300	800	1200
紧急申请	0	200	380	670	640	1000	0	700
产品综合成本	132	90	564	870	1008	444	300	310
综合运营费用	13	14	16	19	17	20	0	21
经费回账	0	0	0	189	9	0	0	0
销售收入	765	450	4224	7482	8620	3243	0	2237
注资金额	0	0	0	0	0	0	0	0
应交所得税	0	0	393	888	1045	58	0	0
政府补贴	54	52	50	50	100	57	50	55
囤货费用	0	0	0	18	6	0	0	0
剩余总经费	1100	1378	3749	5892	6913	2612	226	2007

表5-197　第三年总经费

单位：K

	C1	C2	C3	C4	C5	C6	C7	C8
年初总经费	1100	1378	3749	5892	6913	2612	破产	2007
人力资源经费申请	863	800	2300	4200	5000	1700	/	1000
紧急申请	190	400	200	1893	1400	685	/	1050
产品综合成本	90	240	600	786	1528	744	/	660
综合运营费用	13	18	15	22	23	21	/	21
经费回账	0	0	0	0	0	0	/	90
销售收入	1020	2616	6700	9800	14612	9428	/	6594
注资金额	0	0	0	0	0	0	/	0
应交所得税	0	23	915	736	1684	1569	/	897
政府补贴	51	53	50	50	100	50		55
囤货费用	0	0	0	2	42	0		12
剩余总经费	1015	2566	6469	8103	11948	7371	/	5106

表5-198　第四年总经费

单位：K

	C1	C2	C3	C4	C5	C6	C8
年初总经费	1015	2566	6469	8103	11948	7371	5106
人力资源经费申请	940	1500	3000	6000	10000	3000	2500
紧急申请	0	0	0	1710	3300	750	1000
产品综合成本	96	312	600	2166	2376	960	792
综合运营费用	13	18	15	26	39	21	27
经费回账	0	0	0	13	360	0	0
销售收入	1424	3152	9000	21641	33326	12848	3350
注资金额	0	0	0	0	0	0	0
应交所得税	0	366	1505	2951	4554	2041	0
政府补贴	50	55	50	50	100	50	52
囤货费用	0	0	0	0	0	0	64
剩余总经费	1440	3577	10399	16954	25465	13497	4125

表5-199　第五年总经费

单位：K

	C1	C2	C3	C4	C5	C6	C8
年初总经费	1440	3577	10399	16954	25465	13497	4125
人力资源经费申请	1280	1500	4000	14000	20000	4000	3000
紧急申请	0	0	0	1600	3000	0	0
产品综合成本	168	360	600	3604	4516	792	840
综合运营费用	13	18	15	31	55	19	28
经费回账	0	0	0	603	0	0	0
销售收入	2520	3730	9000	46708	43062	9540	7152
注资金额	0	0	0	0	0	0	0
应交所得税	83	479	1375	7036	4081	1194	622
政府补贴	50	53	50	50	100	50	57
囤货费用	0	0	0	0	130	0	96
剩余总经费	2466	5003	13459	38044	36845	17082	6748

表5-200　第六年总经费

单位：K

	C1	C2	C3	C4	C5	C6	C8
年初总经费	2466	5003	13459	38044	36845	17082	6748
人力资源经费申请	1100	1500	5000	32000	32000	6000	3500
紧急申请	0	0	0	0	0	0	2800
产品综合成本	120	324	600	3824	1444	732	1074
综合运营费用	12	16	15	35	0	18	32
经费回账	0	0	0	0	0	0	0
销售收入	1920	4530	9000	60584	0	9937	18442
注资金额	0	0	0	0	0	0	0
应交所得税	185	679	1301	8294	0	1163	2700
政府补贴	51	53	50	110	50	50	55
囤货费用	0	0	0	0	0	0	0
剩余总经费	3020	7067	15593	54585	3451	19156	15139

5.3.3　利润表

利润表体现每年利润情况，从利润表中可得到税前利润、应交所得税、净利润、营业外收入等数据。六年净利润情况如表5-201～表5-206所示。

表5-201　第一年净利润

单位：K

	C1	C2	C3	C4	C5	C6	C7	C8
上年净利润	0	0	0	0	0	0	0	0
销售收入	702	0	2571	3441	4540	1050	900	750
直接人工费用	466	125	1439	1715	1892	790	1045	595
管理费用	628	462	694	438	515	433	441	449
产品综合成本	64	10	292	304	412	100	112	90
营业利润	-456	-597	146	984	1721	-273	-698	-384
营业外收入	0	0	0	0	0	0	0	0
税前利润	-456	-597	146	984	1721	-273	-698	-384

(续表)

	C1	C2	C3	C4	C5	C6	C7	C8
利润留存	0	0	0	0	0	0	0	0
应交所得税	0	0	37	246	431	0	0	0
净利润	-456	-597	109	738	1290	-273	-698	-384

表5-202　第二年净利润

单位：K

	C1	C2	C3	C4	C5	C6	C7	C8
上年净利润	-456	-597	109	738	1290	-273	-698	-384
销售收入	765	450	4224	7482	8620	3243	0	2237
直接人工费用	749	461	1516	2363	2706	1763	928	1498
管理费用	628	459	622	749	827	590	221	572
产品综合成本	132	90	564	870	1008	444	300	310
营业利润	-744	-560	1522	3500	4079	446	-1449	-143
营业外收入	54	52	50	50	100	57	50	55
税前利润	-690	-508	1572	3550	4179	503	-1399	-88
利润留存	-456	-597	0	0	0	-273	-698	-384
应交所得税	0	0	393	888	1045	58	0	0
净利润	-690	-508	1179	2662	3134	445	-1399	-88

表5-203　第三年净利润

单位：K

	C1	C2	C3	C4	C5	C6	C7	C8
上年净利润	-690	-508	1179	2662	3134	445	破产	-88
销售收入	1020	2616	6700	9800	14612	9428	破产	6594
直接人工费用	784	751	1589	4921	5067	1795	/	1372
管理费用	534	481	902	1202	1381	663	/	557
产品综合成本	90	240	600	786	1528	744	/	660
营业利润	-388	1144	3609	2891	6636	6226	/	4005
营业外收入	51	53	50	50	100	50	/	55

(续表)

	C1	C2	C3	C4	C5	C6	C7	C8
税前利润	-337	1197	3659	2941	6736	6276	/	4060
利润留存	-1146	-1105	0	0	0	0	/	-472
应交所得税	0	23	915	736	1684	1569	/	897
净利润	-337	1174	2744	2205	5052	4707	/	3163

表5-204　第四年净利润

单位：K

	C1	C2	C3	C4	C5	C6	C8
上年净利润	-337	1174	2744	2205	5052	4707	3163
销售收入	1424	3152	9000	21641	33326	12848	3350
直接人工费用	567	778	1367	6501	10670	2203	2001
管理费用	357	656	1066	1223	2167	1571	1483
产品综合成本	96	312	600	2166	2376	960	792
营业利润	404	1406	5967	11751	18113	8114	-926
营业外收入	50	55	50	50	100	50	52
税前利润	454	1461	6017	11801	18213	8164	-874
利润留存	-1483	0	0	0	0	0	0
应交所得税	0	366	1505	2951	4554	2041	0
净利润	454	1095	4512	8850	13659	6123	-874

表5-205　第五年净利润

单位：K

	C1	C2	C3	C4	C5	C6	C8
上年净利润	454	1095	4512	8850	13659	6123	-874
销售收入	2520	3730	9000	46708	43062	9540	7152
直接人工费用	542	848	1379	12114	18368	2186	2286
管理费用	501	659	1571	2898	3955	1838	723
产品综合成本	168	360	600	3604	4516	792	840
营业利润	1309	1863	5450	28092	16223	4724	3303

(续表)

	C1	C2	C3	C4	C5	C6	C8
营业外收入	50	53	50	50	100	50	57
税前利润	1359	1916	5500	28142	16323	4774	3360
利润留存	-1029	0	0	0	0	0	-874
应交所得税	83	479	1375	7036	4081	1194	622
净利润	1276	1437	4125	21106	12242	3580	2738

表5-206　第六年净利润

单位：K

	C1	C2	C3	C4	C5	C6	C8
上年净利润	1276	1437	4125	21106	12242	3580	2738
销售收入	1920	4530	9000	60584	0	9937	18442
直接人工费用	456	833	1416	18189	25922	3004	4771
管理费用	656	711	1830	5506	2997	1599	1853
产品综合成本	120	324	600	3824	1444	732	1074
营业利润	688	2662	5154	33065	-30363	4602	10744
营业外收入	51	53	50	110	50	50	55
税前利润	739	2715	5240	33175	-30313	4652	10799
利润留存	0	0	0	0	0	0	0
应交所得税	185	679	1301	8294	0	1163	2700
净利润	554	2036	3903	24881	-30313	3489	8099

5.3.4　排名

排名表体现 8 组 6 年的排名和总评分情况，如表 5-207 所示。

表5-207 总排名

用户	第一年		第二年		第三年		第四年		第五年		第六年	
	总评分	排名	总评分	排名	总评分	排名	总评分	排名	总评分	排名	总评分	排名
C1	18.44	7	−7.64	6	−26.81	7	6.64	7	82.75	7	116.52	6
C2	−22.58	8	−64.86	7	−6.48	6	46.31	6	116.02	6	201.08	5
C3	77.37	3	143.07	3	281.34	4	494.77	4	658.8	4	723.85	3
C4	112.64	2	230.02	2	455.95	2	832.12	2	1688.71	2	2501.66	1
C5	133.26	1	301.24	1	727.87	1	1665.54	1	2037.99	1	破产	/
C6	42.18	4	86.57	4	344.93	3	612.04	3	730.93	3	878.41	2
C7	30.7	5	破产	/	/	/	/	/	/	/	/	/
C8	29.75	6	40.17	5	181.59	5	203	5	310.65	5	590.4	4

第6章

人力资源管理综合实训成果分析与点评

在经过2~3年的运营后，各个模拟企业间会产生一定的差异。当第六年经营结束时，有些模拟经营的企业已经倒闭了。同样的初始状况，为什么会产生不同的结果？这是学生们在经营过程直至经营后一直思考的问题。本章从盈利能力指标、运作能力指标和计划制定能力指标三个方面对企业的经营成果进行分析。

6.1 盈利能力指标

6.1.1 销售利润率

销售利润率是指净利润与销售收入的百分比。销售利润率的计算公式为

当年销售利润率＝当年净利润总额÷销售收入×100%

销售利润率是被广泛应用于评估企业运营效益的比率，是衡量企业销售收入收益水平的指标。销售利润率越高，说明销售获利水平越高。在产品销售价格不变的条件下，利润的多少受产品成本和产品结构等的影响。产品成本降低，产品结构中利润率高的产品比重上升，销售利润率就提高；反之，产品成本上升，产品结构中利润率高的产品比重下降，销售利润率就下降。

销售利润率通俗地反映了每100元销售额所带来的净利润，这样的一个指标，随着企业的发展应当会进一步提高。

6.1.2 成本收益率

成本收益率是指净利润总额与成本费用总额的百分比。成本收益率的计算公式为

成本收益率＝净利润总额÷成本费用总额×100%

成本收益率表明单位成本获得的利润，反映成本与利润的关系。该指标越高，表明费用的利用效率越高，说明企业在增加收入和节约成本方面取得了良好的业绩。这一指标通俗地反映了每100元的成本所带来的净利润。

6.1.3 净利润增长率

净利润增长率是指企业本期净利润额与上期净利润额增长的比率。净利润增长率的计算公式为

净利润增长率＝(本年度净利润－上年度净利润)÷上年度净利润×100%

净利润是指在利润总额中按规定缴纳了所得税后公司的利润留成，一般也称为税后利润或净收入。净利润增长率反映了企业实现价值最大化的扩张速度，是综合衡量企业资产运营与管理业绩及成长状况和发展能力的重要指标。该项指标越高，说明企业经营势头越好。

6.1.4 销售收入增长率

销售收入增长率是指企业本期销售收入与上期销售收入增长的比率。销售收入增长率的计算公式为

销售收入增长率＝(本年度销售收入－上年度销售收入)÷上年度销售收入×100%

销售收入增长率是企业某一段时间内销售收入的变化程度。销售收入增长率反映了企业在市场规模方面的扩张速度。该指标高，说明企业的销售保持着良好态势，交货技巧明显提高。

6.1.5 人均销售收入

人均销售收入是指企业销售收入总额与员工平均人数的比率。人均销售收入的计算公式为

人均销售收入＝销售收入总额÷企业总人数

人均销售收入是指根据报告期内的销售收入计算的平均每个员工的销售收入。人均销售收入是考核企业效率的指标，尤其用在同行业之间相比较最有可比性，人均销售收入越高，企业效率越高。这一指标普遍适用于企业处于成熟期进行同业间的比较。该数据有助于企业衡量员工的数量配置方面的问题。

6.1.6　人均净利润

人均净利润是指企业净利润总额与企业总人数的比率。人均净利润的计算公式为

人均净利润＝净利润总额÷企业总人数

人均净利润是指根据报告期内的净利润计算的平均每一个职工创造的净利润。人均净利润是考核企业效益的主要指标，普遍适用于成熟期企业进行同业间的比较。为了持续该良好状态的发展或是向更具优势的方向发展，企业在招聘员工时应当进行相关信息的预测，以便为企业带来更高的利润和效益。

6.1.7　K 工资销售收入

K 工资销售收入是指企业销售收入总额与工资总额的比率。K 工资销售收入的计算公式为

K 工资销售收入＝销售收入总额÷工资总额

一般而言，K 工资销售收入越高，企业效率越高。K 工资销售收入是指根据报告期内的销售收入计算的平均每 K 工资所能产生的销售收入。该数据主要反映员工为企业带来的收入。从单一数据中可能无法看出该数据是否在同行中占有优势地位，但通过同行之间的相互比较，公司可对薪酬制度做出相应调整，以形成企业竞争优势。

6.1.8　K 工资净利润

K 工资净利润是指企业净利润总额与上期工资总额的比率。K 工资净利润的计算公式为

K 工资净利润＝净利润总额÷工资总额

K 工资净利润是指根据报告期内的净利润计算的平均每 K 工资所能产生的净利润。一般而言，K 工资净利润越高，企业效益越高。同 K 工资销售收入一样，从单一 K 工资的净利润指标无法判断其是否有利于企业发展，但通过同行之间的对比分析就可得出结论，再根据相关分

析对企业的薪酬制度进行调整，以提高企业的人力资源效率。

6.1.9 员工增长率

员工增长率是指企业新增员工人数与上年员工人数的比率。员工增长率的计算公式为

员工增长率＝新增员工人数÷上年员工人数×100%

员工增长率反映了企业人力资源的增长速度，同时反映出人力资本的增长速度。将员工增长率与企业销售额增长率、利润增长率等进行综合分析，可以反映企业在一定时期内的人均生产效率。

6.1.10 人力资源流动率

人力资源流动率是指企业一年期内流入人数与流出人数之和与员工平均人数的比率。人力资源流动率的计算公式为

人力资源流动率＝(一年内流入人数＋流出人数)÷员工平均人数×100%

人力资源流动率是考察企业组织与员工队伍是否稳定的重要指标。流入人数指调入和新进人数；流出人数指辞职、辞退人数。人力资源流动直接影响组织的稳定和员工的工作情绪，必须严格加以控制。若员工流动率过大，一般表明企业人事关系不稳定，劳资关系存在较严重的问题，从而导致企业生产效率低，以及增加企业招聘培训新进人员的成本；若员工流动率过小，又不利于企业的新陈代谢，保持企业活力。

6.1.11 关键岗位员工离职率

关键岗位员工离职率是指A级员工自愿性离职的人数与员工平均人数的比率。关键岗位员工离职率的计算公式为

关键岗位员工离职率＝A级员工自愿性离职的人数÷员工平均人数×100%

如果某一企业关键岗位自愿性的员工离职率较高，可能是不健康的企业文化的反映，或者是企业对员工没有给予恰当的评估，或者是奖励计划没有兑现；另外，领导不力也会造成该比率的上升。这就需要企业对招聘程序进行彻底检查，以确保工作岗位和雇佣员工的能力相匹配。关键岗位员工离职率受很多因素的影响，其中包括员工的个人境况、公司的内部环境、行业的发展趋势和宏观的经济形势等。

6.1.12　员工晋升率

员工晋升率是指企业年内实现职位晋升的员工人数与员工总人数的比率。员工晋升率的计算公式为

员工晋升率＝年内实现职位晋升的员工人数÷员工总人数×100%

进行员工晋升率的统计可以反映出企业内部员工提升的情况，为改进员工发展通道、制定员工职业规划提供依据。

6.1.13　总资产报酬率

总资产报酬率是以利润为基础来分析企业获利能力，是企业利润与平均资产总额之间的比率。总资产报酬率的计算公式为

总资产报酬率＝利润总额÷平均资产总额×100%

它用以评价企业运用全部资产的总体获利能力，是评价企业资产运营效益的重要指标。

6.1.14　产品利润增长率

产品利润增长率是本年产品利润与上年产品利润相较增长的比率。产品利润增长率的计算公式为

产品利润增长率＝(本年产品利润－上年产品利润)÷上年产品利润×100%

它反映企业产品利润的增减变动情况。产品利润率越高，说明企业商品销售额提供的营业利润越多，企业的盈利能力越强；反之，说明企业盈利能力越弱。

6.2　运作能力指标

6.2.1　人均招聘费用

若要寻找一个指标来衡量企业人力资源活动中有关招聘甄选的运用能力，人均招聘费用首当其冲。

人均招聘费用是指企业招聘总成本与录用总人数的比率。单位招聘成本的计算公式为

人均招聘费用＝招聘总成本÷录用总人数

人均招聘费用表示的是一次招聘活动中每招聘一位员工所占用的成本，反映了人力资源管理在招聘甄选的相关工作中资金的利用率。人均招聘费用越高，说明其资金利用率越低，以高资本招聘到适用的人才，增加了企业人力资本的支出。

6.2.2 人均培训费用

人均培训费用是指企业培训总费用与参加培训员工人数的比率。人均培训费用的计算公式为

人均培训费用＝培训总费用÷参加培训员工人数

人均培训费用是指报告期内企业(部门)每位员工平均花费的培训费用，即企业为提升其经营效益，以培训员工、增强员工技能的方式达到这一目的的一个指标。人均培训费用的高低并不能说明什么问题，却可以看出该企业对提高员工素质的重视程度及企业长远的战略规划。一般情况下舍得为员工花钱的企业才能在员工身上获取更大的利益。

6.2.3 人均人力资源成本

人力资源成本是一个组织为了实现自己的组织目标，创造最佳经济和社会效益，而获得、开发、使用、保障必要的人力资源及人力资源离职所支出的各项费用的总和。人均人力资源成本是人力资源成本与企业内员工总数的比率，人均人力资源成本的计算公式为

人均人力资源成本＝企业人力资源成本总和÷企业内员工总人数

6.2.4 培训费用占薪资比

培训费用占薪资比是指企业培训费用与工资总额的比率。培训费用占薪资比的计算公式为

培训费用占薪资比＝培训费用÷工资总额×100%

培训费用占薪资比是指报告期内企业(部门)员工培训各项费用之和与该时期内员工工资总额的比例。培训费用占薪资比并不是越高越好，合理的培训费用占薪资比一般为2%～5%。一般情况下，如果培训费用占薪资比高于5%，则表明企业(部门)非常重视员工培训，但培训费用过高导致人力成本过高；如果低于2%，则表明企业(部门)对员工培训不够重视，或者说明为了

节约成本，未能充分进行内部培训。

6.2.5 绩效工资占薪资比

在人力资源管理综合实训平台中，如何判定其绩效战略对企业带来的效益？平台模拟运营中采取了绩效工资占薪资比这一衡量指标。

绩效工资占薪资比是指企业绩效工资总额与员工工资总额的比率。绩效工资占薪资比的计算公式为

绩效工资占薪资比＝绩效工资总额÷员工工资总额×100%

6.2.6 人才引进津贴占薪资比

人才引进津贴占薪资比是企业支付的人才引进津贴费用与工资总额的比率。人才引进津贴占薪资比的计算公式为

人才引进津贴占薪资比＝人才引进津贴÷工资总额×100%

人才引进津贴占薪资比体现了企业为招聘优秀人才投入的成本情况。

6.2.7 薪酬总额占人力资源成本比

薪酬总额占人力资源成本比是薪酬总额与人力资源成本的比率。薪酬总额占人力资源成本比的计算公式为

薪酬总额占人力资源成本比＝薪酬总额÷人力资源成本×100%

薪酬总额占人力资源成本比是一种用来推算合理的薪酬费用总额的人力资源成本控制方法。一般来说，薪酬总额占人力资源成本比过高，极大可能就意味着企业经营处于危险状态。

6.2.8 年人均工资增长率

年人均工资增长率是指企业本年度人均工资与上年度人均工资增长的比率。年人均工资增长率的计算公式为

年人均工资增长率＝(本年度人均工资－上年度人均工资)÷上年度人均工资×100%

年人均工资增长率是指报告年度企业(部门)人均工资与上年度人均工资相比所增加的比

例。一般情况下，同期工资增长率应当比销售收入增长率小，如果同期工资增长率大于销售收入的增长率，则表明工资增长速度快于销售收入的增长速度，企业的人力成本增长过快。

6.2.9 人均工资

人均工资是指企业工资总额与员工平均人数的比率。人均工资的计算公式为

人均工资＝工资总额÷员工平均人数

人均工资是指报告期内企业(部门)平均每位员工的工资额，表示企业在薪酬管理上的支付能力，同时也从一方面体现出企业运营资金的情况。人均工资在一定程度上表明企业对员工的吸引力，通过同行之间该数据的对比分析，企业可根据实际能力对其进行相应的调整，以提高企业效益，并提高企业在吸引人才上的竞争能力。

6.2.10 年薪酬总额增长率

年薪酬总额增长率是指本年度薪酬总支出较上年相比增长情况。年薪酬总额增长率的计算公式为

年薪酬总额增长率＝(本年薪酬总额－上年薪酬总额)÷上年薪酬总额×100%

年薪酬总额增长率一般可以结合员工分类分层级进行统计。

6.3 计划制订能力指标

6.3.1 销售计划预测准确率

销售计划预测准确率是指实际的产品销售量与计划预测的产品销售量相比较，反映出来的销售计划的准确程度。销售计划预测准确率的计算公式为

销售计划预测准确率＝实际的产品销售量÷计划预测的产品销售量

销售计划准确率不能客观、准确地反映其计划工作的优劣，计划准确率高并不代表计划准确性一定高，因为销售计划准确率一方面受实际销售额的影响，另一方面受预测销售额的影响。由于销售额由销售量和销售价格决定，销售价格是计划部门无法控制的，因此，作为计划部门

一般是无法控制实际销售额的，它只能影响计划销售额。从理论上讲，企业会要求计划部门根据市场趋势、市场反馈的信息及历史数据制订年度销售计划，并提交给最高管理层审批，但实际上，企业的最高管理层在计划部门提供的计划建议外，更多地考虑战略要求、股东的期望等，最终的计划会高出计划部提出的计划，甚至高出很多，因此计划部门对计划销售额的影响力也是非常有限的。

6.3.2　生产计划预测准确率

生产计划预测准确率是指实际的产品生产量与计划预测的产品生产量相比较所反映出来的生产计划的准确程度。生产计划预测准确率是总经理的绩效考核指标之一。生产计划预测准确率的计算公式为

生产计划预测准确率＝实际的产品生产量÷计划预测的产品生产量

如果产品按照生产计划预定的时间和数量被生产出来，则代表计划准确。如果按计划准确率统计，则一般用生产周期作为统计单位。例如，可以设定某种产品某一批订单的生产计划作为一个节点，也可以某个产品的一天或一周的生产计划作为一个节点，这样所有产品一个周期(通常 1 个月)内就会有 N 个节点作为基数，然后到期末统计实际有 M 个节点达成，那么 M 除以 N 就可以看作生产计划的准确率了。

6.3.3　人力资源成本预算准确率

人力资源成本预算准确率是指人力资源管理成本预算的准确程度。人力资源成本预算准确率的计算公式为

人力资源成本预算准确率＝实际人力资源成本÷计划人力资源成本×100%

人力资源管理成本预算是企业在一个生产经营周期(一般为 1 年)内，人力资源全部管理活动预期的成本支出的计划。科学合理的人力资源预算将有利于从整体上把握和控制人力资源的使用和管理成本，有利于有效地分析和评估人力资源的使用效率和水平。同时，也只有在做好人力资源管理成本预算的前提下，以成本控制为依据，才能采取有效措施，做好人力资源的招聘、培训、考核、岗位晋升、员工调薪、年终奖标准发放等各项人力资源具体工作，最大限度地调动员工积极性。

6.3.4 招聘费用准确率

招聘费用准确率是指人力资源规划中招聘费用预算的准确程度，是衡量招聘主管的指标之一。招聘费用准确率的计算公式为

招聘费用准确率＝实际招聘费用÷计划招聘费用×100%

6.3.5 招聘计划准确率

招聘计划准确率是指实际招聘总人数与计划招聘总人数相比较后体现出的招聘计划的准确程度，是衡量招聘主管的指标之一。招聘计划准确率的计算公式为

招聘计划准确率＝实际招聘总人数÷计划招聘总人数×100%

6.3.6 技能提升培训计划准确率

技能提升培训计划准确率是指实际参加技能提升培训人数与计划参加技能提升培训人数相比较后体现出的技能提升培训计划的准确程度，是衡量培训主管的指标之一。技能提升培训计划准确率的计算公式为

技能提升培训计划准确率＝实际技能提升培训总人数÷计划技能提升培训总人数×100%

6.3.7 培训费用准确率

培训费用准确率是指新员工培训、技能培训、转岗培训、企业文化培训等实际发生的培训费用与计划培训费用比较，反映培训费用预算的准确程度，是衡量培训主管的指标之一。培训费用准确率的计算公式为

培训费用准确率＝实际培训费用÷计划培训费用×100%

第7章

人力资源管理综合实训技巧

7.1 人力资源管理综合实训技巧总结

7.1.1 人力资源规划中心

在人力资源管理工作中，人力资源规划中心的工作有人力资源规划、人力资源经费申请、工作分析、员工关系、协助总经理进行生产与研发规划等。人力资源战略规划要以公司总体战略作为出发点和落脚点，结合企业内外部环境的分析进行，要考虑目前和未来的市场需求、竞争对手可能执行的策略及本公司的现状。在制定规划时，公司首先应当对市场需求进行准确的分析，包括：分析各市场产品的需求状况和参考价格，预测竞争对手可能的目标市场和产品定位情况，预测各竞争对手在新的一年中的资金使用情况。在此基础上，各职能主管针对本部门的现实情况，提出当年人力资源管理战略规划的初步设想，经过论证后，权衡各方利弊得失，完成公司新一年度人力资源管理经费规划。在制定人力资源管理经费规划时，应考虑招聘甄选规划、培训开发规划、产品生产销售规划和薪酬福利规划等。

(1) 每年年初需进行人力资源规划。各公司在申请人力资源经费前，需从企业战略出发详尽分析企业所处行业、外部市场环境等，准确预测企业未来发展所需的各类人力资源数量、质量、结构等方面的要求(即要保证人力资源成本预算准确率)，结合市场供需确定企业人力资源工作策略。人力资源规划内容包括人力资源战略规划、人力资源供需预测、费用预算、培训晋升计划和调岗计划等。

(2) 在计算人力资源经费之前，需要从公司战略管理的角度进行人力资源规划。人力资源总经理需要进行人力资源现状分析、人力资源需求预测、劳动力市场的供需情况、确定每周期的人力资源的规划目标。根据总经理做出的产品研发和生产的规划结果，向总经理申请能实现这些目标的人力资源经费，再将经费合理分拨给薪酬部门、招聘部门、培训部门。

(3) 结合年份做不同的规划。在公司成立之初，对人才的需求量是最大的，想方设法招募到一批可用的人才是企业成功的关键因素之一。在公司运营开始后，提高公司内人才的质量，做到稳步推进的情况是该阶段的主要任务。因此，要结合当前市场供需，确定企业人力资源工作策略。首先，通过研究市场信息，了解每一年度预测的人才市场提供人员数量，以及每一年度预测的各等级产品的单价来确定企业六年的战略方向，如先专注生产 P1，等资金得到扩充后将目光投向 P2，或者是第一年开始便选择同时生产 P1、P2，以抢占市场先机。其次，确定战略以预留生产研发经费，制订人员招聘计划，如第一年第一期应招聘研发、生产人员的数量。最后，在之后的每年年初，可以根据公司运营情况，在确定相关经费的前提下，制订培训及调岗计划。

(4) 人力资源的供需预测需要结合当前企业的发展情况及市场上的人才情况进行判断。首先在费用预算的考虑上需要尽量接近但适当低于平均水平(人力资源成本低于市场平均人力资源成本的 90%)，做到公司人力资源成本的效益最大化。其次是培训晋升计划，在公司产品开发战略的基础上进行精密的计算，使自己培训晋升的人才能尽量与公司生产发展的需要相互促进提升，而没有任何一方溢出较多的情况出现。最后是调岗计划，经过培训的人才要及时向着更高的方向发展，满足企业开发高水平产品、保持竞争力的需要。

(5) 在预算的问题上，要尽量避免紧急人力资源经费申请和超额损失的问题。对此需要了解人力资源经费主要由哪几种类型构成。对各种情况进行考虑，使自己的经费预算在一定的波动中都可以承受。在了解规则以后可知，人均人力资源的成本是逐年增长的，其与企业的管理效率和盈利能力同步增长效果才好。因此，可以与主管们建立人力资源成本责任中心，定期分析和反馈预算执行情况，及时对各自负责的部门提出意见并立即执行，修复存在的问题，并依此评价、考核及追究责任。

(6) 结合绩效主管做出的上个年度的员工绩效情况和本年度的生产需求，判断员工是否进行培训晋升和调岗计划。

(7) 尽量降低员工的流失率。通过适当的企业文化培训、员工培训，努力使企业人员流失率低于市场平均人员流失率的 90%，淘汰不满足企业发展的低水平员工，培育、培养一批高水平员工。

7.1.2　工作分析中心

(1) 工作分析包含岗位设计和岗位分析。人力资源管理综合实训时，公司应根据人力资源规划，明确各类员工和管理人员的岗位职责，形成工作说明书，并设置研发人员、生产人员、销售人员的基本工资区间，此区间将影响基本工资的设定。

(2) 在进行工作分析时，要确保对各类员工和管理人员岗位职责的描述正确、具体，有详细的工作规范。人力资源总监应该熟悉各类员工和管理人员的岗位职责、权限、工作内容、任职资格等信息。

(3) 总经理应该参与员工工资制定的过程，对员工工资是否合理有一个判断的能力。例如，总经理应该对本年度人力资源薪酬成本有一个合理的预算，超过该项预算则不予通过，即不通过人力资源经费申请，有助于防止因分配不合理而导致企业过早破产。

7.1.3　招聘与甄选中心

1. 招聘渠道

公司可在每年的第一、三周期进行招聘。各公司招聘员工可选择不同的招聘渠道，不同的招聘渠道费用不同，所获取的员工数量、员工种类、员工等级也不尽相同。在人力资源管理智能仿真与竞赛对抗平台中提供了五种招聘渠道，分别是校园招聘、人才交流中心招聘、Internet平台招聘、传统媒体招聘和猎头招聘。这五种招聘渠道的费用和主要提供的员工类型也稍有不同。因此，公司在选择招聘渠道时首先需要考虑费用问题，同时还需要注意以下规则。

(1) 人才引进津贴的最高上限为员工年基本工资。

(2) 各公司提交招聘申请明细表后，按校园招聘、人才交流中心招聘、网络平台招聘、传统媒体招聘和猎头招聘的顺序选聘人才，若前一渠道已完成招聘计划，可放弃后一渠道。

(3) 各渠道中基本工资与人才引进津贴总和高者优先获取人才。

(4) 若基本工资与人才引进津贴总和相同，则比较基本工资，高者优先获取。

(5) 若基本工资相同，则比较公司上一年度经营排名。

(6) 若公司上年度经营排名相同或无排名(第一年)，则比较招聘申请明细表提交时间，先提交的公司优先招聘。

除了猎头招聘渠道，其他招聘渠道都可以在同一等级招聘中仅支付一次招聘费用。这与实际中的招聘方式有关，对同类型、同等级员工在其他招聘渠道的某次招聘中是可能会获得多名同类员工的。而猎头招聘就有所不同，该类招聘渠道是针对企业缺乏的中高端人才，猎头公司根据企业实际需要在每位员工招聘中都是需要花费成本的。

2. 人员招聘

在某一时段，员工如果能收到较多公司的应聘机会，那么他们就会对这些公司在各方面进行比较。一直以来，薪酬对员工来说都是其经济保障的必需品，因此，员工比较在意的是总工资水平。除总工资水平，基本工资、企业的发展状况也是员工考虑的因素。在相同总工资的基础上，基本工资反映员工工作稳定性的基础，是员工安全感的保障。因而即便总工资水平相同，在考虑风险性问题时，员工又会比较基本工资的多少。

在制定总工资时，由于高工资公司可优先招聘，因此根据经费和公司经营状况要制定不同的工资规则。若公司经营较好，人员需求较迫切，则可制定较高的工资；若公司盈利状况一般，则可选择较低工资或不进行招聘工作，或者在公司运营较好的状态下，如果出现未来需要的不好招聘的员工，也可以较低的价格先进行招聘，以适应公司的未来发展，为未来的招聘节省经费。另外，在招聘时基本工资高会更有优势。在基本工资已经确定的情况下，若同年急需人才，则可提高津贴进行招聘，但津贴不能超过年基本工资的100%。

3. 挖人

从第二年开始，每年第一周期公司之间可互相挖人，挖人属于猎头招聘方式。猎头公司收费大致分为三种：按过程收费、按结果收费及按照打包价格付费的 RPO 和招聘外包。国内主要以结果收费为主，该收费模式在与企业签订合约之后会收取一定的预付金，以确保职位的真实性，是否收取预付金及收多少都是可以与猎头进行商议的。其余的费用会在人才招聘上岗之后一次性收取，总费用一般是人才年工资的25%～35%。不论挖人是否成功，凡提出挖人申请，均需要支付猎头招聘费用 3K/人，若成功招聘到所需人才，则需要额外支付猎头费用，即本公司该等级员工两周期的基本工资。

欲挖人公司需填写挖人申请表，被挖公司每类每等级员工最多被挖走一人，处于脱产培训中的员工不能被挖，每家公司每年可向同行公司每类人员各挖一人，至多可挖三人，挖人目标公司不限。

公司提出挖人申请后(多家公司对被挖公司的同一等级员工提出挖人申请)，需先比较挖人公司给出的期基本工资，挖人公司给出的期基本工资必须高于被挖人员在原公司本年度的期基本工资的120%，否则挖人失败；在企业创建稳定后，就会考虑到对优质员工的需求，因而在第二年的第一期，企业可以开始准备挖人。

挖人决策前首先要判断是否值得，公司是否具备相应的条件和对该人才的需求程度。在原公司的定岗、能力和价值无人可替代，且公司经营状况较好的时期可以选择这一类招聘渠道；在公司经营不善时要谨慎使用，但在公司经营不善又有挖人的需求时必须使用。

4. 员工入职

员工入职签订劳动合同时要注意期限问题，因为如果合同到期再续约就需要多支付工资。在必须要的或难招聘的员工入职时，可以签订较长期的劳动合同以保证组织的稳定性；容易招募到的岗位则可以签订相对较短期的合同。当有较低工资愿意工作的员工时，可以随时进行替换或及时补签劳动合同。补签劳动合同需及时，建议在入职签订协议后就制作表格提醒到期时间进行到期辞退或续约等工作，避免不必要的招聘支出，也方便其他人力部门工作的进行。

劳动者在劳动单位实现劳动过程中与有关单位建立的社会经济关系就是劳动关系。为了保障这种劳动关系，公司要与劳动者签订劳动合同，确定劳动的期限，以保证劳动者与公司的合法权益。对于劳动合同的签订，可以根据签订的周期进行，根据人力资源规划签订不同运营时期的劳动者，一来可以减少人力资源经费，二来可以减少员工流失。

7.1.4　培训与开发中心

新员工培训是指为了促使新员工更快地融入工作而做的培训，是上岗的先决条件。培训的主要内容为企业经营历史、宗旨、规模和发展前景；公司的规章制度和岗位职责；企业内部的组织架构、权力系统，各部门之间的服务协调网络及流程，有关部门的处理反馈机制；业务培训，使新员工熟悉并掌握完成各自本职工作所需的主要技能和相关信息，从而迅速胜任工作；介绍企业的经营范围、主要产品、市场定位、目标顾客、竞争环境等；介绍企业的安全措施；介绍企业的文化、价值观和目标等；介绍企业员工行为举止规范。

当公司通过各种渠道获得所需要的员工后，必须为这些员工办理入职手续和新员工培训。身为培训开发主管，要组织培训需求调查，每年进行一次培训需求分析。根据招聘甄选主管所招人员数量安排新员工培训，汇总新员工培训费用。新员工培训是对员工进入公司后的第一轮培训，也是建立员工对企业第一印象的重要过程，良好的第一印象对员工的稳定性起到重要作用，并且新员工进入公司后，必须经过培训才能上岗。

从在岗培训与脱岗培训的比较中可以看出，在岗培训适合常态化的培训，适用于所有级别的员工；脱岗培训比较适合短期目标的实现，适用于级别较高的员工。例如，当模拟企业无 A 级员工，但战略规划准备进军 P4 产品市场时，企业就可以利用脱岗培训产能和价值提升较快的优势，对一个 B 级员工进行脱产培训。B 级员工上升至 A 级只需脱产培训 8 期，也就是两年时间。当然也可选择在岗培训，但是需在岗培训 16 期，即用四年时间才能从 B 上升至 A，但其间保持着 B 的产能，这也是一种较好的员工级别提升方式。

在岗位轮换培训中，不同目标的岗位轮换培训费用各有不同，培训开发主管需要先明确轮岗的目标岗位，岗位轮换下期生效。例如，B 员工从原来的 P1 生产岗位轮换到 P2 生产岗位，需支付 3K 的培训费用，从 P2 产品生产岗位再转回 P1 产品生产岗位时，仍然需要参加岗位轮换培训。

在综合实训教学中，员工培训与开发的注意事项如下。

(1) 当公司招入新员工时，当期必须进行新员工的入职培训，培训费用为 1K/人，入职培训不能提升员工的技能和等级。新入职员工当期不能进行岗位轮换培训和技能提升培训。

(2) 若想提升员工的技能和等级(如 D 级员工升为 C 级或更高等级员工)，可进行员工的技能提升培训。技能提升培训分为在岗培训和脱产培训。在岗培训指员工在培训期间还能继续生产且保持原有的生产力不变，经过连续四个周期的在岗培训后，员工的培训能力方可增加，在岗培训费用为 2K/期。员工经过技能提升培训后所定岗能力达到上一级员工的初始能力，员工升级。员工升级后按照新等级员工的工资标准执行。脱产培训指员工在培训期间不能继续生产和研发，相对在岗培训，员工技能提升周期更短，经过连续两个周期的培训，员工技能就能增加，各种人员类型的生产能力增加情况与在岗培训相同，但 D 级员工不能进行脱产培训。脱产培训费用为 3K/期。

(3) 员工脱产培训过程中的薪酬按基本工资＋企业承担法定福利＋工龄工资支付；员工在进行脱产培训时不能产生工作业绩，不会给公司带来利润，因此工资的计算方式与以往不同。

(4) 脱产培训限额：公司员工脱产培训的人数最高为公司同类同等级员工人数的 50%。例如，该公司的 C 级研发人员为 8 人，则该类人员的脱产培训人数最多为 4 人。

(5) 脱产培训的服务期为两年。通过技能提升培训实现员工等级提升后，未满两年员工自动流失，需支付给公司培训违约金。脱产培训公司付出的成本相对较大，在脱产培训期间员工不能进行工作，因此进行完脱产培训后需在公司做满两年，两年后可自动流失，若不满两年则需支付违约金。

$$\text{培训违约金}=(\text{脱产培训期间的基本工资总和}+\text{脱产培训的投入})\times\frac{8-\text{培训后工作时间(期)}}{8}$$

(6) 在岗培训中不能同时进行岗位轮换培训；脱产培训中可以同时进行岗位轮换培训。

(7) 技能提升培训时需要经过连续培训才能达到能力提升的效果，不可中途中断，一旦中断，将不能累计其培训效果。例如，在第二年第一周期至第三周期连续对一名 D 级生产人员进行在岗培训，若在第四周期继续对其进行在岗培训，则该名人员的能力在下一周期将会提升；但是如在第四周期没有对其在岗培训，而是在下一年度第一周期对其进行在岗培训，则该人员前三周期的在岗培训将不能累计。技能提升培训只能逐级递增，不能跳跃升级，例如，D 级员工通过培训只能升级成为 C 级员工，若想成为 B 类或 A 类员工，则只能继续进行技能培训。

(8) 员工可进行岗位轮换培训，如负责研发 P4 产品的员工可经过岗位轮换培训后研发 P1 或 P2 或 P3 产品，转岗费用各不相同，转岗到 P1 费用为 1K/次、到 P2 费用为 3K/次、到 P3 费用为 5K/次、到 P4 费用为 7K/次，且转回原来生产过的岗位无须再付转岗费用，但需经过一周期才可研发原来岗位的产品，无论从低到高还是从高到低转岗，都不会影响员工的生产能力。例如，B 级销售人员张某从 P2 岗位转岗到 P3，则需要支付转岗轮换培训费 5K，当张某从 P3 转回 P2 时，不需要支付相关费用。

(9) 员工还可进行企业文化的培训。企业文化培训的目的是增加员工对公司的忠诚度，避免被其他公司挖走，可降低公司的人员流失率。企业文化培训的时间为每年的第四周期，即每年的最后一个季度，每增加 1K 的人均企业文化培训费用，会降低 3%的员工流失率，最高可降低 10%的员工流失率。此培训不是必须进行的，可按公司意愿进行。

(10) 研发人员每增加 3 能力，员工价值增加 1；生产人员每增加 1 能力，员工价值增加 1；销售人员每增加 6 能力，员工价值增加 1。员工价值增长对照表如表 7-1 所示。

表7-1　员工价值增长对照表

员工类型	研发人员	生产人员	销售人员
能力	+3	+1	+6
价值	+1	+1	+1

本平台可运营六个经营年度，每年分为四个周期进行，即经过连续一年度培训的员工，岗位能力增加，脱产培训后员工岗位能力增加值和价值增加值与在岗培训相同，但脱产培训为每两期就增加 1 价值。

7.1.5　绩效管理中心

每一年度的年初，每个公司针对公司中总经理、人力资源经理及其他各主管有不同的绩效指标。团队可根据他们的职责选择最能够反映绩效的指标，建立绩效考核表。

1. 总经理考核

总经理的绩效考核分为企业净利润、销售情况、产品获利、生产情况四大类。总经理作为公司的最高领导人，属于公司的决策层，在公司里享有最高的权力，负责主持公司的各项经营管理工作，组织实施公司的经营管理计划和投资方案，在企业的经营、销售、产品、生产中，都起着决定性的作用。企业净利润大类中的绩效考核指标为净利润和净利润增长率，分别考察企业的获利情况和企业实现价值最大化的扩张速度；销售情况中考核指标有产品销量、销售额、销售计划准确率，考核企业的销售情况和总经理销售计划的准确性；产品利润中，产品利润和产品利润增长率指标，考察总经理的管理带来的企业利润；生产情况中的生产计划准确性指标，反映了总经理组织和指导企业生产活动的水平。

2. 人力资源经理考核

人力资源经理的绩效考核分为人力资源规划、人力资源成本、人均人力资源成本、员工流失、劳动关系、经费申请损失六大类。人力资源规划考核人力资源规划方案提交及时率，考察了人力资源经理工作的效率和人力资源规划提交的速度；人力资源成本和人均人力资源成本考核指标两大类，主要考核人力资源经理是否有效地控制了企业人力资源成本，节约人力资源经费；员工流失反映了人力资源经理在员工保持上的绩效，制定的人力资源管理方案对员工的吸引力；劳动关系中的考核指标劳动争议发生次数反映了人力资源经理工作的准确定性；经费申请损失是对人力资源经理人力资源规划工作准确性的考核，人力资源经理对经费的不合理预估会造成人力资源经费的不足或浪费，不利于资源的充分合理利用，造成公司不必要的损失。

3. 招聘甄选主管考核

招聘甄选主管的绩效考核分为招聘费用、招聘计划和招聘评估三大类。招聘费用大类中包括人均招聘成本、招聘费用增长率、招聘费用准备率，考核了招聘甄选主管对招聘成本的有效控制程度和招聘预算的合理估计，招聘费用的有效控制和准确预算有利于降低企业的经营成本；招聘计划中招聘计划的准确性反映了招聘活动的完成程度，准确的招聘计划能够帮助企业有效地完成生产经营任务；招聘评估是对招聘效果的有效反馈。

4. 培训开发主管考核

培训开发主管的绩效考核分为培训费用、培训计划、能力提升、培训数量四大类。培训费用大类中的考核指标有人员培训费用和培训费用准确性，考核了培训开发主管对培训费用的有效控制程度和对经费的准确控制，这些指标都会影响企业的经营成本；培训计划主要考核技能提升培训计划准确率，反映培训计划的实施情况；能力提升考核培训开发活动的效果，能力和技能的提升是组织培训活动的主要目的；培训数量中的考核指标有培训人数和培训人数的增长率，是对培训开发主管工作效率的重要表现。

5. 绩效考评主管考核

绩效考评主管的考核分为价值增量和考核指标数量两大类。价值增量考核指标中有管理人员价值增量和员工价值增量，反映绩效考评管理是否有效地激励了员工，带来员工价值的提升；考核指标数量反映考核绩效考评主管制定的绩效管理方案的科学性与合理性，选取的绩效考核指标能否全面地反映员工和管理者的绩效。

6. 薪酬福利主管考核

薪酬福利主管的考核分为人均薪酬、薪酬总额、薪酬结构三大类。人均薪酬指标反映了薪酬福利主管制定的薪酬是否合理，是否符合市场平均水平，合理的薪酬能够有效吸引和保持员工；薪酬总额大类中的考核指标有薪酬总额占人力资源成本和薪资总额预算准确率，考核了薪酬福利主管是否有效地控制了企业的薪酬，降低企业经营成本，实现企业资源的合理利用；薪酬结构反映了薪酬福利主管制定的薪酬结构的合理性，是否实现了帮助企业合理控制成本、有效激励员工和引进人才的目标。

7.1.6　薪酬管理中心

薪酬福利主管主要负责企业的薪酬管理工作。薪酬管理是在组织发展战略指导下，对员工薪酬支付原则、薪酬策略、薪酬水平、薪酬结构、薪酬构成进行确定、分配和调整的动态管理过程。薪酬管理是企业人力资源管理的一项重要职能，是一项影响企业经营目标的战略活动。

薪酬福利主管需要统筹运营整体薪酬的发放，对公司人员分级、分批发放，保证工资发放的有条不紊，同时也保证其公平性。依据工作性质的不同，可以制定不同的绩效薪酬的发放，主要包括业绩薪酬、激励薪酬、津贴和补贴及员工福利，主要是给予一定的激励，鼓舞他们更好地完成工作，同时员工之间形成良性的竞争，产生“鲶鱼效应”，为企业带来更大的效益。薪酬的合理发放可以保障人工成本的合理配置，通过员工薪酬结构化的管理，实现薪酬的高效使用，有效控制人工成本，是企业管理与发展中至关重要的一个环节。

通过薪酬的市场调查，能够获得劳动力市场各类企业(包括竞争对手)员工薪酬水平及其结构等方面的真实信息。获得市场调查信息的企业，不仅可以弄清自己当前的薪酬水平相对于竞争对手在目前劳动力市场上所处的位置，而且可以根据人力资源发展战略的要求，及时调整企业的薪酬结构和水平，以确保薪酬发放的公平、公正。重视市场薪酬调查数据的采集和分析，有利于形成一定的人才竞争优势。

从第二年开始，每年年初每家企业可以购买市场基本工资报表，内含上年度各类各级员工和管理人员的市场平均基本工资，费用为10K，为各公司制定今年的基本工资提供参考。薪酬调查主要是了解同行业企业调薪时间、水平、范围等，了解当地工资水平并与本企业比较，了解工资动态与发展潮流。

管理人员的绩效奖金受到每一年绩效考核的影响。当每位管理人员的价值增加时，给一期基本工资作为管理人员的绩效奖金。无价值增加或价值减少，则无绩效奖金。管理人员奖金与公司的净利润有着紧密的关系，随着利润的增减而增减。管理人员的奖金是管理人员薪酬的重要组成部分，公司经营得越好，管理人员的价值越高，奖金越多。法定福利是指根据国家法律法规，公司依法为员工缴纳各项社会统筹及保险等。对员工而言，法定福利不随着企业的利润高低而上下调整，而是根据法律规定，以企业员工的基本工资与绩效奖金之和为基数，按照一定比例定期缴纳。

工龄工资又称年功工资，是企业按照员工的工作年数，即员工的工作经验和劳动贡献的积累给予的经济补偿。工龄工资是企业分配制度的一个重要组成部分，为鼓励员工和管理人员安心于本公司的工作，对本公司工龄一年以上的人员按工作年限长短给予相应的补贴，实行每满一年加1K/期的工龄工资，上不封顶。

岗位津贴是指对特殊条件下工作的劳动者的额外劳动消耗和额外生活费用支出的补偿形式。劳动条件和岗位的不同，劳动者在相同时间内所付出的体力和脑力往往是不同的，支出的生活费用也有差别。工资等级制度不能完全反映这些差别。岗位津贴可以对那些在特别繁重、艰苦、有损健康等条件下从事劳动的劳动者的额外劳动消耗和额外生活费用支出进行补偿，保证劳动者的身体健康，保证劳动力的正常再生产。根据生产性质和劳动条件的不同，可以有不同的津贴项目。本竞赛对抗平台的岗位津贴是指对于公司研发、生产、销售人员在工作时间内补偿该员工在其岗位上所从事工作的特殊性和技术性的津贴。

补贴是指为保障职工的身体健康，提高幸福感，降低人员流失率而提供的一些工资补充形式。如果企业在生产过程中需要加班，就必须支付给员工相应的加班工资，每月标准工作天数为25天，每日的标准工作时长为8小时，超出的工作时间按照以下标准支付加班工资。

(1) 安排劳动者延长工作时间的，支付不低于工资150%的工资报酬。

(2) 休息日安排劳动者工作又不能安排补休的，支付不低于工资200%的工资报酬。

(3) 法定休假日安排劳动者工作的，支付不低于工资300%的工资报酬。

7.1.7 产品中心

在进行研发、生产过程中，如果人力资源经费不够进行薪资结算，可以考虑减少生产产品的批次，通过资金紧急申请支付员工工资。在减少产品生产批次时要有选择性才能使损失降到最低。在销售环节中，需要将市场中的市场指导价与竞赛中的市场指导价进行对比，从而推测目前市场处于供不应求还是供过于求的情况，进而判断可以存活至下一年的最低资金要求是多少，最终确定销售价格。

7.2 人力资源管理综合实训(六年运营)经验分享

在人力资源管理综合实训中，策略是赢得比赛的关键之一，不同的策略会导致不同的结果，学生应根据市场形势发展而制定相应的行动方针。本节内容精选第五章实战演练中较典型的小组进行经验分享。

7.2.1　C1组

1. 规划保守，丧失对高等级人才的选择

在六年模拟运营中，C1 组一直处于低水平发展状态。由于前期没有做好运营规划，再加上中高级人才的缺失，使得 C1 组无法进入高端产品市场，只能依赖低端产品维持经营。

2. 持续培训，低等级人才有大作用

在前期的各项规划中，C1 组战术思想过于保守，制定了较低的基本工资，导致在前期人才招聘中处于劣势，也丧失了对中高级人才的选择权。同时由于工作分析不够准确，使得 P2 产品无法正常生产，进而对之后的运营产生了直接影响。产品研发、生产和销售也连年处于低迷状态，只能勉强维持经营。

3. 长期处于低端市场，勉强维持运营

在激烈的市场竞争环境中，C1 组由于自身定位不明确，规划不清晰，没有重视对市场环境的分析，导致在实际操作中缺乏准确的目标，无法主动调整运营方案，只能小心翼翼地应对面临的各种威胁。

在前中期的运营中，C1 组一度濒临破产的困境，被动采取放弃生产、降低工资的方案来维持基本运营。在最后两年的操作中，C1 组主要依靠稳定的低端产品市场逐渐减少亏损，并且取得较少的收益，将公司的运营拉回正轨。但由于连年的亏损及人才的短缺，最终无力扭转排名落后的局面。

4. 把握市场定价，小心挽回破产境地

在前期销售中，由于 P1 产品实际交货量远大于需求量，直接导致市场指导价的大幅下跌。销售收入的减少，使得 C1 组无缘中高端市场，只能在低端市场徘徊。而在之后的产品销售中，受到资金限制，C1 组无法在生产数量上占据优势，为确保产品全部卖出，只能降低价格，从而减轻运营压力。

7.2.2　C2组

C2 组在六年运营中一直处于被压制的状态，只能在低端产品市场勉强立足，整体排名较为落后，获利平平。

1. 吝啬工资，难以竞争高级人才

C2 组在初期规划中，设置了较低的工资水平，并且吝啬于各类津贴、补贴的发放，导致在员工招聘中处于劣势，甚至完全不能参与到中高级人才的竞争中，同时低端人才的竞争结果

也是异常惨淡，最终也只是招聘到少量研发和销售人员。由于人才的缺失，C2 组在第一年无法组成完整的产业链，只能垫底。第二年，C2 组便开始转变策略，有意识地提高员工的基本工资，但是上一年的惨淡经营导致资金严重不足，为了使公司继续存活，采取了保守的策略，只适当提高了生产人员的基本工资。之后的几年运营中，由于流动资金不充裕，导致排名一直处于落后的状态。

2. 忽视培训，大量人员流失

C2 组在操作中，只是进行了新员工培训，忽视了技能培训和企业文化培训。仅有的一次技能培训，也因为没有得到足够的重视，导致培训中断，影响了培训效果，不仅损失了部分费用，更是影响公司的后期运营。

企业文化培训在增强员工凝聚力、减少员工流失方面发挥着重要作用。C2 组在六年运营中，忽视对员工的企业文化培训，导致每年都有人才流失。高流失率给 C2 组带来极大的不利影响，阻碍公司规模的扩大，最终只能在低端市场苦苦挣扎。

3. 谨小慎微，夹缝中生存

C2 组在运营中，决策过于保守，遇事也优柔寡断，使公司发展一直处于被动状态。前期决策的失误，也导致公司接连地亏损。为了防止破产，C2 组只能依靠少量产品，谨慎运营。四年结束，C2 组勉强能够稳定盈利。在其他企业已经站稳脚跟，并且成功在高端市场占据垄断地位的时候，C2 组也只能在低端市场谋求生存，在几个市场巨头的夹缝中勉强存活到最后。

从 C2 组的失败经验来看，我们可以获得以下启发。

1. 企业经营过程中要敢于竞争，该出手时就出手

企业经营犹如博弈，商场如战场，一时的畏畏缩缩将会导致我们永远落后于他人。在制定企业人力资源规划时，应明确公司的发展方向，面对激烈的市场竞争只有积极参与进去，放手一搏才有机会在市场中占有一席之地。C2 组就是行事过于保守，企业经营没有按照规划执行，在人才竞争时落了下风，一直被其他企业甩在后面。

2. 员工是企业的重要财富，不能忽视对员工的培训

企业正是因为有了所有员工的共同努力才能不断发展，要认识到员工强企业才强，对于能够提高员工能力的技能提升培训，能优化企业产品研发生产销售的转岗培训和提高员工凝聚力的企业文化培训，我们在经营过程中千万不能忽视。而考虑到技能提升培训的连续性，我们在培训期间要注意不能中断培训，以免浪费企业各项资源。

7.2.3　C3组

C3 组在六年运营中，以稳健经营为发展方向，以 P1 为主要产品，实现稳步缓慢增长。

1. 大量生产低端产品，稳定发展，缓慢增长，不与其他企业竞争高级市场

从第一年开始，C3 组即专注于生产 P1 产品，第一年尽可能地招到研发人员和生产人员，在招聘环节，为了确保第一年能够成功招聘，C3 组将 A、B 级人员的津贴提高至基础工资的 3 倍左右，同时提高 C、D 级员工的津贴，从而保障 C3 组能够在第四期成功销售产品，维持第二年的运转。

这样的操作方式首先产生的利益很慢，前三年基本没有什么利润，第四年以后才会慢慢地产生利润，而且还是基于 P1 产品市场供应量较少的情况下，如果其他组在 P1 市场上也拥有大量产品，则会导致市场价过低，除非有大量的 P1 产品才能有小部分的盈利。其次如果不去开拓其他三款产品的市场，后期的分数也会比较低，在招聘环节也不利于招人，产品过于单一也会让公司在市场上竞争力不足，最后破产。

2. 远离市场纷争，拒绝挖人，不敢扩张高端市场

在挖人环节，对单一产品也会产生一定的影响。由于 C3 组只拥有 P1 产品的市场，所以不能轻易去挖别的公司的员工，同时也要防止其他公司来本公司挖人。因为只有一个产品市场，公司员工一旦被挖走，将会影响整个产业链，最终导致被迫崩盘，再也无法向高级市场晋升，也只能被局限在 P1 市场。

3. 胆大心细，才能有更大的市场前景

在实训操作中，C3 组一直徘徊在市场竞争的边缘，更像是一种“隐身”的生存之道。当然，任何方法都会存在一定的风险，在实际运营中，一旦被其他公司盯上，那么 C3 组将直接面临崩盘的困境，所以只能自身慢慢发展。同时为了防止本公司的高级人才被挖走，还要设置较高的基本工资，提高薪酬福利待遇，切忌因小失大，避免出现任何不必要的问题，带来不可弥补的损失。

7.2.4　C4组

C4 组在六年运营中采用“稳健发展＋急速扩张”的战略，前三年稳步发展，不断增加原始积累，从而为后三年的急速扩张奠定坚实的基础。C4 组在操作过程中全面预算资金，控制员工薪酬，大胆进行人员招聘，及时扩大产能，通过科学的产品规划，及时生产市场上紧缺产品并进行促销，实现收入和净利润双增长，取得比较好的经营业绩。

1. 第一年中低端人才战略，节约成本，风险低

C4 组考虑到第一年只生产 P1 和 P2，最低的人才需求只需 C、D 级即可，所以在制定第一年基本工资时，C4 组有意增加 C、D 级基本工资。在薪酬设计上，C4 组选择了工龄工资和高温津贴，该组认为没有必要选择全部的补贴，将资金花费在基本工资上会更具竞争力。第一年第一期招聘时，该组没有给满额津贴，给了大概 2/3 的津贴，招人排名在第二名和第三名，成功招到了所需的全部研发人员，但是生产人员只招到了 2 个 D 级，研发能力大量过剩。因此在第三期招聘时 C4 组计算了剩余的经费，用满额津贴去招生产人员，最后成功招聘到所需人才，但是总体来说第一年存在人员能力不匹配情况。

2. 充分利用销售人员的空闲周期进行人员培训，提高销售能力

C4 组前四年处于大力竞争阶段，资金使用率很高，所以没有多余的钱进行培训，到第五年稳定后，C4 组对目前在职的 9 位销售人员进行了 4 期的在岗培训，最后总共获得了 54 能力提升，相当于多了一个 B 级人员。所以对销售人员进行培训，既不影响最后的销售环节，也在低成本的前提下进行了能力提升，节约了人员的招聘费用和薪酬费用。

3. 第二年低估市场薪酬水平，造成大量人才流失

因为 C4 组第一年的薪酬处于中上游水平，所以第一年招聘排名基本上处在前三名。到了第二年，C4 组采取了稳健战略，以增加原始积累为主，所需人员较少，基本工资维持在第一年的状态，最终导致第二年流失 2 个 B 级人员、2 个 C 级人员、2 个 D 级人员，这样的损失对 C4 组当年的评分及下一年的规划产生了重大影响。

4. 适时提高工资，招聘高级人才，进入高级产品市场

因为 C4 组第二年的小失误，导致竞争发力时间推迟了一年，评分上也和第一名有了较大的差距，所以第四年开始 C4 组在预估薪酬总额、保障基本的生产经营下，大幅度地提高了基本工资，使得 C4 组在第四年垄断了市场上所有的 A 级、B 级员工，并且成功挖了第一名的 1 个 A 级人员，让第一名无法大批量生产 P3、P4 产品。在第四年，C4 组略微降低了高级产品的销售单价，以保障全部产品销售成功。C4 组预估第一名在第五年需招若干个高级人才做补充，所以 C4 组在第五年特意提高了 A 级人员的工资，并且在招人时给了满额人才引进津贴，最终成功拿下了全部的 A 级人才。第六年是抢夺人才最关键的时候，C4 组进行了大量的计算，衡量了流动资金情况和人力资源回报率，将 A 级人员的基本工资定在 70K，同时给予满额津贴，但是第六年第一名的工资也非常高，使得 C4 组完全招不到 A、B 级人员。由于第一名资金周转能力不够，到第六年第三期突然宣布破产，C4 组也顺理成章地排第一名。

7.2.5　C5组

C5组在六年运营的前四年一直处于领先地位，但后期为了超越C4组，投入了大量的人力经费，导致第六年第三期因资金不足而破产。

1. 高基本工资、高人才引进津贴

C5组从第一年开始就设置了较高的工资水平，并且不吝啬于各类补贴、津贴的发放，在员工招聘时排名往往在第一、第二名，完全不思考低级人才的潜力，武断地抢夺高级人才。强势的人力资源经费的投入，使得C5组获取明显的人力竞争优势，第一年便形成了一条完整的产业链。

2. 因工资高于市场水平线，忽视培训

C5组在6年运营中，重视薪酬，忽视技能培训，没有最大限度发挥员工的潜力。技能提升培训能够提高员工的工作能力，在第四年由于人员安排不合理出现员工能力不匹配，C5组才安排了转岗培训，但是由于前期的不重视，影响了当年乃至后几年的产品生产及销售。

3. 盲目自大

C5组在企业运营过程中一直用利润来弥补自身的不合理决策，前4年一直处于盈利状态，但是增长率低于同市场公司，企业一直处于下跌的状态。在前4年，C5组一直不顾人力资源回报率，利用公司利润多、人员多盲目经营，每年生产大量产品和出售不等量产品，企业在第五年结束时终于被其他公司超越。到了第六年，市场上其他企业基本都已站稳脚跟，优秀企业在高端产品市场占据几乎可以说是垄断地位。于是，C5组只能招聘更多人员来提升总价值，后因为费用不合理而破产。

从C5组的失败经验来看，我们可以获得以下启发。

1. 企业经营过程中要合理经营，该保守时就保守

市场环境风云变幻，跌宕起伏，要时刻保持畏惧。C5组过于依赖当前收益，缺乏长远目标，才会一直因为前期优势而忽视后期的人才能力及人力资源回报率。在制定人力资源规划时，要充分考虑各方面的影响因素，不能被一时的优胜蒙蔽双眼。在激烈的市场竞争环境中，一步错则步步错，要合理规划，稳中求胜，才不会像C5组这样，面临突如其来的风险自乱阵脚，最终跌入谷底。

2. 重视员工培训

恰当的培训能够提升员工能力，只需少量的投入便可在后期看到显著的成效，使得潜在的人才成为可支配的人力资源。C5组正是由于忽视员工培训，造成人力资源的浪费和流失，

对公司的生产经营造成不可弥补的损失，导致在后期的市场竞争中处于劣势。

7.3 人力资源管理综合实训(四年运营)心得体会

为了让学生掌握实训平台，了解人力资源管理在企业中的实际运作，教师根据课时安排了四年运营。在本次四年运营的综合实训中，共有8组参与，每组成员在运营结束后，依据各自的角色写下实训心得。本节内容精选四年运营中较典型的六个角色进行心得分享。

7.3.1 总经理心得体会

总经理作为公司决策的主导者，需要衡量公司总利润及产品研发、生产、销售能否完成年初设立的目标，分析市场环境并及时、准确地做出应对策略。

在本次实训中，我担任了总经理的角色。课程前期，由于大家对系统的不熟悉及对规则的解读不够细致，导致各项工作都处于手忙脚乱的状态。对此，我较好地发挥了总经理的积极作用，仔细解读运营规则和角色任务，帮助同学们迅速了解自己的工作定位，掌握整体的发展方向，并且做好了初步的工作规划。

在比赛过程中，我们根据市场情况，制定每一年需要招聘、培训的人才及产品数量等战略，协调各部门工作，公司的运营状况也是基本符合制定的战略规划、人员规划和费用规划等。但实际运营中，也经常会出现由于参考数据出错、市场情况和工资区间的变动等影响公司的决策，好在及时改变了经营战略，并没有造成太大的损失。

公司的实际运营很复杂，整个比赛中，我都保持注意力高度集中的状态，并且时刻关注市场信息变化，以期在遇到突发情况时，能够冷静处理。

在激烈的比赛过程中，很多同样担任总经理角色的学生过于急功近利，战略制定不够完善，缺乏危机意识，不懂得灵活变通，以致出现企业危机。别人的失误正好给了我们发展的良机，而且我们也从中吸取经验教训，避免出现同样的错误。作为团队的总经理，我在整体运营的决策上有所欠缺，但通过和成员之间的交流沟通，这一缺陷也得到较好的弥补。各部门管理人员相互协作，聚集大家的智慧，最终达到了事半功倍的效果。

通过此次模拟演练，在总经理角色实行中，我总结归纳出以下几点经验。

(1) 必须要熟悉比赛的规则，做规则的使用者，而不能成为规则的受约束者。

(2) 做好科学合理的战略制定、人员规划和费用预算。企业初始阶段所拥有的经费是有限的，如果不仔细核算，招聘人员过多，企业会因无法支付过高的薪资开销而导致破产。同样地，没有科学合理的人员规划，则会使研发、生产和销售三者的工作能力不匹配，导致资源匮乏或浪费，对企业的长期发展产生不利的影响。

(3) 及时止损。当一个方案出现问题的时候，总经理需要当机立断，选择一个损失较小的方案，避免造成更大的损失。另外，及时止损也是一种盈利。

(4) 加强与其他管理人员的交流。在人力资源管理中，任何一个模块都不是独立的，各模块间是紧密相关的。市场是瞬息万变的，所以公司的生产研发会随时调整，在员工的管理上也要实时进行调整，任何模块都应该是各个主管共同商量得出的方案，绝不只是个人的成果。

7.3.2　人力资源经理心得体会

人力资源经理在企业内扮演一个承上启下的角色，工作内容分为人力资源战略规划、人力资源现状分析和职业分析。相对于其他管理部门，我认为人力资源经理则要更早地面临公司运营的挑战。

人力资源规划在整个公司的运营中发挥着至关重要的作用。比赛开始之前，我首先对运营规则、步骤和经营思想进行仔细的研究，根据公司的整体发展战略做出人力资源规划，包括对员工工资、招聘成本及其他人力资源费用进行预算，当然还要考虑可能出现的各种突发情况并做好应对策略。

模拟经营过程中的每个决策都需要整个团队成员进行交流与沟通，成员虽各司其职，但又相互协作。例如，实际的生产计划、人员招聘、培训计划及薪酬计划等都需要进行综合考量，才能做出符合公司战略决策的运营方案。

作为人力资源经理，我的战略是：在不影响公司发展规划的条件下，尽可能申请较多的人力资源经费，通过优厚的待遇来抢占发展的先机。当然在做每一步决策前都要谨慎，以避免不必要的失误。

人力资源经理角色作为与专业相关度最高也最难操控的职业，给我带来很大的压力。模拟运营中设置的较为理想化的环境，尽可能真实地还原了现实，既能让我们感受风云更迭的市场环境，也不至于输得那么狼狈。在这里，只要投入的资金多，加之合理分配，就能够抢占先机，但又不可避免地遭受各种失误所造成的打击。在这种起起落落中，让我们更深刻、直观地感受成败，不断学习，完善自我，从而理性、从容地迎接下面的挑战。

7.3.3　薪酬福利主管心得体会

作为薪酬福利主管，我的主要任务是为企业引进并且留住人才，通过调整企业的薪酬管理，在一定程度上增强企业的人才竞争力，以促进企业的长远发展。

薪酬设计是企业经营中的一个重要环节。社会人才的紧缺导致高素质人才的薪酬普遍提高，增加了公司的劳动成本，但较低的薪酬势必会降低员工的积极性，同时会出现被其他企业挖人的风险。所以在比赛前，我就做好充分准备，通过对市场信息的分析，制定出较为合理的薪酬标准。

第一年的第一次招聘对企业的影响是不容忽视的，甚至直接影响未来几年的经营活动。因此，第一年我制定好符合公司发展规划的基本工资和人才引进津贴，以保证在人员招聘中占据优势。由于我们无法获取其他企业的相关信息，所以采取了适当提高员工基本工资及制定较高的人员引进津贴这种最为稳妥的策略。而且通过训练，我发现只要可以保证第一年的人员配置和生产规模，基本就可以达到公司稳健运营的要求。当然，第一年第一期的员工基本工资和人员引进津贴也不能太高，要充分考虑各类人员之间研发、生产和销售能力的搭配，以达到员工效益最大化的目标。

在比赛中也有其他小组忽视成本，一味地提高薪资，利用价格优势抢占人才，但最终造成资金超出预算、公司无法正常运营的状况，所以我觉得薪酬福利主管在做决定之前还是要充分考虑企业自身发展状况。

通过此次模拟运营竞赛，我在薪酬设计、管理方面收获颇多，总结出以下建议。

(1) 合理的薪酬设计不仅要求我们熟悉人力资源管理每一步骤、每个模块中的每一部分应该花费的资金，而且还需要预估每一个模块可能花费的总费用。

(2) 薪酬支出要有冒险精神。练习赛时有很多机会可以让我们尝试不同的薪酬设计，如果每次都墨守成规，是不会取得较大突破的。只有进行不同的薪酬设计，大胆尝试之前未涉及的薪酬设计方案，进行比较和反思，不断积累经验，才能在最终的比赛中使薪酬设计达到近乎完美的状态。

(3) 在薪资核算过程中，人员的招聘渠道费、工资支付、津贴费用、研发产品、生产费用、培训费用、各个主管薪资及最后应交的所得税，都需要进行精确核算，稍有不慎便会造成经营风险。在运营过程中每一个模块都需要灵活高效地配合，同时还需要具有预测能力，准确评估市场变化，各部门共同协作，维护公司运营。

实训就是一个不断学习的过程，在其位谋其职，薪酬福利主管的薪酬设计从毫无逻辑到经验丰富，是一个非常值得摸索和总结的过程。

7.3.4 招聘主管心得体会

招聘主管主要负责员工招聘、招聘渠道的选择、挖人和新员工入职等工作，我的职责就是在上级给定的人力经费范围内尽可能以合适的价格招聘适合公司发展的人才，并且针对可能发生的情况制定合适的应对方案。

在比赛开始前，我先熟悉了运营规则。运营规则是招聘活动开展的基础，只有熟悉规则、立足于规则，才能顺利开展招聘活动并且节省招聘成本。例如，在每一年的第一期和第三期能进行员工招聘，而产品的销售在第四期才进行，因此可以把销售人员的招聘放在第三期进行，这样可以节约两期人员招聘的成本。另外，对规则的熟悉程度也影响我们在比赛限时的条件下各种运营方案的制定。

在进行招聘时，我根据企业的实际情况，即现有资金状况及未来的经营状况来确定人员配备。综合考虑当年市场的人才需求及供给，在制定生产数量的前提下确定人员数量。人员需求数量的确定过程中涉及大量的计算，如果出现失误，后期将会直接反映在生产销售研发上，对公司经营产生不利影响。所以即使步骤比较烦琐，我也认真履行好自己的职责，顺利完成了招聘工作。

确定好人员需求数量后便进入人员备选库环节。在这一阶段，我选取的是同一招聘渠道，减少了不必要的人力成本开支。另外，在和成员讨论研究之后，人才引进津贴的额度我选择对同类人员设置差额幅度较大的引进津贴，然后通过招聘分数排名预测我们的工资制定得是否合理，为下一年工资区间的设定和人才引进津贴费用的调整提供参考。

招聘活动在整个实验过程发挥着至关重要的作用，招聘的成功与否在一定程度上决定着整个小组的成败。通过实际演练操作，我在招聘方面提出以下改进措施。

1. 工资制定根据以往的经验进行调整，谨慎操作，不要忽略人才引进津贴

在招聘过程中，可以制定不同幅度的人才引进津贴，进而根据招聘结果分析公司的工资制定情况。

2. 谨慎计算，详细了解各个人员的能力

计算的失误会带来资金的损失，影响人员的配对，也会造成人员能力利用不足或人员能力不够的情况，进而影响后期的生产经营活动。

3. 在不了解市场薪酬的情况下，应谨慎招聘

不到招聘的最后环节我们不会知道自己的薪资情况能否招到预期的人员，所以还是要谨慎操作。

4. 制定不同的人员招聘方案

市场环境风云变幻，我们不能预估每个竞争对手的招聘计划，因此要制定不同的配对方案。首先招的是研发人员，根据研发人员的招聘结果，进行生产人员和销售人员的配对，如果仅考虑一种招聘方案，计划被打乱时就会手忙脚乱，计算也容易出错。而如果设置多种招聘方案，就可以根据实际情况选取最佳方案。

在实际操作过程中，我们不可避免地会遇到各种突发状况，但是无论什么情况都要保持冷静的头脑，灵活应对，仔细分析市场情况，与成员共同思考、讨论战略，找出应对方法。

7.3.5　培训开发主管心得体会

大多数人看来，培训是人力资源管理六大模块中最不起眼也最不重要的一部分。其实不然，培训在提高员工的能力、增强员工归属感、帮助公司留住员工及减少流失率等方面发挥着不可替代的作用。

作为培训开发主管，我首先做的就是了解企业经营管理及生产销售的相关规则。只有预先了解规则，才能游刃有余地运用规则，从而更好、更高效地完成活动任务。

公司每年需进行一次培训需求分析，以确认员工是否需要培训并且确定培训的内容和方法。第一期我制订了一个培训计划，在明确公司发展战略、了解市场状况之后，结合组织任务和组织资源，对员工进行培训需求分析。

在实际操作过程中，我总结出一些实践经验：如第一年市场上对 P1 产品需求量大，涉及的研发、生产、销售人员的能力要求相对较低，对员工进行新员工培训后无须过多的其他培训。当有新员工加入时则必须进行新员工培训，每年第四期可以进行企业文化培训，以提高员工忠诚度，降低流失率。当涉及企业挖人时，为防止高级员工被挖走，可以对其进行脱产培训，处于脱产培训期间，员工不能研发、生产和销售，脱产培训中的员工不能被挖走。为防止生产时出现员工能力不足的情况，可以对其进行在岗培训或脱产培训，以提升员工技能。员工经过技能提升培训后，若定岗能力达到上一级员工的初始能力，则员工升级，升级后至少经过一周期，方可再进行该员工技能提升培训，员工升级后按照新等级员工的工资标准执行。生产高级产品时，如若公司不需要向外部招聘人员或招不到人员，则可以对内部员工进行岗位轮换培训。经过岗位轮换培训后，员工可以研发、生产或销售另一种产品。在岗培训中不能同时进行岗位轮换培训，脱产培训中则可以同时进行岗位轮换培训。在运营过程中要结合企业经费情况和人员情况进行恰当的培训，才能使企业有效地运营下去。

培训不仅会影响员工的价值，还会影响培训开发主管的价值，因为培训的费用并不高，所以我每年都会安排培训计划，这样在绩效指标设置和权重的确定时就会有更多的选择。当然，具体操作也要考虑公司具体的发展情况和经济情况。

沙盘模拟的现实性和真实性，不像是循规蹈矩的普通经营实验，在沙盘模拟经营过程中会遇到各式各样的突发状况，所以，在做决定之前，要充分考虑各种可能发生的情况，做好防范和预防。人生也是如此，不是每次都有逆风翻盘的机会，但是我们起码可以全力以赴，让自己不留遗憾。

7.3.6　绩效考评主管心得体会

在人力资源沙盘模拟中，绩效考评是核心部分，因为其涉及人力资源管理中最为重要的内容——价值，而价值是除了净利润以外考核公司排名最重要的指标，所以绩效考评是在企业开始经营时就需要重点关注的。

学习了解规则是顺利进行系统操作的基本前提，是不能省略的准备工作。所谓“磨刀不误砍柴工”，以后不管是在人力资源沙盘模拟操作还是其他的工作、学习中都要掌握好规则。

作为绩效考评主管，我主要负责的是员工绩效考评指标的确定和权重的设计。由于绩效考评的指标都是系统设定好的，所以我需要做的就是从这些已有的绩效指标库中选择适合我们公司员工的绩效考评指标。另外，在操作过程中，我也充分考虑利弊，通过制定科学合理的绩效管理方案，激励员工发挥其最大效力。

在绩效考评管理中，企业价值提升有三条通道：新增人员的招聘、技能提升培训和管理人员考核。三者中前两个都会涉及成本问题，所以需要做好降低成本的工作。

在沙盘模拟比赛中，绩效评分其实是比较受限制的。因为员工的工作效率和能力值是固定的，而总经理、人力资源经理和我们四个模块的主管在实际操作中，由于时间限制，许多工作是一起协助完成的，所以在绩效指标上并没有明显的表现。另外，如果实际操作中失误较多，那么绩效管理的指标选择也将没有太大的用处，因为各项考核都可能分数较低；而且由于其庞杂的计算公式，导致我对绩效管理的考评不是很重视，在对绩效考评分值和所占比例标准拿捏不当的情况下，我也没有充分了解市场和公司的实际状况，最终导致我们组的绩效考评得分都不是很高。

通过此次模拟运营，我意识到绩效管理与人力资源管理的其他模块都有着必然的联系，无论缺少任何部分，都会导致人力资源管理无法顺利进行，甚至对公司正常运营造成不可弥补的损失。作为绩效主管，我要做的就是履行自己的职责，根据公司运营情况，选择对公司有利的指标，设置较为合理的权重，对员工的绩效进行全面、客观的评价，而不是因为偷懒忽略每一步的运算与设计。